WORD 2016 PASO A PASO

HANDZ VALENTIN

Word® 2016 Paso a Paso

Publicado por

ValentinBook

www.valentinbook.com

Copyright ® 2016 por Handz Valentin

Hecho en Estados Unidos en los talleres gráficos de Amazon.com.

Los libros de ValentinBook están disponibles a través de distribuidoras en todo el mundo. Si usted necesita soporte para este libro, escriba un correo electrónico a contacto@valentinbook.com.

Las marcas mencionadas en este libro son marcas de sus respectivas compañías.

Los ejemplos de empresas, organizaciones, productos, nombres de dominios, direcciones de correo electrónico, logos, personas, lugares y eventos mostrados en este libro son ficticios.

Este libro expresa rotundamente las opiniones del autor. La información que contiene este libro es proporcionada sin garantía legal o expresa ante cualquier daño causado a una empresa u organización directa o indirectamente.

Autor: Handz Valentin

Editorial: ValentinBook

Diseño y Diagramación: Handz Valentin

Publicado por: Amazon.com - CreateSpace

Diseño de cubierta: Handz Valentin

Para mis hijos...

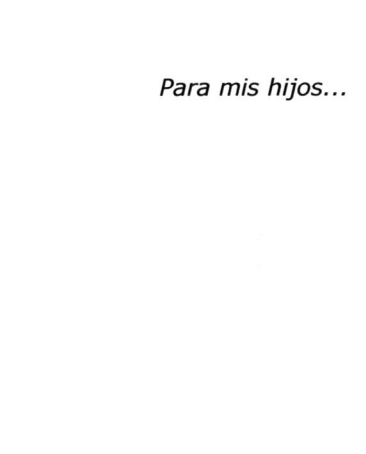

Sobre el Autor

Handz Valentin es un escritor internacional especializado en libros técnicos informáticos. Autor de la serie Aprende y Domine, los más vendidos en español con los programas de Word 2007, Excel 2007, Access 2007, PowerPoint 2007, Groove 2007 y SharePoint Services 3.0.

Desde pequeño se interesó por el software informático cuando se dio cuenta que podía alterar roms de varios videojuegos (conocido como Hack Roms), añadiendo sus propios personajes, música y niveles. A partir del año 2007 empezó a colaborar con un escritor italiano para una serie de libros de computación básica (4 en total) y fue todo un éxito en ventas ya que fueron los primeros libros de Office 2007 que se publicaron en español y en ese tiempo, Microsoft Office 2007 había cambiado su interfaz por completo. Luego llegó la serie Aprenda y Domine para las versiones 2007, 2010 y 2013.

Él es un apasionado de la tecnología, y ha escrito libros y artículos para varias editoriales, universidades, sitios web y también para otros autores. La nueva serie Paso a Paso -libros sobre informática- es la nueva apuesta del autor, y lanzado exclusivamente para las ventas online.

En sus tiempos libres escribe novelas y trabaja como actor, director y guionistá; escribiendo comerciales, películas y videoclips.

Visite su canal en YouTube:

https://www.youtube.com/handsofthelp

Tabla de Contenido

Sobre el Autor 7

Tabla de Contenido 9

Introducción 15

    Descargar archivos de práctica 15

    Formato eBook 16
        eBook para instituciones educativas 16
        Beneficios del formato eBook en Amazon 16

Capítulo 1: Comprender lo básico de Word 2016 17

    ¿Qué es Word? 18

    Iniciar Word 18
        Abrir Word usando Windows 8 18
        Abrir Word usando Windows 7 18
        Abrir Word Usando Windows 10 19
        Abrir desde el cuadro de búsqueda instantánea 19
        Abrir desde el ícono anclado del menú inicio 20
        Abrir desde el icono anclado de la Barra de tareas 21

    La Pantalla Inicio de Word 22
        Desactivar la pantalla Inicio 22

    Identificar los elementos de la interfaz 23
        Área de título 24
        Cinta de opciones 24
        Ficha Archivo 24
        El Cuadro ¿Qué desea hacer? 25
        Barra de herramientas de acceso rápido 25
        Área de documento 26
        Punto de inserción 26
        Regla 26
        Barra de desplazamiento 26
        Barra de estado 26
        Herramientas de Vista y Zoom 26

    Cerrar un documento 27

    Crear un documento en blanco 27

    Salir de Word 28

    Abrir un documento 28
        Abrir un documento local 29
        Abrir un documento desde OneDrive 31
        Abrir un documento dañado 33

Guardar un documento 34
    Guardar los cambios en el documento 35
    Guardar en una carpeta diferente 36
    Guardar como PDF 37
    Guardar en OneDrive 37

Guardar con contraseña 38

Revisando opciones de compatibilidad 39
    Guardar con formato de versiones anteriores de Word 40
    Comprobar compatibilidad con versiones anteriores 41
    Convertir un documento a la versión de Word 2016 42

Agregar Propiedades al documento 43
    Revisar las Propiedades Avanzadas 44

Autorrecuperación 46

Manejo de versiones 47

Ejercicio 1 48

Ejercicio 2 49

Ejercicio 3 51

Capítulo 2: Desplazarse por el Documento 53

Usar Teclas Direccionales 54

Usar las teclas AvPág y RePág 54

Usar las teclas Inicio y Fin 54

Usar la Barra de Desplazamiento 55

Usar el Mouse para Desplazarse 55

Usar el Panel de Navegación 56
    Navegar a través de los Títulos del documento 57
    Navegar a través de las Páginas 58

Ir a la página Exacta 59

Ejercicio 4 60

Ejercicio 5 62

Capítulo 3: Trabajar con las Vistas del Documento 65

Las Vistas de un Documento 66
    Diseño de Impresión 66
    Vista Modo de Lectura 67
    La Vista Esquema 69
    Diseño Web 71
    Vista Borrador 73

Aplicar Zoom al Documento 74

Ver varias páginas a la vez 74

Vista Dividida 75

Ejercicio 6 76

Ejercicio 7 77

Ejercicio 8 78

Ejercicio 9 79

Capítulo 4: Añadir Contenido y Corregirlo *81*

El Punto de inserción y el cursor 82

Escribir en Word 82

Contar Palabras 83

Seleccionar Textos 84

Cortar, Copiar y Pegar 85
Cortar 85
Copiar 85
Pegar 85

El Portapapeles 86

Corregir la Ortografía y Gramática 87
Corregir el documento completo 88
Diccionarios Personalizados 90

Elegir un Idioma 92
Cambiar el Idioma de la Interfaz 93

Usar las Herramientas de Traducción 94
Traducir Documento 95
Usar el Minitraductor 97

Buscar y Reemplazar Palabras 97
Realizar Búsquedas avanzadas 99

Ejercicio 10 101

Ejercicio 11 103

Ejercicio 12 105

Ejercicio 13 107

Capítulo 5: Aplicar Formato *111*

Aplicar formato de Fuente 112
El Cuadro de Diálogo Fuente 114

Dar Formato a los Párrafo 116

Cambiar Espacio 117

Interlineado 117
Antes y Después 118

Usar Tabulaciones **119**

Aplicar Sangrías **121**

Trabajar con listas **122**
Elegir un Nuevo Estilo de Viñeta 123
Elegir un Nuevo Formato de Numeración 124

Aplicar Estilos **125**
Modificar un Estilo 126
Usar el Panel de Estilos 126

Copiar Formato **127**

Ejercicio 14 ....**128**

Ejercicio 15 ....**131**

Ejercicio 16 ....**132**

Ejercicio 17 ....**134**

Capítulo 6: Modificar el Aspecto de un Documento *137*

Elegir el Tamaño de Papel Adecuado **138**

Orientación de página **139**

Cambiar los márgenes del documento **139**

Trabajar con columnas **141**

Trabajar con Encabezados y Pies de Página **144**

Decorando su Documento **146**
Aplicar un Tema 146
Aplicar un fondo de página 147
Agregar una Marca de Agua 148
Aplicar un Borde de Página 149

Ejercicio 18 ....**151**

Ejercicio 19 ....**152**

Ejercicio 20 ....**154**

Ejercicio 21 ....**155**

Ejercicio 22 ....**156**

Capítulo 7: Insertar Objetos *159*

Insertar Formas **160**
Controladores de Forma 161
Personalizar el Diseño de la Forma 161
Añadir Texto 162

Ajustar la Posición de una forma 163

Insertar Imágenes **164**
    Aplicar Estilos de Imagen 167
    Quitar Fondo de Imagen 167
    Capturar pantalla 169

Insertar Diagramas SmartArt **169**
    Añadir Texto al Diagrama 172
    Cambiar el Diseño y el Estilo del Diagrama 173

Insertar un Gráfico de Excel **175**
    Añadir Contenido al Gráfico 176

Insertar Tablas **177**
    Insertar y Eliminar Filas o Columnas 178
    Cambiar el Estilo de una tabla 178

Ejercicio 23 .... **179**

Ejercicio 24 .... **182**

Ejercicio 25 .... **185**

Ejercicio 26 .... **186**

Ejercicio 27 .... **190**

Ejercicio 28 .... **193**

Capítulo 8: Trabajar con Documentos Extensos ***197***

Usar Elementos Rápidos y Bloques de Creación **198**
    Insertar un Bloque de Creación Existente 199
    Usar Autotexto 201

Insertar una Tabla de Contenido **202**

Colaborar en los Documentos **205**

Imprimir un Documento **207**
    Elegir la impresora 209
    Propiedades de la Impresora 210

Ejercicio 29 .... **211**

Ejercicio 30 .... **213**

Descargar Archivos de Práctica ***215***

Introducción

Word 2016 es una nueva versión que se encuentra en el ya infaltable paquete de Office y que llega con todo lo que ya conocemos desde la versión anterior, pero con una novedad que Microsoft está incentivando desde ya un buen tiempo, el trabajo en la nube. Este libro está creado para compartir con ustedes mucho de lo que conozco de Word y, por supuesto, ayudarlo a que su trabajo sea mucho más eficiente.

Word 2016 es un programa de procesamiento de texto líder en el mercado. Sus potentes herramientas que son añadidas en cada versión, han hecho de este programa el más popular entre los usuarios, profesionales de la información y todo aquel que necesite realizar documentos de nivel profesional.

Cuando entra a trabajar con Word se dará cuenta que todo le es familiar. En la parte superior se encuentran sus herramientas y debajo está una hoja que es donde usted va a escribir. Escriba lo que usted necesita y al final, aplique el formato adecuado.

Aunque usted puede aplicar formatos esenciales, Word va más allá. Con los estilos usted puede aplicar formatos predefinidos que, a su vez, ayuda a la navegación por los títulos del documento y a la creación de una tabla de contenido. Cuando aplica Temas, el cambio afecta a todo lo que se encuentra en el documento, desde textos, párrafos y objetos. Si tiene un documento en un idioma extranjero, la herramienta de traducción puede ayudarlo a comprender mejor el contenido.

Este libro lo guiará a través de las diversas herramientas más usadas que posee Word 2016. Los capítulos están diseñados con total independencia por lo cual no necesita leer cada capítulo secuencialmente; si usted ya conoce ciertos temas, puede dirigirse al capítulo que más le interese y seguir aprendiendo. Si es un usuario que por primera vez usará Word, le recomiendo que comience desde el principio. También este libro puede ser usado como un material de consulta cuando sea necesario, así qué, tenga el nivel que tenga, podrá sacarle provecho a este contenido.

Descargar archivos de práctica

Antes de que usted pueda completar los ejercicios en este libro, usted necesita descargar los archivos de práctica a su equipo. Estos archivos de práctica pueden ser descargados desde el enlace proporcionado al final del libro.

El programa Word 2016 no está disponible como parte de los archivos de práctica. Usted deberá comprarlo o adquirir una suscripción a Office 365.

Formato eBook

Además de tener la versión impresa de este libro, usted puede adquirir una versión en eBook a solo $2.99.

Puede elegir entre dos formatos distintos:

- **Formato Kindle:** El texto se adapta a todos los dispositivos portátiles.
- **Formato Kindle Replica:** El libro es una copia idéntica de la versión impresa. Es como leer en formato PDF.

eBook para instituciones educativas

Los libros de ValentinBook están disponibles para escuelas, institutos superiores y universidades a un precio de promoción de $0.99 a partir de 1000 unidades:

1. Envíe un mensaje de correo electrónico a: **contacto@handzvalentin.com** con su pedido.
2. Se le reenviará un mensaje de correo electrónico confirmando su solicitud y los pasos necesarios para la compra en aproximadamente 5 días.

Beneficios del formato eBook en Amazon

Si usted ha adquirido este libro en formato eBook con el subtítulo (Actualización Constante) a través de Amazon.com, Amazon.es o cualquier otro país referido a Amazon, podrá obtener actualizaciones del libro gratuitamente. Las razones para que el eBook de Word 2016 paso a paso se actualice cada cierto tiempo es:

- Nuevas herramientas del programa Word 2016 por parte de las actualizaciones de Microsoft.
- Comentarios y peticiones por parte de los usuarios quienes compraron el libro. Pueden dejar sus comentarios, revisiones y peticiones a través de Amazon.
- Revisiones y erratas.
- Temas que el autor cree conveniente de actualizar o añadir al libro.

Capítulo 1: Comprender lo básico de Word 2016

En este capítulo usted aprenderá a:

- Conocer la interfaz del programa
- Abrir, cerrar y guardar un documento
- Revisar problemas de compatibilidad
- Añadir propiedades
- Configurar Autorrecuperación de documentos
- Trabajar con versiones

¿Qué es Word?

Word es el programa de procesamiento de texto más usado en el mundo, ideal para la creación de todo tipo de documentos. Usted puede usar Word para escribir, editar, insertar imágenes y, sobre todo, aplicar formato a sus textos. Esta característica de aplicar formato mientras trabaja en su documento es lo que hace posible que se le dé el nombre de procesador de texto.

Una vez que comience a trabajar con Word 2016, podrá darse cuenta que sus herramientas son muy sencillas de usar. Si ya ha tenido experiencia con versiones anteriores no debe preocuparse, ya que todo sigue estando en su mismo lugar; si es un nuevo usuario en Word, no demorará mucho en comprender su funcionamiento. En este libro, aprenderá los conceptos esenciales para utilizar Word y sacarle provecho al máximo.

Iniciar Word

Antes de comenzar a trabajar, usted debe aprender a iniciar Word 2016, y créanme que no es nada difícil. Cuando instala Office 2016 en Windows 10, Word 2016 se encuentra dentro de las opciones del menú Inicio. Si ha instalado el programa en Windows 8.1, entonces encontrará a Word en la Pantalla Inicio. A continuación, aprenderá cómo abrir Word 2016 desde las opciones de Windows 10, y al final, aprenderá como abrirlo con Windows 8.

> **Nota:** En este libro se está utilizando Windows 10 como sistema operativo cliente. Si tiene otro sistema operativo, es posible que algunas capturas de pantalla no se vean idénticas a las suyas.

Abrir Word usando Windows 8

1. En su pantalla Inicio, desplácese hasta el grupo de mosaicos de Microsoft Office 2016.
2. De clic o un toque en Word 2016.

Abrir Word usando Windows 7

1. Clic en Inicio.
2. Clic en Todos los programas.
3. Clic en Microsoft Office
4. Clic en Word 2016.

Abrir Word Usando Windows 10

1. Clic en el botón Inicio.
2. Clic en **Todas las aplicaciones** .
3. Desplácese por el menú inicio hasta llegar a la letra W. Ahora el menú inicio está ordenado alfabéticamente.
4. Clic en **Word 2016**.

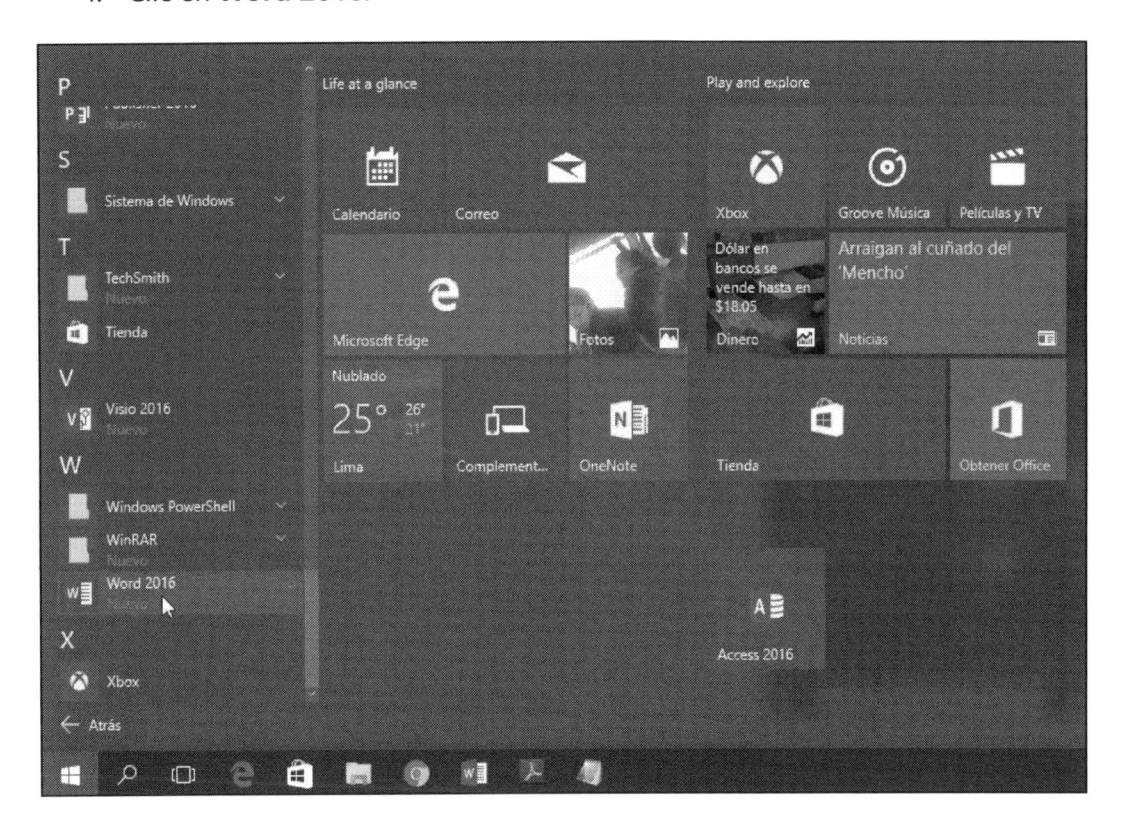

Abrir desde el cuadro de búsqueda instantánea

En Windows 7, cuando hacía clic en el botón Inicio, debajo de las opciones del menú, aparecía un cuadro de búsqueda el cuál ayudaba a agilizar la búsqueda de un programa o archivo. En Windows 10 tenemos una barra de búsqueda similar que está integrado a un nuevo concepto de búsqueda llamado `Cortana`. Para usar este cuadro y encontrar Word 2016 siga estos pasos:

1. Clic en el cuadro de búsqueda.
2. Escriba la palabra Word.
3. Espere a que el buscador muestre resultados que coincidan con la palabra escrita.
4. Clic en Word 2016.

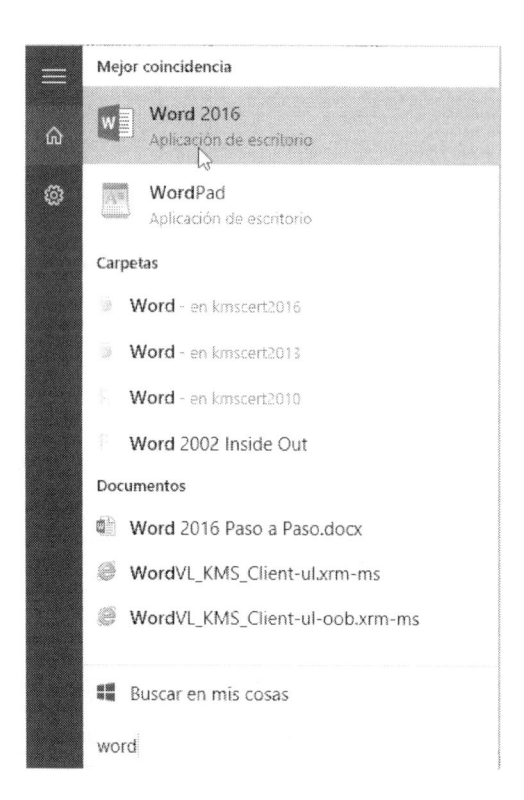

Abrir desde el ícono anclado del menú inicio

Una forma de abrir Word 2016 de forma más rápida es anclando el ícono del programa al menú Inicio. Un ícono anclado permite que este no desaparezca del menú inicio y sea más fácil de acceder a él.

Para anclar el ícono de Word 2016, siga estos pasos.

1. Clic en Inicio | Todos las aplicaciones | W | Word 2016.
2. Clic derecho en el ícono de Word 2016.
3. Seleccione **Anclar al menú Inicio** (Pin to Start).

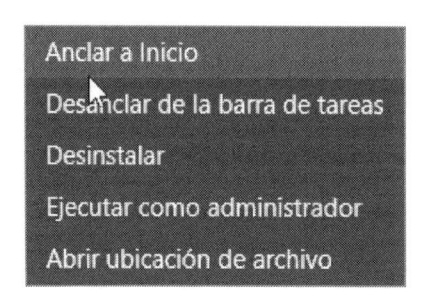

Ahora el ícono (mosaico) de Word 2016 se encuentra alojado en el área de mosaicos a la derecha del menú Inicio. Si navega a través del menú, podrá notar que Word 2016 aparece bien abajo, así que, para que sea más fácil acceder al programa, vamos a cambiar la posición.

4. Clic sin soltar en el ícono de Word 2016 y arrastre hacia arriba del menú. Note que el ícono se mueve y puede ser posicionado en el lugar que usted quiera.

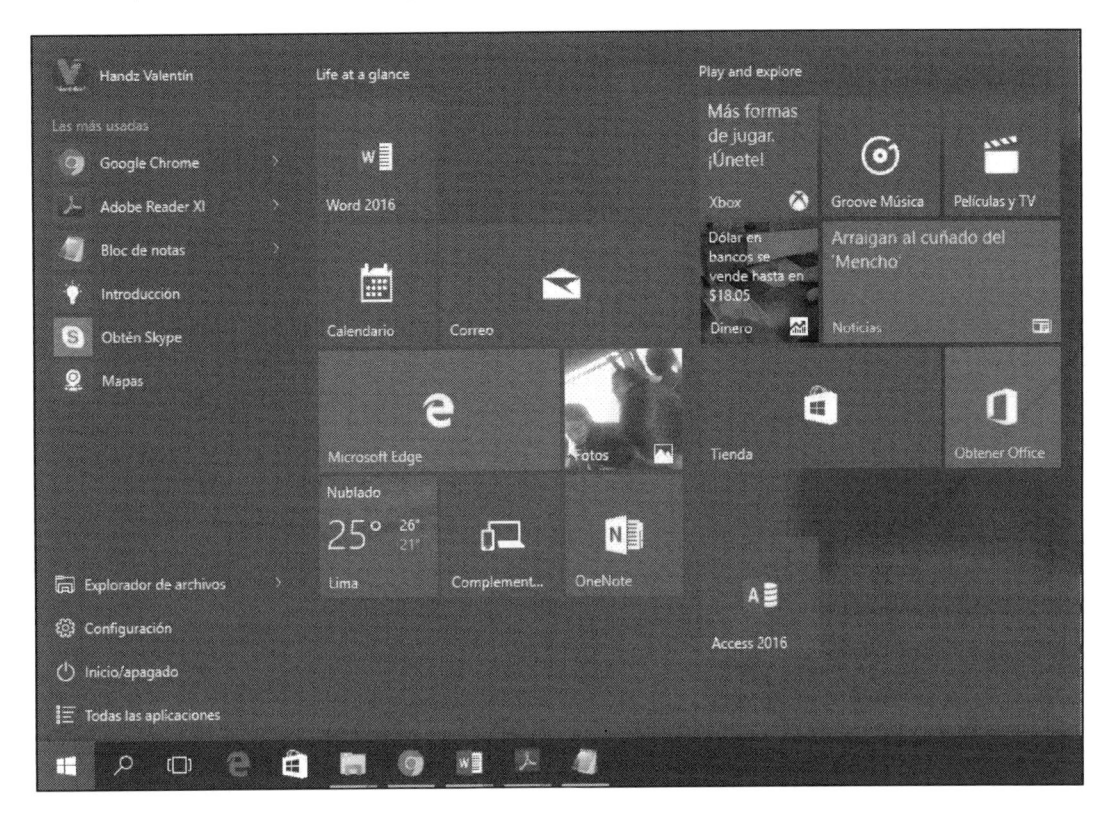

Abrir desde el icono anclado de la Barra de tareas

Así como pudo anclar el ícono de Word al menú Inicio, también puede hacerlo en su barra de tareas. Por ejemplo, si ya tiene anclado el ícono de Word 2016 al menú inicio, solo dé clic derecho en ese ícono y seleccione la opción **Anclar a la barra de tareas** (Pin to taskbar).

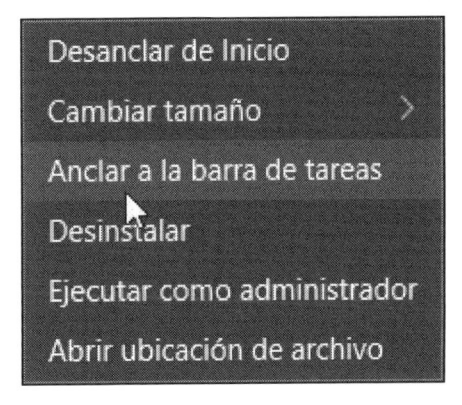

La Pantalla Inicio de Word

Cada vez que abre Word 2016, la primera pantalla que aparecerá es conocida como la Pantalla Inicio, desde esta pantalla podemos hacer dos cosas sencillas: la primera, crear un documento nuevo en blanco o a partir de una plantilla; y la segunda, abrir un archivo existente.

Al lado izquierdo se encuentra la lista de documentos recientemente abiertos. Si en caso un documento que necesita abrir no se encuentra en esta lista, solo debe hacer clic en la opción **Abrir otros documentos**.

Para salir de esta pantalla Inicio, primero deberá abrir un documento o crear uno nuevo. También, puede pulsar la tecla `Esc` para crear un documento en blanco automáticamente.

Un documento es el nombre que se le da a los archivos de Word. Para trabajar con Word 2016 primero deberá crear un documento en blanco o, a través de una plantilla prediseñada.

Desactivar la pantalla Inicio

Si usted es un usuario de versiones anteriores, habrá notado que, cada vez que abría el programa se creaba un documento en blanco de forma automática. Bien, haremos que Word 2016 se comporte como ante. A continuación, aprenderá a desactivar la pantalla inicio.

1. Si ha abierto Word 2016 y usted está ahora en la pantalla Inicio, pulse la tecla ESC. Si usted se encuentra en un documento existente, *vea el paso 2*.
2. Clic en la ficha **Archivo**, luego clic en **Opciones**.
3. En el cuadro de diálogo **Opciones de Word**, active la página General.
4. En la sección **Opciones de Inicio**, desactive la casilla **Mostrar la pantalla Inicio cuando se inicia esta aplicación**.
5. Clic en Aceptar.

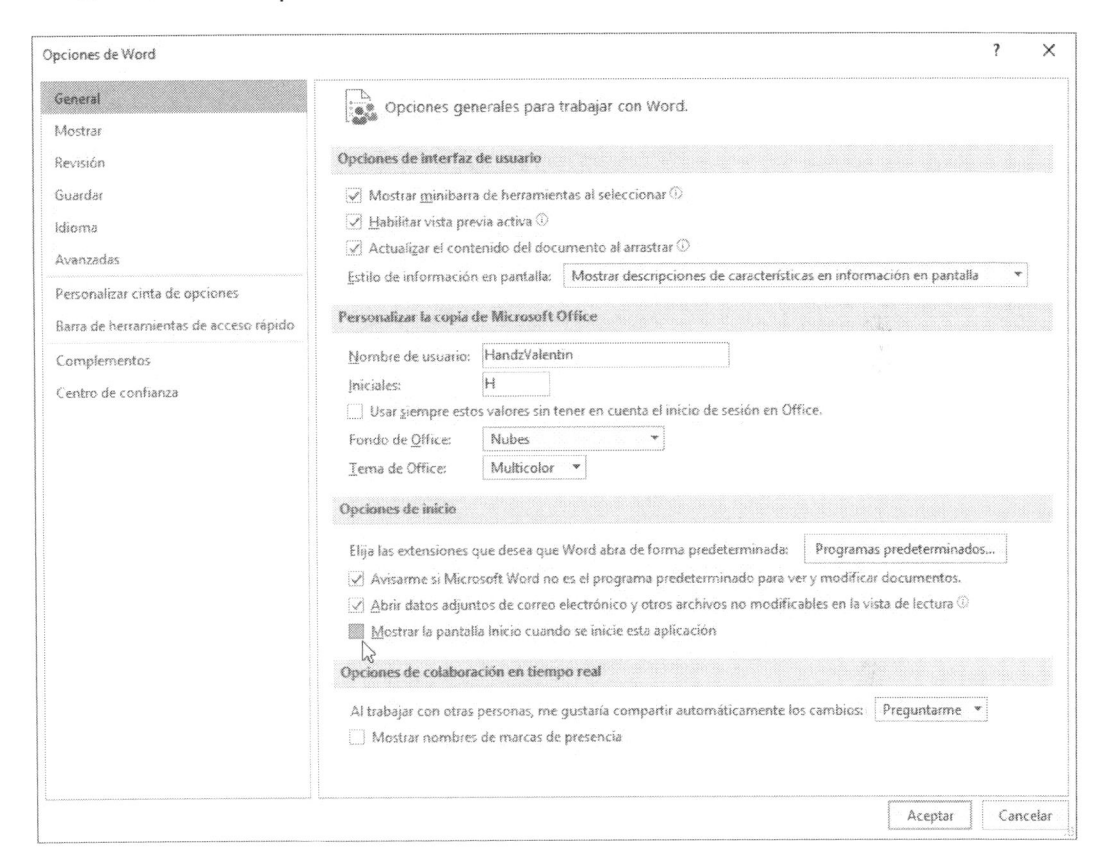

La próxima vez que abra Word 2016, la pantalla inicio ya no aparecerá, se creará un documento en blanco de forma automática.

Siga los mismos pasos para activar nuevamente la casilla Mostrar la pantalla Inicio cuando se inicie esta aplicación y que la Pantalla inicio esté de regreso.

Identificar los elementos de la interfaz

Antes de continuar trabajando, debe conocer rápidamente la interfaz de Word 2016. Como todo programa básico de Office, se presentan las siguientes partes.

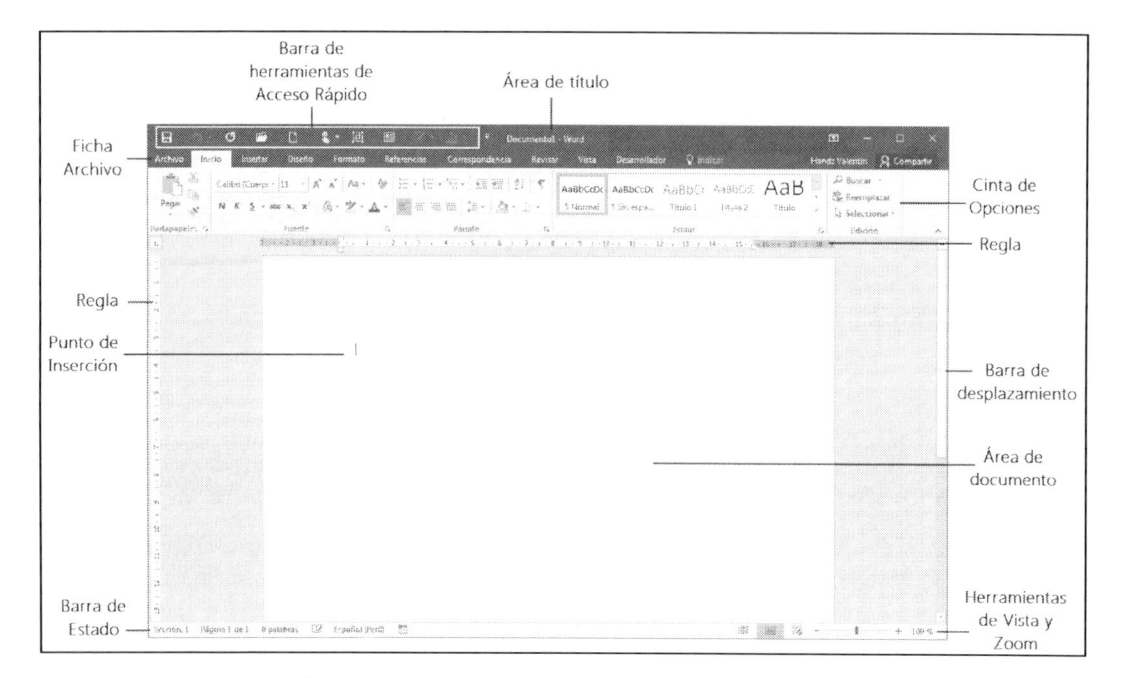

Área de título

Cuando crea un documento nuevo en blanco, el nombre del archivo es Documento#, dónde # indica el número de documento creado. Este nombre va a cambiar cuando guarde su documento con un nombre diferente.

Cinta de opciones

Es el lugar donde encontrará todos sus comandos para trabajar con sus documentos. La cinta de opciones está organizada por fichas: como Inicio, Insertar o Diseño de página. Dentro de cada ficha se encuentran sus grupos, por ejemplo, en la ficha Inicio, los grupos son Portapapeles, Fuente, Párrafo, Estilos y Edición. También, dentro de cada grupo, encontrará los comandos correctamente organizados.

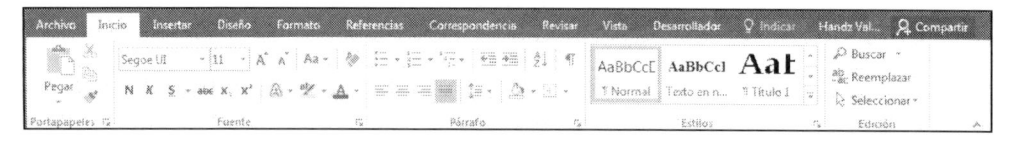

Ficha Archivo

Al hacer clic sobre esta ficha, se abrirá la vista Backstage, el cual muestra opciones para guardar o abrir documentos, exportarlos o compartirlo con alguien más. También desde ahí encontrará las opciones de impresión.

El Cuadro ¿Qué desea hacer?

Microsoft lanzó la Cinta de opciones con Office 2007 y fue todo un acontecimiento diferente para los usuarios que usaban Word por años. El propósito de que cambie tan drásticamente la interfaz fue dar facilidad al usuario a encontrar los comandos que más necesita. Por ello la cinta de opciones se organizó en fichas, grupos y comandos.

Sin embargo, es posible que aún se sienta perdido con tantas herramientas, y es que, aunque haya mejorado mucho la organización de los comandos, es muy complicado que un usuario nuevo sepa intuitivamente donde se encuentra la Tabla de contenidos cuando quiere "*insertar*" una tabla de contenidos. Si bien la ficha Insertar puede ser la primera opción a elegir, más tarde se dará cuenta que estaba en la ficha Referencias.

Para ayudar al engorroso proceso de encontrar un comando, Word 2016 presenta el cuadro *¿Qué desea hacer?*, ubicado justo a la derecha de la última ficha en la cinta de opciones. Clic sobre el cuadro ¿Qué desea hacer?, y escriba el nombre del comando que quiere encontrar. Rápidamente el cuadro le mostrará una lista de opciones que coinciden con su criterio de búsqueda.

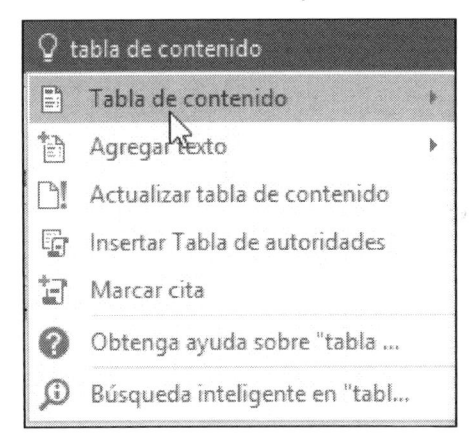

Si alguna de las opciones tiene una flecha a la derecha, significa que se abrirá una galería para que pueda elegir que acción tomar, ahorrando mucho tiempo no solo en buscar la herramienta, sino también, en seleccionar el ajuste necesario.

Barra de herramientas de acceso rápido

La barra de herramientas de acceso rápido contiene algunos comandos para el uso rápido de ciertas operaciones. Los tres botones por defecto son Guardar, Deshacer y Rehacer, pero puede agregar más si es necesario.

Área de documento

En esta área es donde usted agregará su contenido, textos, imágenes, tablas, o gráficos. Por lo general, el área de documento muestra una página (hoja) completa. Cuando llegue al final de la página, Word creará una nueva y podrá seguir escribiendo.

Punto de inserción

Esta barra intermitente indica que usted puede escribir en el área de documento. Algunas veces es llamado cursor, pero no es necesariamente el nombre correcto.

Regla

La regla, ubicado en la parte superior (horizontal) o a la izquierda (vertical) de la página, indica las medidas y los límites que tiene la misma. El área blanca indica el tamaño del área del documento, y la parte sombreada indica los límites de los márgenes.

Barra de desplazamiento

Con estas barras, usted puede desplazarse por el contenido de su documento. A la derecha se encuentra la barra de desplazamiento vertical, y en la parte inferior la barra de desplazamiento horizontal. Tenga en cuenta que, dependiendo de la orientación de página y del zoom, alguna de las barras de desplazamiento puede no mostrarse en la ventana.

Barra de estado

Ubicado en la parte inferior de la ventana de Word, contiene información útil de lo que sucede con el documento, por ejemplo, puede saber en qué página te encuentras, cuántas palabras tiene el documento, o qué idioma utiliza la corrección ortográfica.

Herramientas de Vista y Zoom

Ubicado al extremo derecho de la barra de estado, aquí encontrará comandos para cambiar la vista de su documento y/o, aumentar o disminuir el zoom.

Cerrar un documento

Cuando concluya con la edición de su documento y está seguro que no lo necesita más por ahora, lo mejor es cerrarlo. Hay una diferencia entre cerrar y salir; es necesario aclararlo en este punto ya que muchos usuarios usan la X en la esquina superior derecha de la ventana para supuestamente cerrar el documento.

El comando **Cerrar** hace que el documento activo se cierre y deja la aplicación (Word) abierto por si necesita trabajar con otro archivo. Se recomienda cerrar los documentos que no va a usar para ahorrar memoria en el equipo y ayudar a que las cosas se procesen un poco más rápido. A continuación, aprenderá como cerrar un documento de Word.

1. Clic en la ficha Archivo.
2. En las opciones de la izquierda, dé clic en Cerrar.

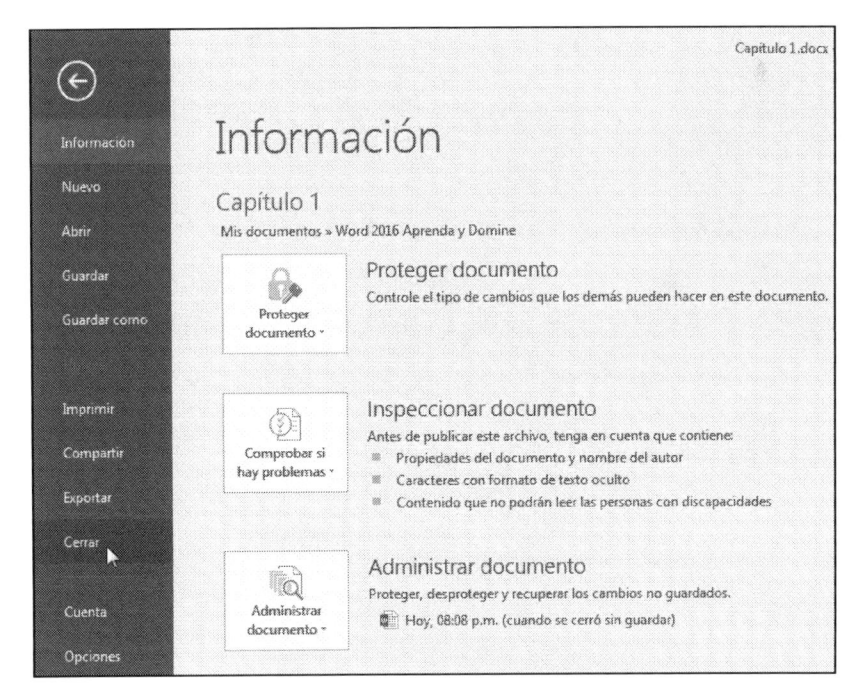

Observe como el documento se cierra, pero Word aún sigue abierto. Si en caso no ha guardado los cambios, aparecerá un mensaje indicando que lo hagas. También, otra forma de cerrar un documento sin salir de Word es pulsando `Ctrl+F4`.

Crear un documento en blanco

Para trabajar con Word es necesario un documento. Documentos es el nombre que se le dan a los archivos de Word. Cuando abre la aplicación, la pantalla inicio le da la opción de crear un nuevo documento en blanco. Solo debe hacer clic sobre el ícono Documento en blanco y estará listo para trabajar.

Si en caso usted ya abrió Word y está trabajando en un documento, pero necesita crear uno nuevo, pude hacerlo sin problemas siguiendo estos pasos:

1. Clic en la ficha **Archivo**.
2. Clic en **Nuevo**.
3. Clic en la opción **Documento en blanco**.

Otra forma de crear un documento en blanco es pulsando las teclas `Ctrl+U`.

Salir de Word

Si ya culminaron sus labores con Word, de seguro que querrá cerrar no solo los documentos, sino también el programa. Puedes utilizar un método abreviado como `Alt+F4`, o simplemente pulsando la X en la esquina superior derecha de la ventana.

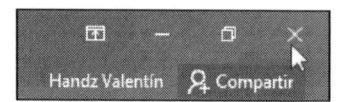

Abrir un documento

Lo más seguro es que tenga muchos documentos guardados en sus unidades de disco (disco duro o memoria USB) y necesita trabajar con ellos nuevamente. En Word 2016, usted tendrá varias opciones para abrir sus documentos existentes, ya sea si están guardados de manera local o en la nube.

En esta sección aprenderá diversas formas de abrir sus documentos existentes en Word.

Abrir un documento local

Una de las formas más sencillas de abrir un documento desde su equipo local es con un doble clic sobre el archivo. Al hacer doble clic, el documento se abre y muestra siempre la primera página.

Si ha trabajado anteriormente en el documento, y no ha pasado mucho tiempo desde la última vez que lo editó, lo más seguro es que Word recuerde la posición de la última página en la que se quedó. Word mostrará una etiqueta recordatoria ubicada en la barra de desplazamiento vertical (vea la siguiente imagen), si hace clic sobre la etiqueta, Word lo llevará a la página en la que se quedó.

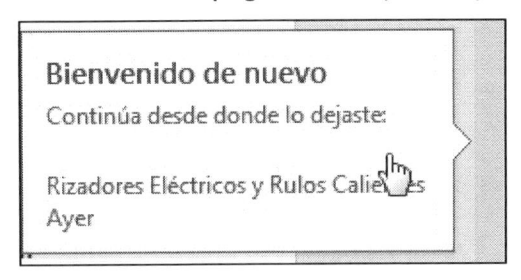

Bienvenido de nuevo
Continúa desde donde lo dejaste:

Rizadores Eléctricos y Rulos Calientes
Ayer

Si aparece la etiqueta que recuerda la última página donde se quedó, y usted se desplaza por el documento, entonces la etiqueta desaparecerá y tendrá que dirigirse a esa página manualmente, claro, si aún lo recuerda.

Si Word ya está abierto y necesita abrir también un documento guardado localmente, debe seguir estos pasos:

1. Clic en la ficha Archivo.
2. Clic en **Abrir**.
3. Lo primero que muestra Word son los archivos recientemente abiertos. Si el documento que quiere abrir está en la lista, clic sobre él para abrirlo. Si no fuere el caso, continúe con el paso 4.

Capítulo 1: Comprender lo Básico de Word 2016

4. Entre las opciones de **Abrir**, clic en **Este PC**.
5. A la derecha, aparecen varias carpetas y archivos que fueron usados recientemente para abrir archivos, clic en el documento que quiera abrir. Si el documento no está en esa lista, diríjase al paso 6.

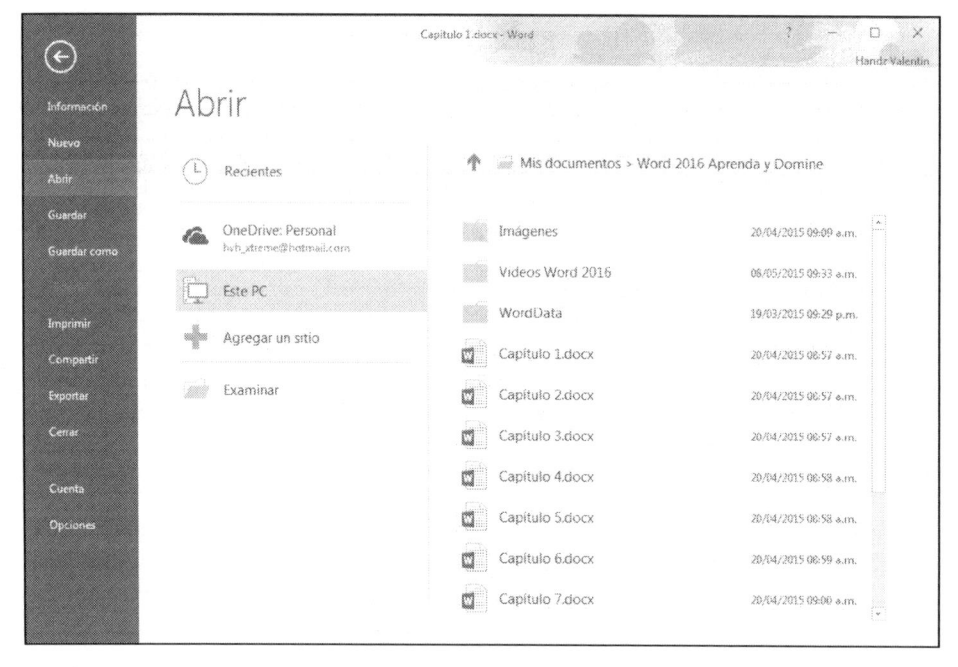

6. Clic en **Examinar**.
7. En el cuadro de diálogo Abrir, seleccione la carpeta donde se encuentra el archivo que necesita abrir.

8. Una vez encontrado el archivo, clic sobre él.
9. Por último, clic en el botón Abrir. El documento existente se abrirá nuevamente en Word y estará listo para ser editado.

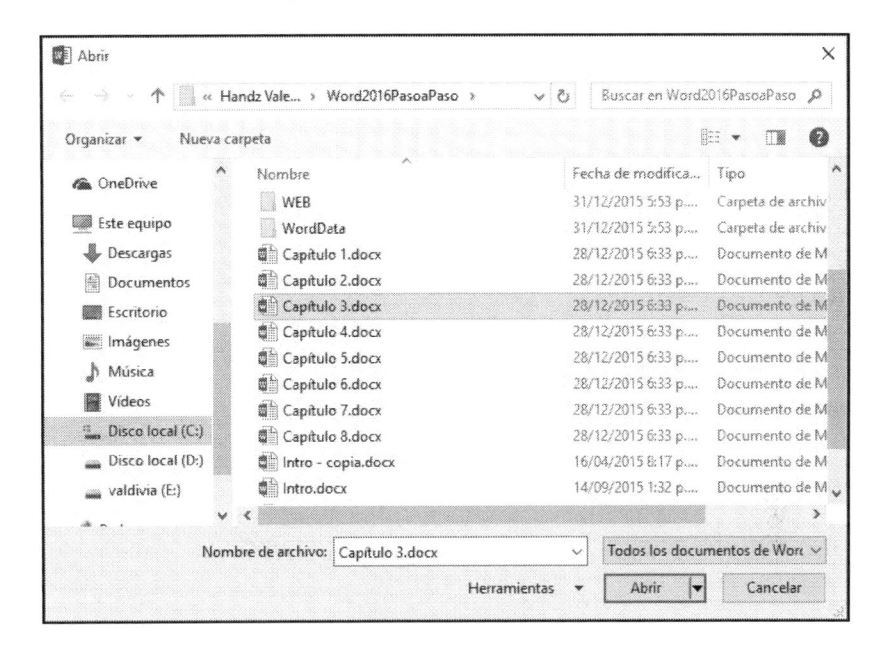

Abrir un documento desde OneDrive

OneDrive forma parte de los servicios en la nube que ofrece Microsoft. Con este servicio usted tendrá un espacio de almacenamiento en la nube con tan solo tener una cuenta Microsoft.

Si tiene un correo Hotmail, MSN, o Outlook.com, entonces ya tiene una cuenta Microsoft.

Con este servicio podrá guardar sus documentos en la nube y siempre estarán disponibles para usted. Puede usar este espacio de almacenamiento como un lugar para guardar sus copias de seguridad de sus documentos.

Si quiere abrir sus documentos de OneDrive directamente en Word, siga estos pasos:

1. Clic en la ficha Archivo.
2. Clic en Abrir.
3. En las opciones de Abrir, seleccione **OneDrive**.
4. A la derecha aparecen las carpetas creadas y los documentos guardados en OneDrive. Busque su documento en la lista y clic sobre él.

Capítulo 1: Comprender lo Básico de Word 2016

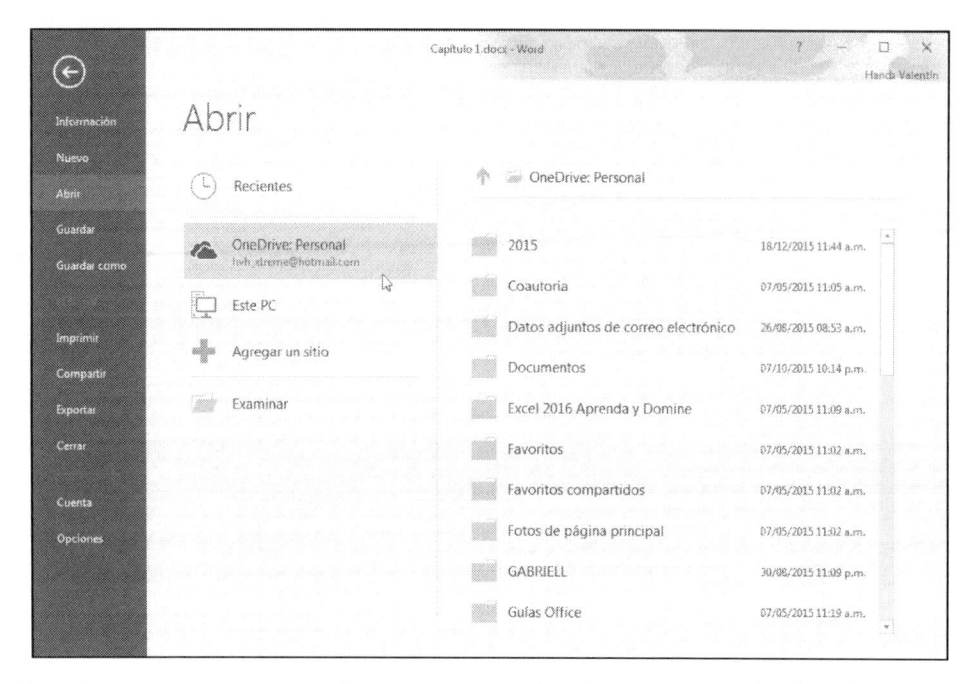

5. Si no encuentra su documento en la lista, pruebe haciendo clic sobre **OneDrive: Personal.**

6. En el cuadro de diálogo, busque su documento y use el botón Abrir.

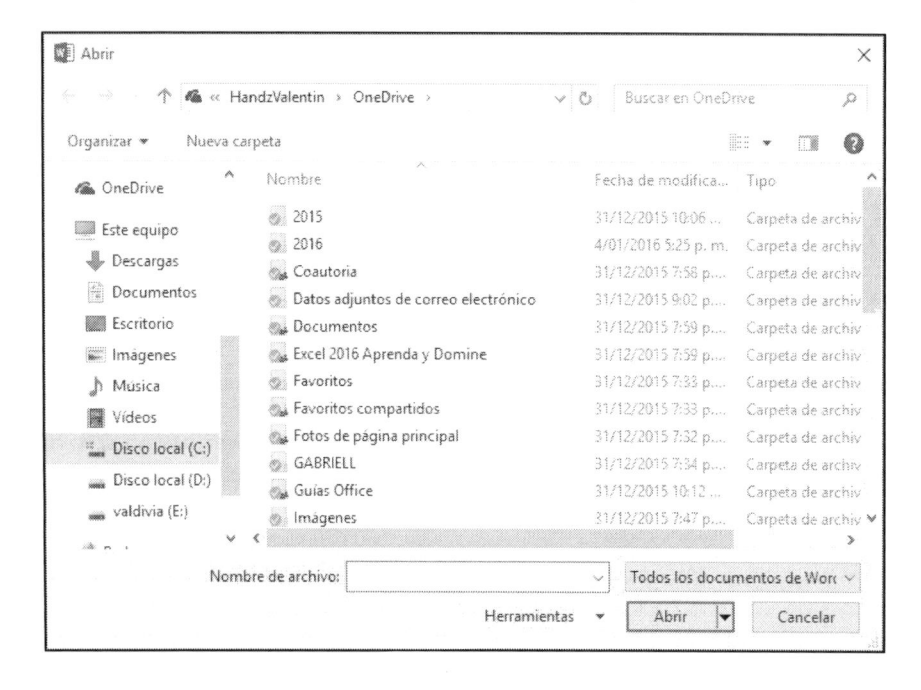

Existe una versión empresarial de OneDrive llamado OneDrive for Business. Todo lo que conlleva a este producto escapa completamente del objetivo de este libro. Como recomendación, puede leer el libro "Enabling Office 365 Services de Microsoft Press (en inglés).

Abrir un documento dañado

Muchas veces, algunos documentos sufren daños en su contenido. El problema puede derivar de varias causas, como malware o un mal uso del programa o del equipo. Word 2016 presenta una opción que permite reparar los documentos que serán abiertos. Esta opción de reparar, no siempre es 100% correcta, así que no confíe demasiado en ello y cuide mejor sus archivos. Para abrir un documento y repararlo en el trayecto siga estos pasos:

1. Clic en la ficha Archivo.
2. Clic en Abrir.
3. Seleccione **Examinar**.
4. Seleccione el documento que desea abrir.
5. Clic en la flecha del botón Abrir y clic en la opción **Abrir y reparar**.

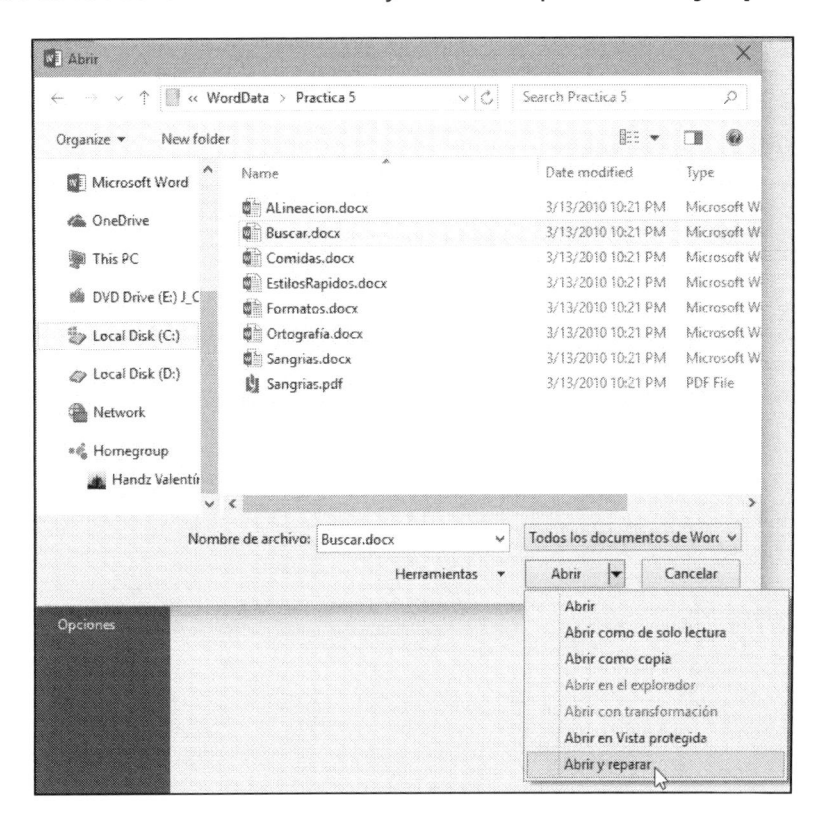

Guardar un documento

Guardar un documento es el equivalente a crear un nuevo archivo. Cuando va a guardar su documento por primera vez, deberá agregarle un nombre que identifique al contenido escrito, debe también elegir una carpeta donde será almacenada, y por lo general un tipo de archivo. Todas estas opciones están disponibles cuando se abre el cuadro de diálogo **Guardar como**. Para guardar un documento por primera vez siga estos pasos:

1. Con su documento recién creado, clic en la ficha Archivo.
2. Clic en Guardar. Al hacerlo, Word lo llevará automáticamente a las opciones de Guardar como.

Recuerde: Cuando es la primera vez que va a guardar su documento, siempre lo llevará a Guardar como.

*Nota: Puede usar el botón **Guardar** ubicado en la Barra de herramientas de acceso rápido o pulsar **Ctrl+G**. Si lo hace, Word lo llevará igualmente a las opciones de Guardar como.*

---

3. Entre las opciones de Guardar como, seleccione Este PC, o también OneDrive Personal. Luego debe elegir la carpeta donde guardar el documento. Si la carpeta no está en la lista, use la opción Examinar. Cualquiera de los casos lo llevará al cuadro de diálogo Guardar como.

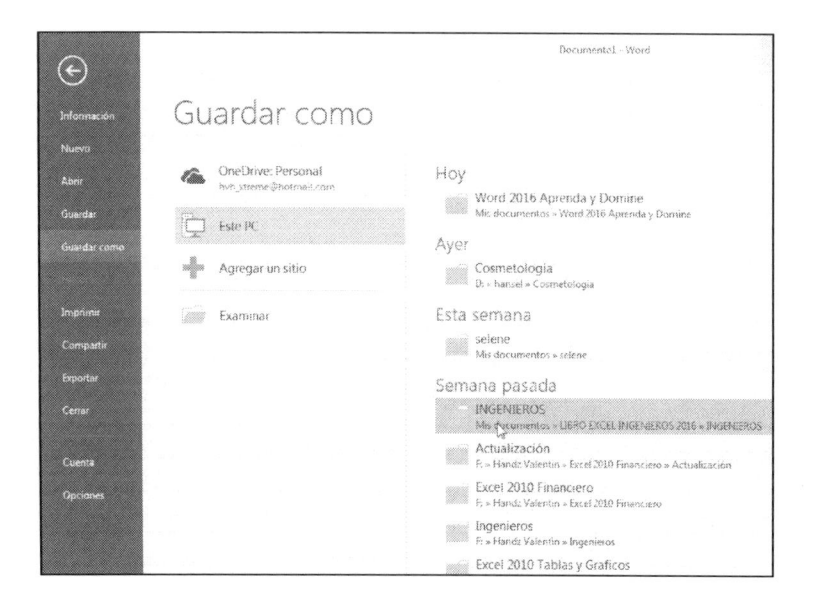

4. Dentro del cuadro de diálogo Guardar como, puede elegir la carpeta donde guardar, agregar un nombre en el campo **Nombre de archivo** y verificar que el **Tipo** esté seleccionado con **Documento de Word**.

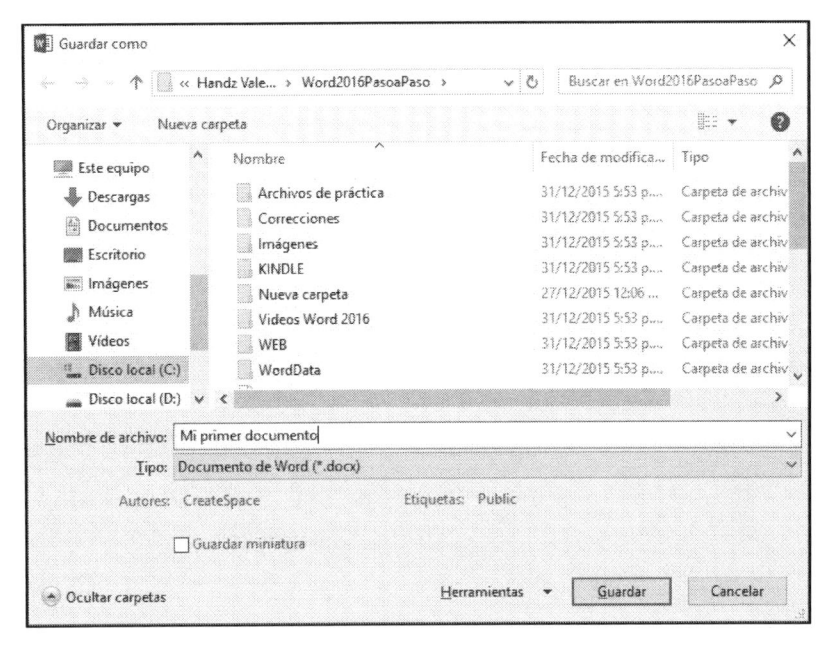

5. Clic en Guardar.

Al guardar un documento con el tipo Documento de Word, usted está eligiendo la extensión .docx. Esta extensión apareció desde la versión de Word 2007 y no es compatible con versiones anteriores.

Guardar los cambios en el documento

Cuando vuelves a guardar un documento, después de haber puesto un nombre, haber elegido el lugar donde se almacenará, y el tipo de archivo, será más fácil. A esto se le conoce como: guardar los cambios.

Cuando guardas los cambios, las opciones de Guardar como no aparecerán.

Se recomienda qué, cada vez que creas que has hecho algo muy importante en tu documento y no quieres perderlo, entonces será buena excusa para guardar.

Para guardar los cambios en el documento actual, basta con hacer clic en la ficha Archivo y clic en Guardar. También, puedes hacer clic directamente en el Botón Guardar de la barra de herramientas de acceso rápido, o pulsar **Ctrl+G**.

Guardar en una carpeta diferente

A veces los usuarios se sienten más seguros si tienen una copia exacta del archivo guardado en diferentes carpetas. Si pasa algo con su documento original, tendrá el otro para restaurarlo. Siga estos pasos para guardar su documento en una carpeta diferente:

1. Clic en la ficha Archivo.
2. Clic en Guardar como.
3. Seleccione **Este PC** y elija en que carpeta guardará. Si no lo encuentra en la lista, use Examinar. 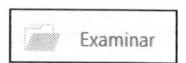
4. Seleccione la carpeta donde desea guardar su documento. Use el panel de navegación para encontrar la carpeta que necesite. Si ha colocado una memoria USB o un disco duro externo, aparecerá su ícono correspondiente en el panel de navegación.

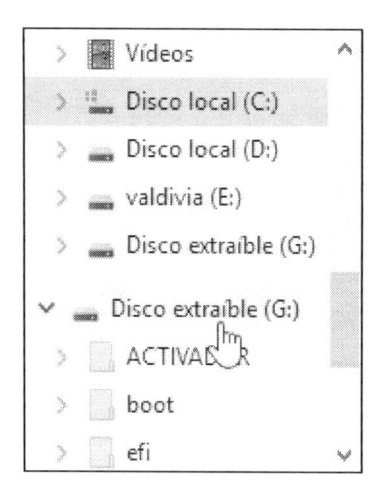

También, si es necesario, puede crear una carpeta nueva haciendo clic en el botón Nueva carpeta.

5. Si lo desea, agregue un nuevo Nombre de archivo. Puede agregar el texto `copia` a su documento para diferenciarlo del documento original. Clic en Guardar.

Guardar como PDF

PDF es el Formato de documento portátil, en inglés Portable Document Format. El formato PDF es muy utilizado cuando se comparten los documentos entre usuarios evitando que nadie pueda editar el contenido o el formato del documento tan fácilmente. Además, este formato mantiene la estructura del documento (imágenes, tablas, textos en su respectivo lugar), ideal para la impresión.

Anteriormente se necesitaba un plug-in para que Word pueda guardar documentos en PDF, desde la versión 2010 ya no es necesario.

Para guardar su documento en PDF siga estos pasos:

1. Clic en la ficha Archivo.
2. Clic en **Exportar**
3. Seleccione la opción **Crear documento PDF/XPS**.
4. Clic en el botón **Crear documento PDF/XPS.**
5. En el cuadro de diálogo Publicar como PDF/XPS, seleccione la carpeta donde desea guardar el documento, y si es necesario, agregue un nombre de archivo.
6. Clic en Publicar.

Guardar en OneDrive

Así como puede abrir documentos almacenados desde su cuenta de OneDrive, también puede guardar. Para hacerlo, siga estos pasos:

1. Clic en la ficha Archivo.
2. Clic en Guardar como.
3. Seleccione OneDrive: Personal.

4. Clic en la carpeta donde desea guardar el documento.
5. En el cuadro de diálogo Guardar como agregue un nombre para su documento y elija el tipo.
6. Clic en Guardar.

Guardar con Contraseña

Si está trabajando en un equipo que es usado por varias personas, o desea compartir el documento con alguien más y quiere tener más seguridad para evitar cambios innecesarios, entonces puede agregarles contraseñas a sus documentos. Word 2016 permite agregarle dos tipos de contraseña, una para abrir el documento y otra para evitar la edición. Puede aplicar alguna de ellas o ambas.

- **Apertura:** Permite aplicar una contraseña al abrir el documento. Si no agrega la contraseña correcta, entonces el documento no se abrirá.
- **Escritura:** Permite aplicar una contraseña para editar un documento. Si no sabe la contraseña, puede elegir el modo lectura para leer el contenido más no puede guardar los cambios.

Aunque es lógico acordarse de su contraseña, no está demás hacerle hincapié en ese tema. Olvidarse la contraseña de escritura puede no ser tan desastroso, aún podrá ver el documento, sin embargo, lo que no debe perder es la contraseña de apertura.

---

1. Clic en la ficha Archivo.
2. Seleccione Guardar como y clic en Examinar.
3. En el cuadro de diálogo Guardar como, clic en **Herramientas**.
4. En la lista desplegable, haga clic en **Opciones Generales**.

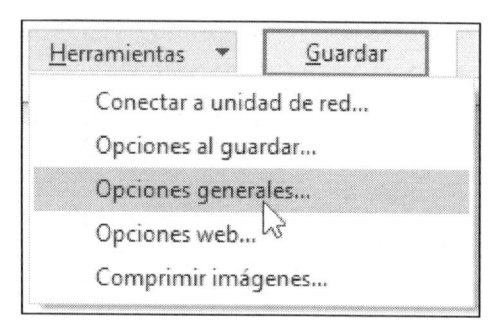

5. En el cuadro de diálogo Opciones Generales, escriba una contraseña para el campo **Contraseña de apertura** o **Contraseña de escritura**. Tenga en cuenta que pueda usar uno de ellos o ambos.
6. Clic en **Aceptar**.

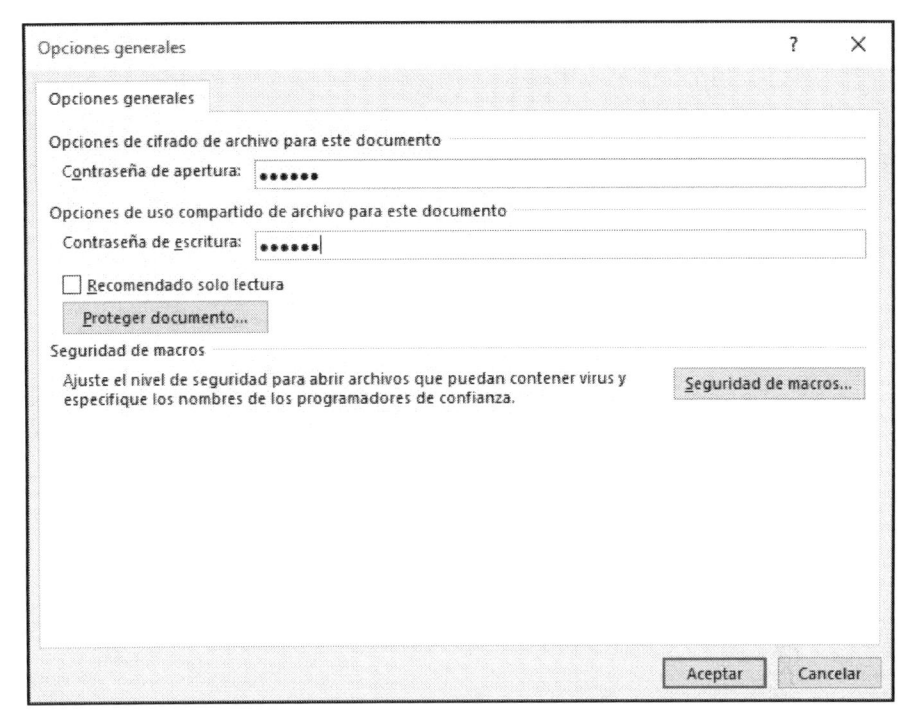

7. Ahora debe volver a escribir la contraseña de apertura, o de escritura, o ambas si es el caso, en el cuadro de diálogo **Confirmar contraseña**. Luego hacer clic en **Aceptar** en cada una de ellas.

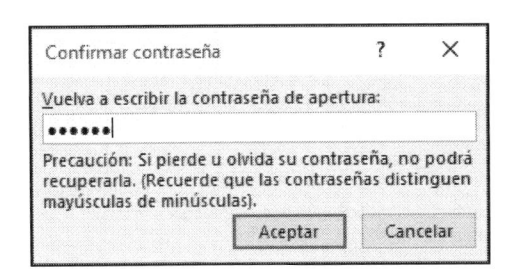

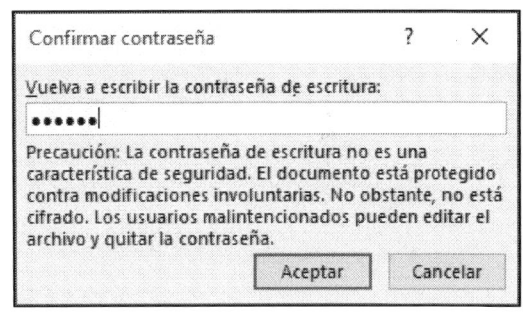

8. A continuación, solo basta elegir la carpeta donde guardar el documento y agregar un nombre para el archivo. Luego clic en Guardar.

Revisando opciones de compatibilidad

Qué bonito sería si todos usaran Word 2016 y no tuviera que preocuparse por la compatibilidad de sus archivos. Cuando trabaja en una versión de Word, sea cual fuere, siempre hay nuevas características que las versiones anteriores no tienen. Este tipo de cosas causa ciertos problemas de compatibilidad. Un ejemplo de ello es, que la estructura del documento se vea bien en la versión de Word que usas en casa, pero se vea diferente en una versión más antigua del programa.

Para evitar ciertos dolores de cabeza y, sobre todo, la interrogante de si todo estará bien cuando el documento se abra en otras versiones de Word, puede usar las herramientas para inspeccionar un documento.

En esta sección aprenderá a guardar su documento en una versión anterior, así como convertirlo a la versión más reciente. También podrá ver las opciones de compatibilidad que ayudan a los usuarios de Word a evitar problemas en el futuro.

Guardar con formato de versiones anteriores de Word

El problema de actualizarse rápidamente a Word 2016 es que no mucha gente se actualiza a la par contigo. Muchos usuarios y empresas del gobierno prefieren seguir con versiones anteriores, incluso muy pero muy anteriores. Por ejemplo, la gran mayoría de negocios pequeños o sectores del estado posiblemente aún utilicen Word 2003 y lamentablemente, los archivos **.docx** no son compatibles.

Anterior a la versión de Word 2007, la extensión por defecto fue .doc. Usted puede abrir un archivo .doc en Word 2016 pero no puede abrir un .docx en Word 2003. Astutamente, Microsoft no ha dejado de lado la compatibilidad, así que aún puede guardar su documento creado en Word 2016 con la extensión .doc.

Para guardar su documento en un formato .doc siga estos pasos:

1. Clic en la ficha Archivo.
2. Clic en **Exportar**.
3. Seleccione la opción **Cambiar el tipo de archivo**.
4. En la lista de tipos de archivo, seleccione **Documento de Word 97-2003 (*.doc).**
5. Clic en el botón Guardar como.

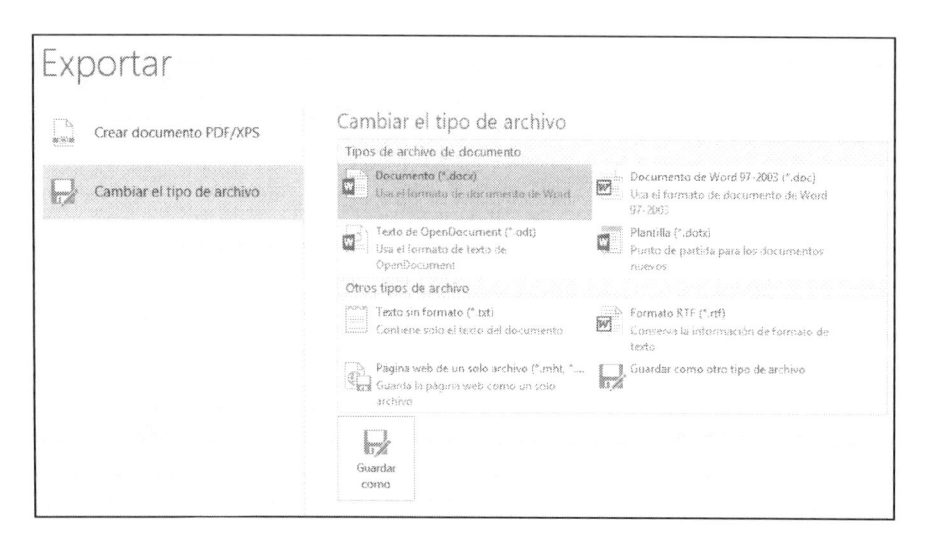

6. Ahora, seleccione la carpeta donde guardará el documento y si es necesario, cambie de nombre. Una vez terminado, clic en Guardar.

Tenga en cuenta que guardar en un formato antiguo puede ocasionar pérdida de formato y de funciones. Para obtener más información sobre la compatibilidad de sus documentos antes de ser convertidos a una versión anterior, lea el título: Comprobar compatibilidad con versiones anteriores.

Comprobar compatibilidad con versiones anteriores

Aunque el título Guardar con formato de versiones anteriores de Word está antes que este título, usted debería tomar en cuenta la comprobación de compatibilidad antes de guardar a una versión anterior.

Cuando usa el comprobador de compatibilidad, podrá darse cuenta si su documento conservará todas las características usadas o si alguna de ellas se perderá en el proceso. Word 2016 realiza la comprobación con las versiones de Word 2010, Word 2007 y Word 97-2003. La versión de Word 2013 es prácticamente idéntica.

Para comprobar la compatibilidad siga estos pasos:

1. Clic en la ficha Archivo y verifique que esté activo la ficha **Información**.
2. En la sección Inspeccionar documento, clic en **Comprobar si hay problemas**.
3. De la lista desplegable, seleccione **Comprobar compatibilidad**. El cuadro de diálogo **Comprobador de compatibilidad de Microsoft Word** muestra las características que no son admitidas en las versiones anteriores de Word.

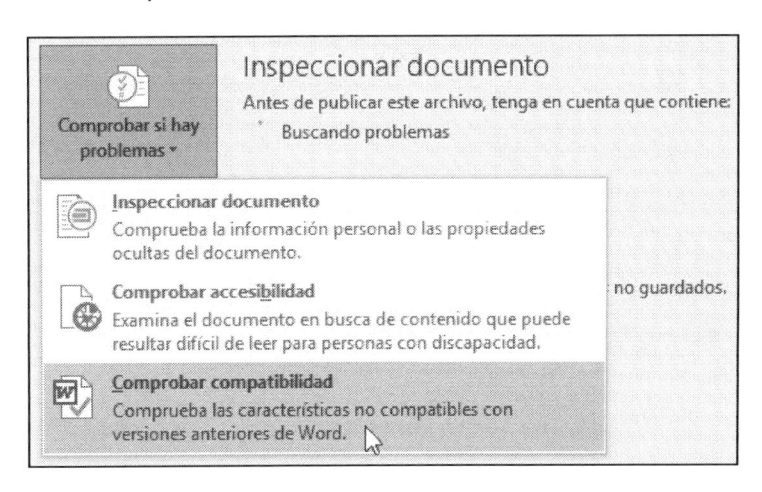

Capítulo 1: Comprender lo Básico de Word 2016

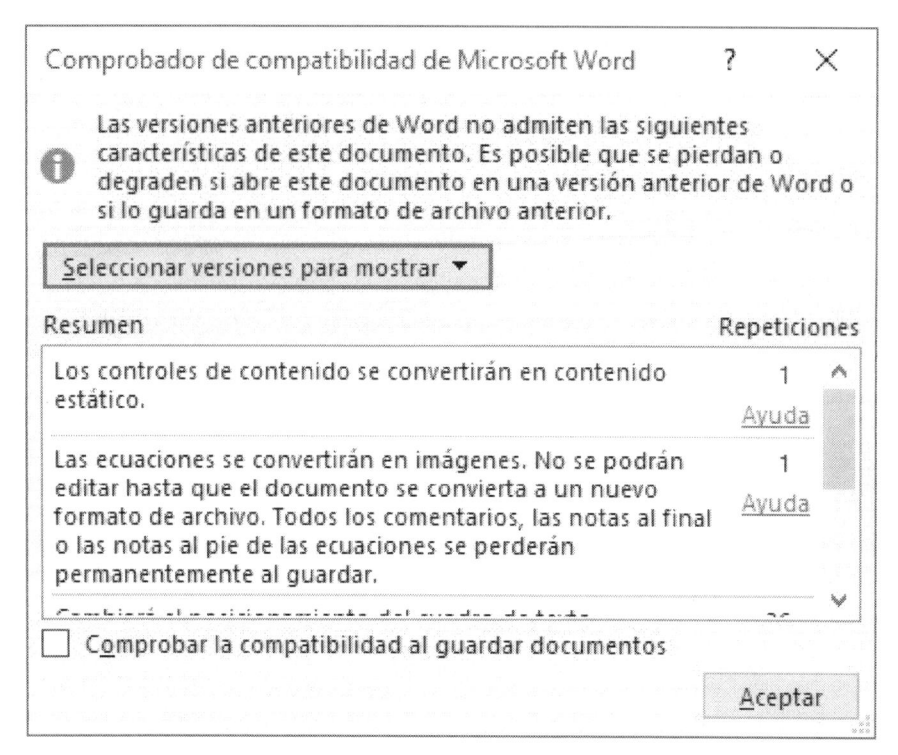

4. Clic en **Seleccionar versiones para mostrar** y clic en alguna versión. De esta manera podrá elegir la versión con la cual será abierto el documento y ver qué problemas puede tener.

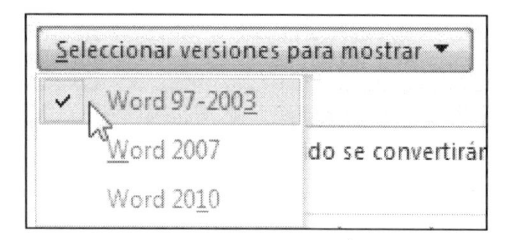

5. En el área Resumen revise las recomendaciones de Word.
6. Clic en Aceptar una vez revisado las recomendaciones

Ahora ya puede decidir si debe guardar su documento en la versión que requiera.

Convertir un documento a la versión de Word 2016

Si llegó la hora de pasar sus documentos antiguos con formato `.doc` o versiones .docx de Word 2007 y Word 2010 a la nueva versión de Word 2016, entonces puede hacerlo sin problemas.

Tenga en cuenta que, si abre un documento creado en versiones anteriores, este mostrará el contenido sin ningún problema, ya que Word 2016 es compatible con las versiones anteriores. Para avisarle sobre la compatibilidad que hay en el documento actual, Word mostrará en la barra de título el texto [Modo de compatibilidad].

Entonces, si Word 2016 permite abrir documentos de versiones anteriores sin problemas, ¿Por qué debería convertir un documento a la versión más actual de Word?, en realidad la respuesta es sencilla, simplemente para utilizar las nuevas características de Word 2016 que son deshabilitadas cuando un documento está en modo de compatibilidad.

Así que, la recomendación es convertir el documento y disfrutar de todas sus características. Para convertirlo siga estos pasos:

1. Con el documento abierto de versiones anteriores (Word 2003, Word 2007 o Word 2010), clic en la ficha Archivo.
2. Seleccione la ficha **Información**.
3. Clic en el botón **Convertir**.

4. El mensaje que aparece no informa la acción que se va a realizar. Haga clic en Aceptar.

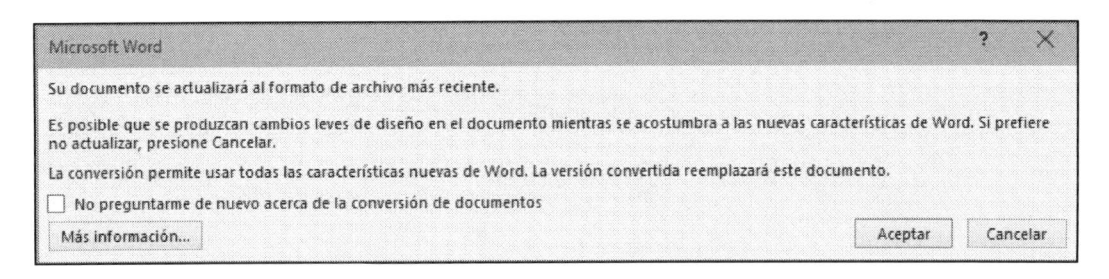

Agregar Propiedades al documento

Cuando se guarda un documento, no solo guarda el contenido de lo que ha escrito, también se guarda una información adicional, por ejemplo, el nombre del autor y la fecha de la última modificación del archivo.

Si lo desea, puede agregar más información relevante a su documento guardado, esto permitirá que encontrar su documento en Windows mediante el cuadro búsqueda instantánea sea más fácil. Toda la información adicional se puede agregar desde el área de Propiedades, para hacerlo, siga estos pasos:

1. Clic en la ficha **Archivo**.
2. Seleccione la ficha **Información**.
3. A la derecha, en la sección Propiedades, complete los campos necesarios.

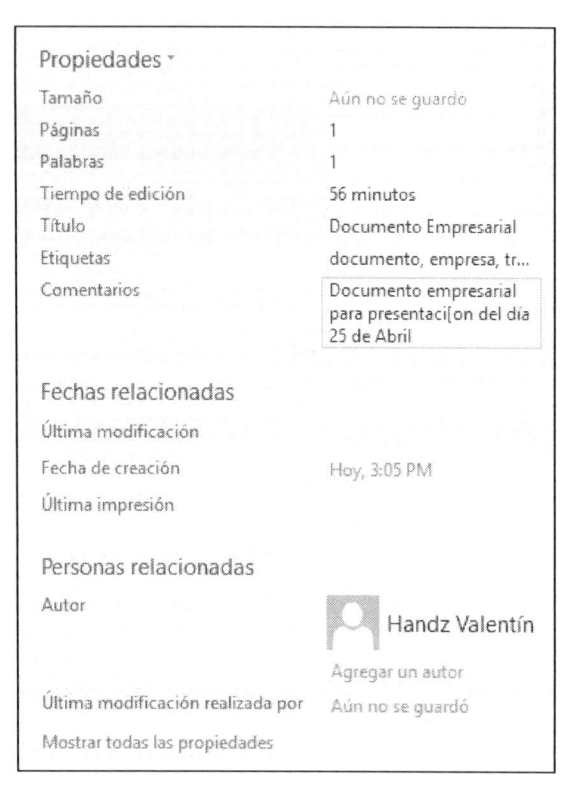

Propiedades ▼	
Tamaño	Aún no se guardo
Páginas	1
Palabras	1
Tiempo de edición	56 minutos
Título	Documento Empresarial
Etiquetas	documento, empresa, tr...
Comentarios	Documento empresarial para presentaci[on del día 25 de Abril
Fechas relacionadas	
Última modificación	
Fecha de creación	Hoy, 3:05 PM
Última impresión	
Personas relacionadas	
Autor	Handz Valentín
	Agregar un autor
Última modificación realizada por	Aún no se guardó
Mostrar todas las propiedades	

4. Una vez rellenado los datos en el panel de documentos, guarde su archivo.

Revisar las Propiedades Avanzadas

Agregar contenido a las propiedades de un documento, mejor conocido como metadatos, ayuda a que pueda compartir su archivo con facilidad y sea más fácil encontrar un documento cuando realizan sus búsquedas. Si desea agregar más metadatos, use el panel de propiedades avanzadas.

1. Clic en la ficha **Archivo**.
2. Seleccione la página **Información**.
3. En el lado derecho, clic en **Propiedades**.
4. Clic en **Propiedades avanzadas**.

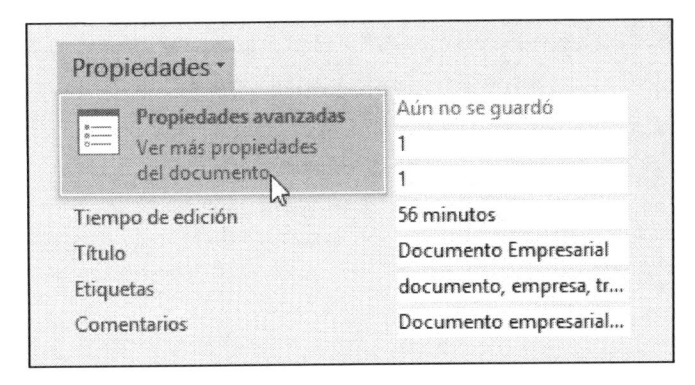

5. Active la ficha Resumen y complete los datos necesarios.

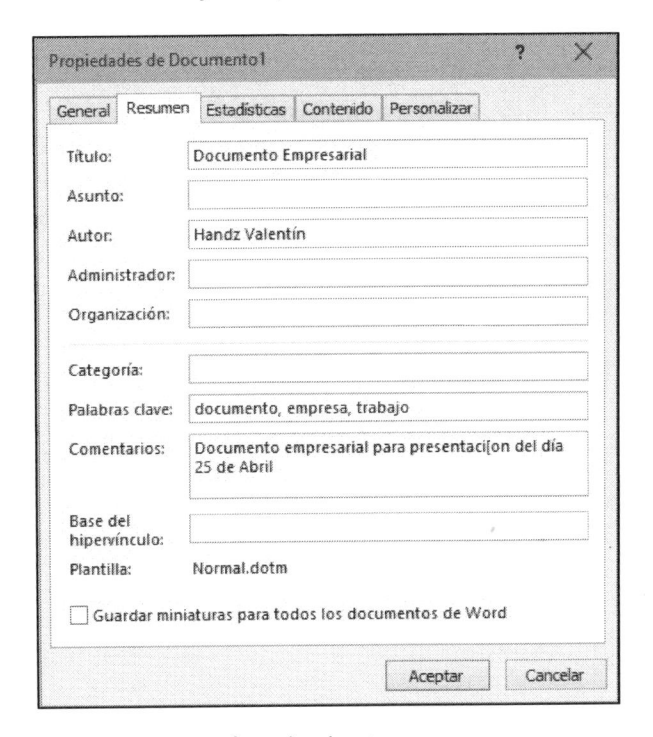

El Panel de documentos presenta los siguientes campos:

- **Título:** Es el título del documento que usted puede asignar al documento, aunque no es lo mismo que el nombre de archivo.
- **Asunto:** Este campo permite insertar información especial basado en el contenido del documento, por ejemplo, Revisión Importante.
- **Autor:** Ingrese en este campo el nombre del responsable del documento o el nombre de la empresa.
- **Administrador:** Agregue el nombre de la persona que se encuentra más arriba en su jerarquía organizacional o de área.
- **Organización:** Agregue el nombre de la compañía donde labora o quizá el nombre de la compañía a la cual va dirigido el documento.

- **Categoría:** Escriba una categoría al que pertenece el documento; por ejemplo, un documento puede pertenecer a la categoría Sistemas.
- **Palabras clave:** Escriba palabras claves para que sea más fácil de encontrar cuando se busca en Windows. Por ejemplo, `informes 2016, revisiones handz`.
- **Estado:** Escriba el estado del documento; por ejemplo, `Primera revisión`.
- **Comentarios:** Escriba comentarios adicionales al documento para que sirva de guía de lo que está presentando.

6. Clic en Aceptar. Luego guarde su documento.

Autorrecuperación

Si odia perder su trabajo (y la mayoría de nosotros lo hacemos), debe asegurar que la característica Autorrecuperación esté activada y que esté establecida a un corto intervalo de tiempo para guardar. Por defecto, la Autorrecuperación está ajustada para guardar la información necesaria cada 10 minutos, pero tiene la posibilidad de ajustarlo a menos. Autorrecuperación intenta recuperar sus documentos solo si Word sufre alguna falla o si olvida guardar algo.

Tenga en cuenta: Autorrecuperación no es lo mismo que guardar una copia de sus archivos.

Mientras esté activo Autorrecuperación, los documentos se guardan en una ubicación en especial, así que, si desea recuperarlos, puede ingresar a la dirección donde se almacenan los archivos de Autorrecuperación. Para ajustar el tiempo de Autorrecuperación, siga estos pasos:

1. Clic en la ficha Archivo.
2. Haga clic en **Opciones**.
3. En el cuadro de diálogo Opciones de Word, haga clic en la ficha Guardar, en el panel Izquierdo.
4. En la sección **Guardar documentos**, verifique que esté activa la casilla **Guardar información de Autorrecuperación cada**, cambie los minutos a los que desee, por ejemplo, puede indicar que se guarde cada 5 minutos en vez de 10.

5. En el cuadro **Ubicación de archivo con autorrecuperación**, haga clic en Examinar y establezca la nueva ruta para los archivos autorrecuperados si es necesario.
6. Clic en Aceptar.

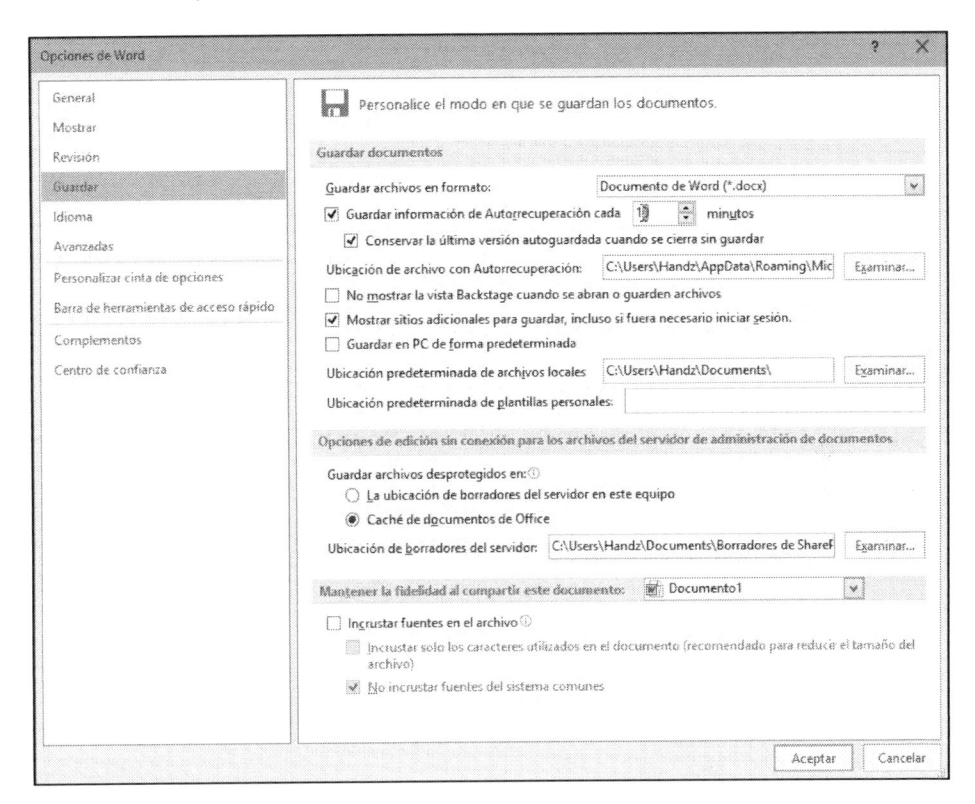

Manejo de versiones

Las **versiones** son diferentes estados del documento guardados en el mismo archivo; por ejemplo, usted puede tener una versión guardada a las 10:30 am y otra versión a las 5:00 pm, cada versión tiene un estado de avance del documento.

Para que el control de versiones esté disponible, debe asegurarse que la opción **Conservar el ultimo archivo autorrecuperado cuando se cierra sin guardar** esté activa. Esta última opción se encuentra en la ventana Opciones de Word, dentro de Guardar.

A continuación, aprenderá a cómo acceder a sus versiones.

1. Clic en la ficha Archivo.
2. Clic en Información.
3. En **Administrar documento**, clic en alguna versión autoguardada.

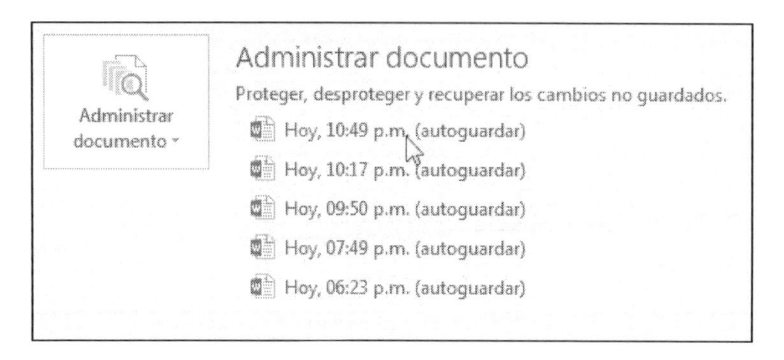

Ejercicio 1

En este ejercicio usted aprenderá a abrir Word 2016, luego creará un nuevo documento en blanco.

No necesita archivos de práctica para este ejercicio.

---

1. Inicie Word 2016 desde el botón **Inicio | Todos los programas | Microsoft Office 2016 | Word 2016**. Si se encuentra en Windows 8, clic en el mosaico Word 2016 de la pantalla Inicio.
2. Con la pantalla Inicio de Word 2016 abierto, clic en **Documento en blanco**. Como puede ver, se acaba de crear un documento nuevo y listo para agregar texto.
3. Ahora usted va a desactivar la pantalla Inicio por completo. Clic en la ficha Archivo y luego seleccione Opciones.
4. En el cuadro de diálogo Opciones de Word, active la página **General** si es necesario.
5. Revise la sección Opciones de inicio, y luego, clic en la casilla de verificación **Mostrar la pantalla Inicio cuando se inicie esta aplicación**. De esta manera, se desmarcará la casilla.

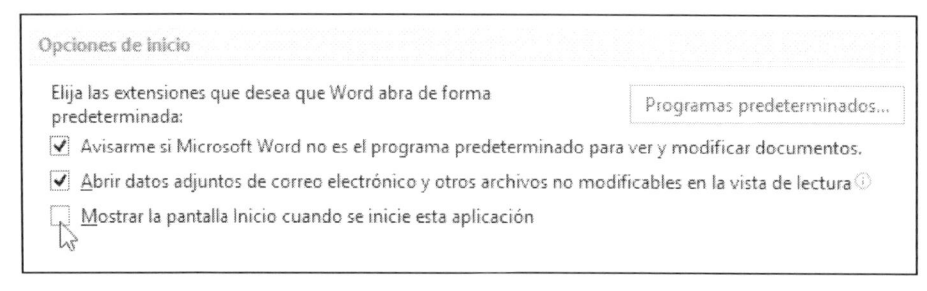

6. Por último, clic en Aceptar.

7. Para cerrar el documento en blanco, clic en la ficha Archivo y luego clic en Cerrar. El documento se cierra, pero Word aún sigue abierto.

ALTO: *No cierre Word 2016.*

Ejercicio 2

En este ejercicio, usted abrirá un documento existente, realizará algunos cambios y luego agregará metadatos, por último, volverá a guardar el documento.

Para este ejercicio se usará el archivo **Monografía CMS.docx** *que podrá encontrar en la carpeta Práctica 1.*

1. Con Word 2016 aún abierto, clic en la ficha Archivo y luego clic en Abrir.
2. Clic en el botón Examinar.
3. En el cuadro de diálogo Abrir, navegue hasta C: | **WordData** | Práctica1.
4. Seleccione el archivo **Monografía CMS**, y luego clic en el botón **Abrir**.

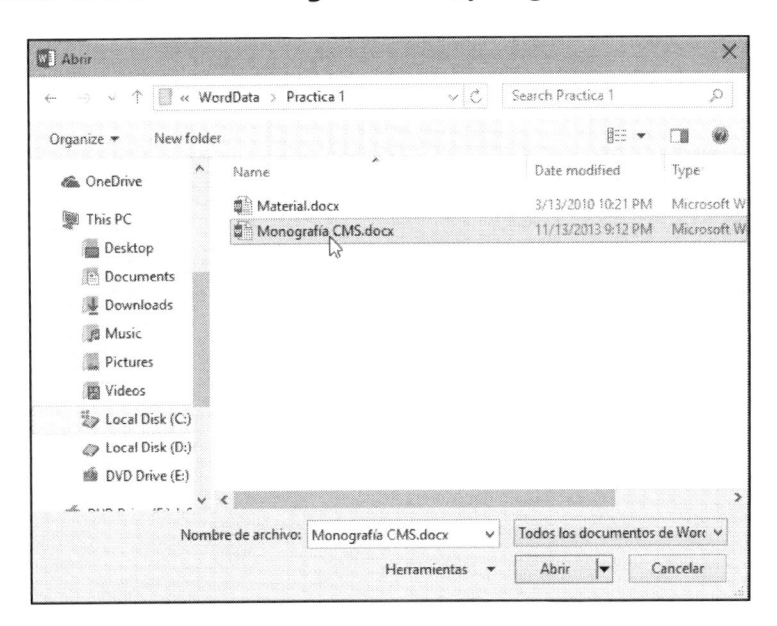

5. Clic tres veces sobre la palabra Joomla. De esta manera, se ha seleccionado todo el título.
6. Pulse Ctrl+N para aplicar Negrita al texto.
7. Pulse Ctrl+T para centrar el texto.

8. Ahora usted va a agregar metadatos a su documento. Clic en Archivo, luego clic en Información.
9. Seleccione la opción **Propiedades**, y luego clic en **Propiedades avanzadas.**
10. En el campo **Autor**, agregue su nombre.
11. En el campo **Título** agregue el texto: `Joomla`.
12. En el campo **Asunto** agregue el texto: `Monografía para revisión`.
13. En el campo **Palabras clave**, agregue los textos: `joomla, sistema gestor de contenidos, cms`.
14. En el campo **Categoría** agregue el texto: `Documentos del área de sistemas`.
15. En el campo **Comentarios** agregue el texto: `Monografía sobre el uso de Joomla (Borrador)`.
16. Clic en Aceptar.

17. Para guardar los cambios y a su vez los metadatos, clic en Archivo y luego clic en Guardar.

ALTO: *No cierre su documento, lo usaremos en el próximo ejercicio.*

Ejercicio 3

En este ejercicio, usted aprenderá a guardar su documento con otro nombre. Además, guardará un documento compatible con Word 2003, abrirá el documento y lo convertirá a la nueva versión de Word.

Continúe con el archivo del ejercicio anterior.

1. Ahora usted va a guardar el documento con otro nombre. Clic en Archivo y clic en Guardar como.
2. Seleccione **Examinar**.
3. Navegue hasta su carpeta WordData | Práctica 1.
4. Dentro del cuadro de diálogo Guardar como, en el campo Nombre de archivo, cambie el nombre por `Trabajo Joomla`.
5. Clic en **Guardar**.

Ahora, va a guardar un documento con un formato compatible para versiones anteriores, pero antes va a revisarlo.

6. Abrir el archivo **Material.docx**.
7. Clic en Archivo | Información | Comprobar si hay problemas.
8. Seleccione Comprobar compatibilidad.
9. En el desplegable Seleccionar versiones para mostrar, desactive las opciones Word 2007 y Word 2010 para solo quedarse con Word 97-2003.
10. Revise los detalles de incompatibilidad que existe con Word 2003.
11. Clic en Aceptar.
12. Clic en la ficha Archivo y luego clic en Exportar.
13. En las opciones de Exportar, seleccione Cambiar el tipo de archivo.
14. En la sección Tipos de archivo de documento, seleccione Documento de Word 97-2003.
15. Clic en **Guardar como**.
16. En el cuadro de diálogo Guardar como, verifique que la ruta sea C: | WordData | Practica1
17. Agregue el nombre **Material de publicación** y verifique que el Tipo sea Documento de Word 97-2003.
18. Una vez revisado todo eso, clic en Guardar.

19. Una vez guardado su documento revise el área de título, debe mostrarle el nombre con el que guardó y a su vez el texto [Modo de compatibilidad].

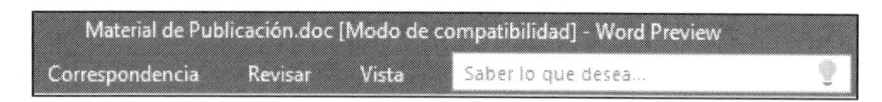

20. Cierre su documento.

Ahora abrirá un documento que fue creado en la versión 2003 para luego convertirlo a la versión más reciente.

21. Clic en la ficha Archivo y luego clic en Abrir. Navegue hasta C: | WordData | Practica1, seleccione su archivo Plan de trabajo y clic en Abrir. El documento se abre y muestra el texto [Modo de compatibilidad]
22. Clic en Archivo | Información | Convertir.
23. En el mensaje que aparece, clic en **Aceptar**. Ahora su documento se ha convertido a la nueva versión de Word 2016.
24. Guarde su documento y cierre Word.

Capítulo 2: Desplazarse por el Documento

En este capítulo usted aprenderá a:

- Conocer los métodos de desplazamiento
- Usar el panel de navegación
- Usar el cuadro de diálogo Ir a.

Usar Teclas Direccionales

El teclado muestra cuatro teclas direccionales: Abajo, Arriba, Izquierda y Derecha. Cuando escribimos un párrafo, en ocasiones, debemos desplazarnos letra por letra, es ahí donde las teclas direccionales entran en acción.

También puede utilizar otras teclas que, junto a las teclas direccionales, nos dan acciones más avanzadas para desplazarse por un párrafo. Por ejemplo, las teclas Control (Ctrl) y Mayús (Shift).

Cuando pulsa la tecla Control más alguna tecla direccional se produce un cambio de desplazamiento; por ejemplo, con `Ctrl+Izquierda` o `Ctrl+Derecha`, el desplazamiento es por palabra. Si pulsamos `Ctrl+Arriba` o `Ctrl+Abajo`, el desplazamiento es por párrafo.

Cuando se pulsa la tecla **Mayús** (**Shift**) más alguna tecla direccional, entonces podrá seleccionar un párrafo o los caracteres del párrafo.

Usar las teclas AvPág y RePág

Cuando quiere dar una mirada rápida a su documento, puede utilizar las teclas **AvPág** (**PageDown**) o **RePág** (**PageUp**). Estas teclas funcionan en base al Zoom que haya aplicado a su documento. Si su documento tiene un Zoom donde se muestre la mitad de una página, cada vez que pulse AvPág o RePág avanzará o retrocederá la mitad de cada página. También puede aplicar un zoom donde se vea toda la página y claro está, que el desplazamiento será página a página.

Cuanto utiliza la tecla `Ctrl+AvPág` o `Ctrl+RePág`, se desplazará página por página colocando el punto de inserción al comienzo del primer párrafo.

Cuando utiliza la tecla **Mayús** con AvPág y RePág, entonces seleccionará el texto de cada página; esta última depende mucho del Zoom para acelerar la selección.

Usar las teclas Inicio y Fin

Las teclas **Inicio** (**Home**) y **Fin** (**End**) permiten dirigirse al principio o al final de una línea de párrafo. Cuando utiliza la tecla `Ctrl+Fin` o `Ctrl+Inicio`, podrá dirigirse al Final del documento o al principio del mismo.

Recuerde: El término página y documento son distintos. El documento es prácticamente el archivo completo, incluye todas las páginas que usted haya insertado.

Al utilizar la tecla **Ctrl+Mayús+Inicio** o **Ctrl+Mayús+Fin**, le será más fácil seleccionar porciones más extensas de texto.

Usar la Barra de Desplazamiento

Las Barras de desplazamiento permiten explorar todo el documento de arriba hacia abajo o de izquierda a derecha. Generalmente en un documento se incluye la Barra de desplazamiento vertical a la derecha de la ventana; dentro de la Barra de desplazamiento se encuentra el botón de desplazamiento, que al darle clic y moverlo arriba o abajo podrá dirigirse a cualquier parte de su documento. La siguiente imagen muestra las partes de las Barras de desplazamiento.

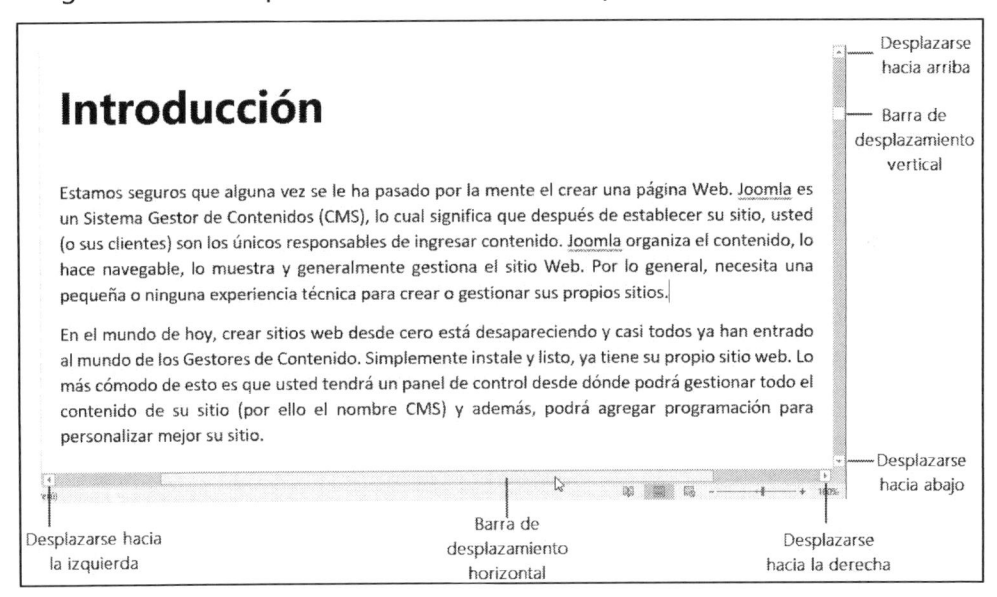

Al hacer clic sin soltar sobre el botón de desplazamiento de la Barra de desplazamiento vertical, aparece información revelando el número de página actual.

Usar el Mouse para Desplazarse

El Mouse es el periférico más utilizado por todos, nos facilita el desplazamiento y la selección de objetos y ventanas. Aunque antiguamente el Mouse no era necesario para el computador, hoy en día, es un duro competidor incluso para las pantallas touch.

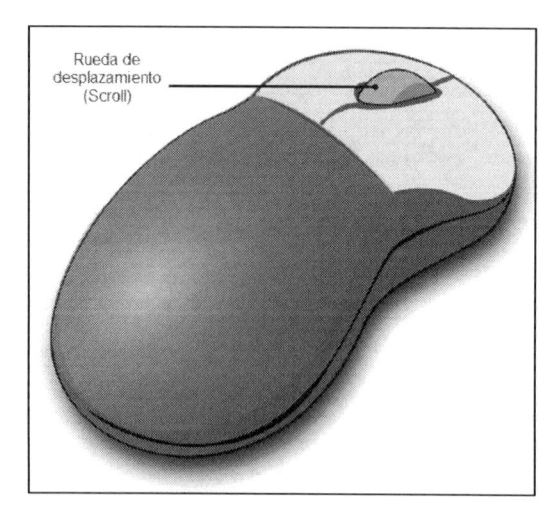

El mouse presenta una rueda de desplazamiento llamado Scroll. La rueda de desplazamiento permite avanzar o retroceder por el documento simplemente haciendo girar la rueda; esta rueda generalmente se encuentra en la parte superior del mouse, justamente en el medio.

Puede pulsar el scroll como si fuera un botón para desplazarse arriba o abajo por el documento sin necesidad de hacer girar la rueda. El cursor cambiará por una doble flecha de color negro y al mover la flecha cambiará apuntando hacia arriba o abajo dependiendo del movimiento.

Usar el Panel de Navegación

El Panel de navegación en Word 2016 cumple varias funciones importantes y es bastante recomendable aprender a usarlo. Para activar el Panel de navegación, clic en la ficha **Vista** y en el grupo **Mostrar**, active **Panel de navegación**.

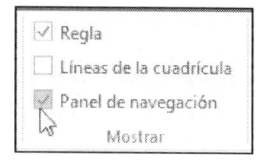

Dentro del Panel de navegación, tendrá tres fichas: **Títulos**, **Páginas** y **Resultados**. La primera ficha (Títulos) permite desplazarse por el documento seleccionando los estilos de título que haya aplicado a su contenido.

En la ficha **Páginas**, podrá ver las páginas en miniatura dando un vistazo de pájaro a la estructura de cada página. Por último, en la ficha **Resultados**, encontrará los resultados de las búsquedas realizadas a través del panel de navegación.

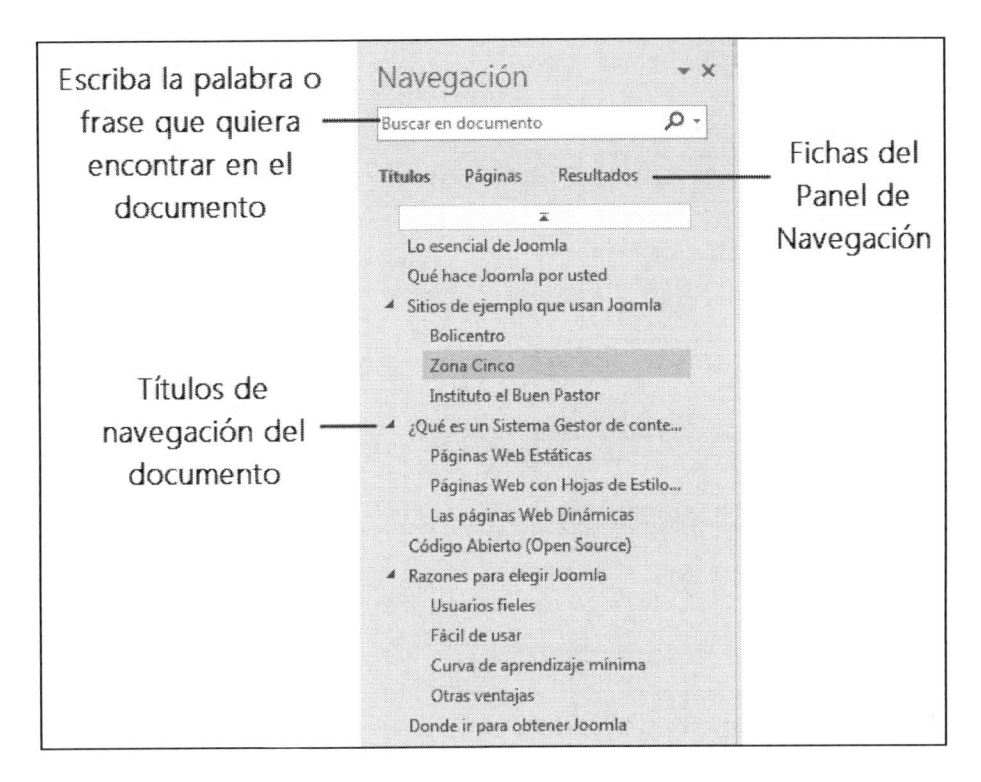

```
                                    Navegación            ▼ ×
Escriba la palabra o
frase que quiera       ──────→      Buscar en documento      🔎 ▼
encontrar en el                                                        Fichas del
documento                           Títulos   Páginas   Resultados ────  Panel de
                                                                       Navegación
                                         Lo esencial de Joomla
                                         Qué hace Joomla por usted
                                       ▲ Sitios de ejemplo que usan Joomla
                                             Bolicentro
Títulos de                                   Zona Cinco
navegación del         ──────→               Instituto el Buen Pastor
documento                              ▲ ¿Qué es un Sistema Gestor de conte...
                                             Páginas Web Estáticas
                                             Páginas Web con Hojas de Estilo...
                                             Las páginas Web Dinámicas
                                         Código Abierto (Open Source)
                                       ▲ Razones para elegir Joomla
                                             Usuarios fieles
                                             Fácil de usar
                                             Curva de aprendizaje mínima
                                             Otras ventajas
                                         Donde ir para obtener Joomla
```

Navegar a través de los Títulos del documento

Cuando se trabaja con documentos extensos, lo más recomendable es que utilice los estilos predefinidos que tiene Word en el contenido del documento, en especial para los títulos. Cada vez que se aplica un estilo de `Título 1`, `Título 2` o `Título 3`, Word 2016 reconoce estos estilos como una forma sencilla y rápida de navegación. Sin estos estilos, la ficha Títulos del panel de navegación no sería de mucha ayuda.

Clic sobre alguno de los títulos del panel de navegación y Word lo llevará rápidamente hacia la posición del título seleccionado. Si alguno de los nombres de títulos lleva una flecha a la izquierda significa que puede expandir o contraer los títulos que están por debajo de la jerarquía.

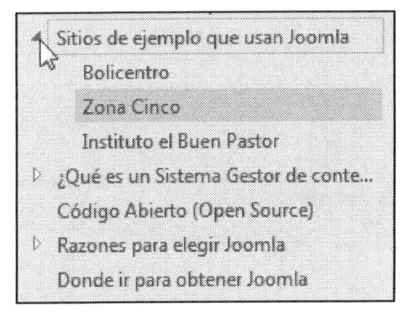

```
                ▲ Sitios de ejemplo que usan Joomla
                     Bolicentro
                     Zona Cinco
                     Instituto el Buen Pastor
                  ▷ ¿Qué es un Sistema Gestor de conte...
                     Código Abierto (Open Source)
                  ▷ Razones para elegir Joomla
                     Donde ir para obtener Joomla
```

Si usa el cuadro de búsqueda del panel de navegación para buscar una palabra, los títulos se resaltarán en amarillo para indicar que la palabra buscada se encuentra justo en ese título.

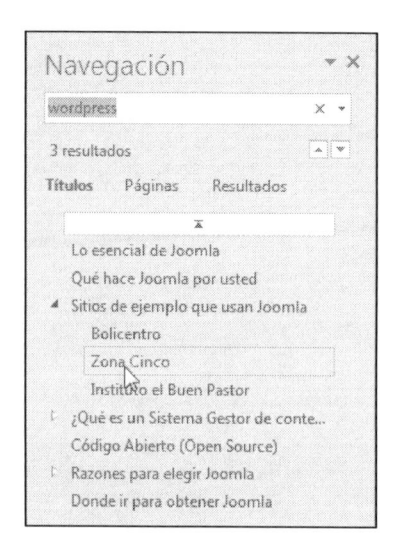

Navegar a través de las Páginas

En la ficha **Páginas** usted podrá desplazarse por su documento mediante las miniaturas de las páginas en el documento. Bien, antes de comenzar a usar esta sección y sacarle provecho al máximo, tenga en cuenta que, si quiere desplazarse por cada miniatura es verdaderamente una pérdida de tiempo.

Las miniaturas están ahí para mostrar la estructura de la página. Por ejemplo, vea la siguiente imagen, La miniatura de la página 4 está seleccionada y a la derecha se muestra solo una porción de la página completa. Sin embargo, gracias a la miniatura, puede saber que existe otra imagen debajo.

Además, si usa el cuadro de búsqueda para encontrar una palabra o frase en el documento, la ficha Páginas mostrará solo las miniaturas que contengan lo que está buscando.

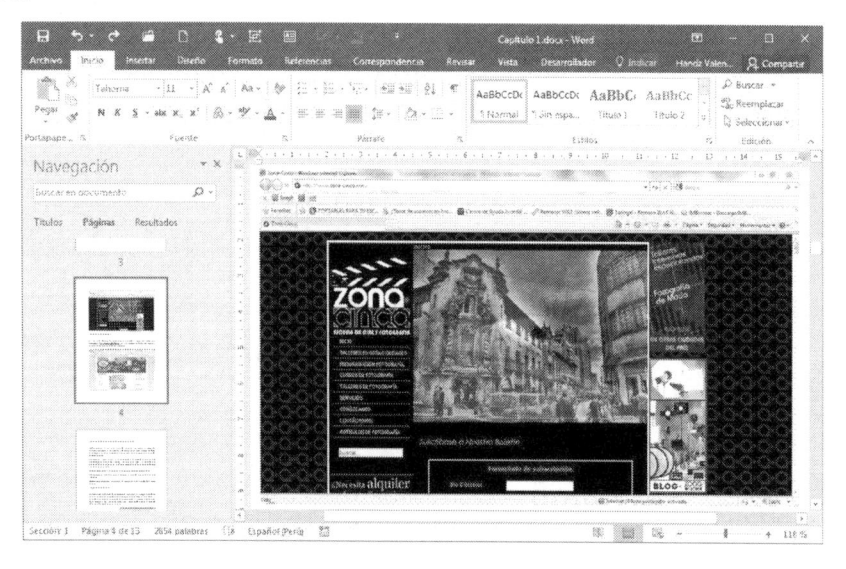

Ir a la página Exacta

Imagínese que le envían un documento para que usted lo pueda revisar y la persona quién le envió le dice a usted que revise la página 115, 116, 134 y la 220. Entonces, es hora de ponerse en marcha y la única opción que se le ocurre para llegar a la página 115 es usar el scroll del mouse. Otra técnica que se le ocurre es usar el Panel de navegación con la ficha Páginas e ir navegando por las miniaturas (véase Navegar a través de las Páginas). Existe otro método que está en Word desde hace mucho llamado **Ir a**.

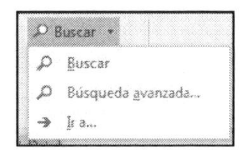

Para abrir las opciones de Ir a, debe ir a Inicio | Edición | Flecha de Buscar | Ir a. Otro método que puede usar es desde el panel de navegación. Si hace clic en la flecha que se encuentra a la derecha de la lupa en el cuadro de búsqueda, podrá elegir **Ir a**. También puede pulsar `Ctrl+I`.

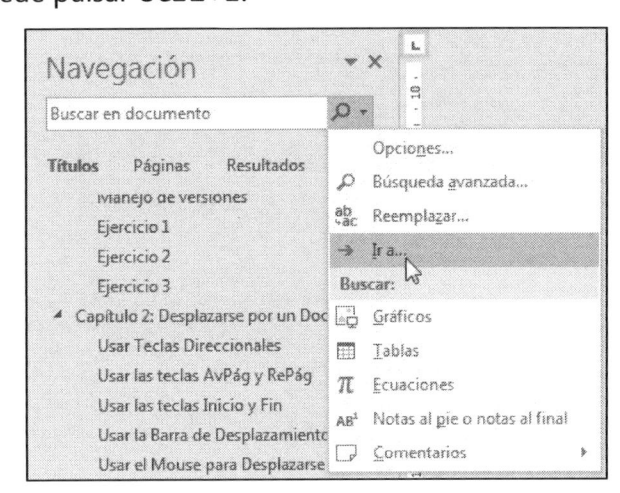

El cuadro de diálogo Buscar y reemplazar se abre con la ficha Ir a activa. En esta sección podrá ver una lista de opciones que le permitirá navegar por su documento a través de diversos elementos. En este caso seleccione **Página**, y en el cuadro **Número de la página**, escriba el número de la página al cual quiere dirigirse, por ejemplo 115, y clic en el botón Ir a.

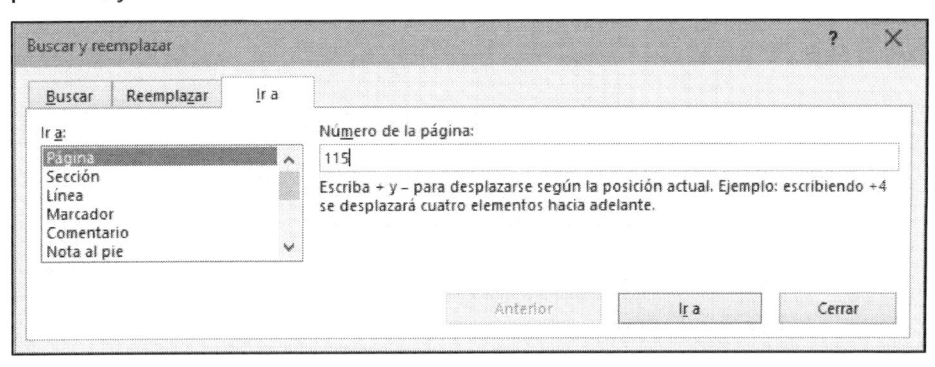

Capítulo 2: Desplazarse por un Documento

> **Nota:** El cuadro de diálogo Buscar y reemplazar y toda la gama de opciones que presenta para Word 2016 es un tema bastante amplio que escapa del ámbito de este libro.

Ejercicio 4

En este ejercicio usted aprenderá a desplazarse por el contenido de su documento. Usará las teclas direccionales, luego ejecutará técnicas con AvPág y RePág, aprenderá a seleccionar textos y dirigirse a diversas páginas dentro del documento.

1. Navegue hasta C: | WordData | Práctica2 y abrir el documento **Plan de trabajo.docx**. Observe que el punto de inserción se encuentra al principio del título Plan de trabajo.
2. Pulse la tecla `Fin`. Observe que el punto de inserción se encuentra al final del título Plan de trabajo.
3. Pulsa la tecla `Inicio`. Ahora el punto de inserción se coloca al inicio del título.
4. Pulse la tecla direccional derecha → 4 veces. El punto de inserción se coloca al final de la palabra `Plan`.
5. Pulse **Ctrl+Fin**. El punto de inserción se coloca al final del documento.
6. Pulsa **Ctrl+Inicio**. El punto de inserción nuevamente se coloca al inicio del documento.
7. Pulse **Ctrl+→** 3 veces. El punto de inserción se va colocando al inicio de cada palabra en `Plan de trabajo`. Al terminar, el punto de inserción se coloca al final del texto.
8. Pulsa la tecla **Av.Pág**. Se muestra la segunda parte del contenido en la misma página. Esto se debe al nivel de zoom que tiene el documento.
9. Pulsa otra vez la tecla `Av.Pág` y verás cómo avanzas a la primera parte de la segunda página.
10. Pulsa **Re.Pág**. Con esta acción, regresará a la segunda parte de la página anterior.
11. Pulse **Ctrl+I**. Se abre el cuadro de diálogo Buscar y reemplazar con la ficha **Ir a** activa.
12. Si es necesario, seleccione la opción Página y en el campo **Número de la página** agregue 3.

13. Clic en el botón **Ir a**. Como puede ver en su barra de estado, ahora indica que está en la página 3 de 3.

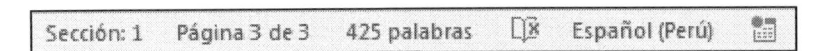

> Sección: 1   Página 3 de 3   425 palabras   Español (Perú)

14. Cierre el cuadro de diálogo Buscar y reemplazar.
15. Usando la barra de desplazamiento, arrastre hacia arriba hasta llegar a la primera página.

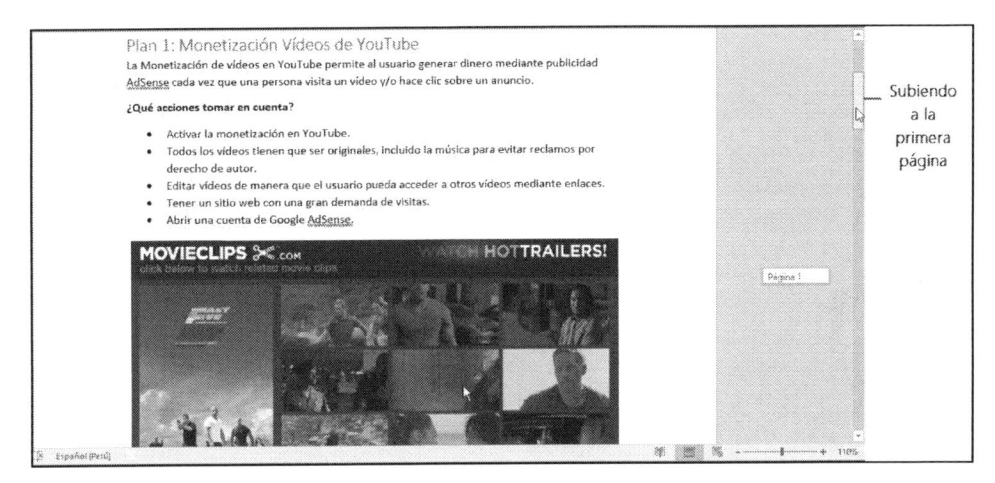

Subiendo a la primera página

16. Clic al final de la palabra `trabajo`. Ahora, pulsando la tecla Mayús (Shift), clic al inicio de la palabra `Plan`. Observe que el texto se ha seleccionado por completo.

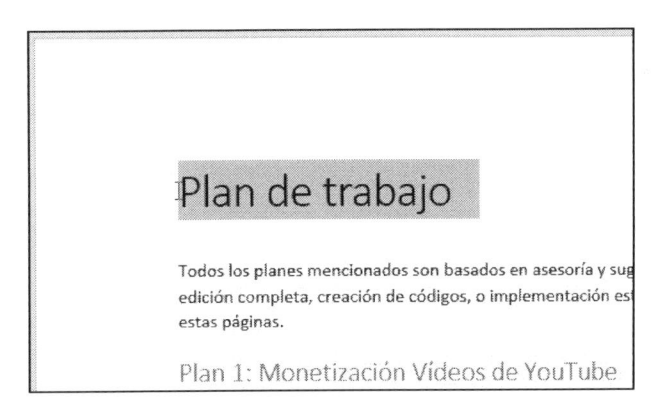

17. Pulse `Ctrl+N` para aplicar negrita a todo el texto seleccionado.
18. Clic adelante del párrafo `Todos los planes mencionados...` Luego, pulsando la tecla `Mayús`, clic al final del párrafo. Como puede ver, el párrafo completo se ha seleccionado.

19. Pulsando la tecla `Ctrl`, clic sin soltar al inicio del párrafo `La monetización de vídeos…` Y arrastre hasta el final del párrafo. Acaba de seleccionar otro párrafo más, solo que esta vez, ha usado el mouse.

> **Plan de trabajo**
>
> Todos los planes mencionados son basados en asesoría y sugerencia de trabajo. Acciones como edición completa, creación de códigos, o implementación están fuera del presupuesto brindado en estas páginas.
>
> Plan 1: Monetización Vídeos de YouTube
> La Monetización de vídeos en YouTube permite al usuario generar dinero mediante publicidad AdSense cada vez que una persona visita un vídeo y/o hace clic sobre un anuncio.
>
> ¿Qué acciones tomar en cuenta?

20. Pulse `Ctrl+K` para aplicar **Cursiva**.
21. Guarde su documento con el nombre `Mi plan de trabajo`.

Nota: No cierre su documento, lo usará en el siguiente ejercicio.

Ejercicio 5

En este ejercicio usted aprenderá a navegar por el panel de navegación, buscará algunos textos y revisará resultados.

Continuará con el documento del ejercicio anterior.

---

1. Active el panel de navegación desde Vista | Mostrar | Panel de navegación.
2. Verifique que en el panel de navegación se encuentre activo la ficha **Títulos**.
3. Clic en el título `Plan 3` y observe que automáticamente se dirige al título seleccionado en su documento.

Word 2016 Paso a Paso 63

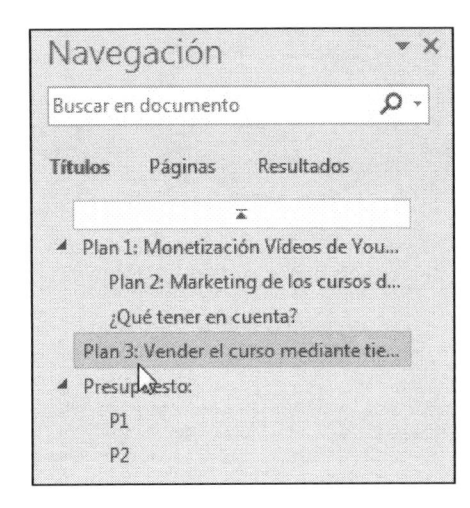

4. Clic en el título **P1**, y al igual que el paso 3, el cursor te lleva al título P1 dentro del documento.
5. Ahora en el cuadro de búsqueda escriba adsense. Note que el título **Plan 1** es resaltado en amarillo.
6. Clic en Plan 1 y observe que en el documento aparece resaltado el texto adsense.

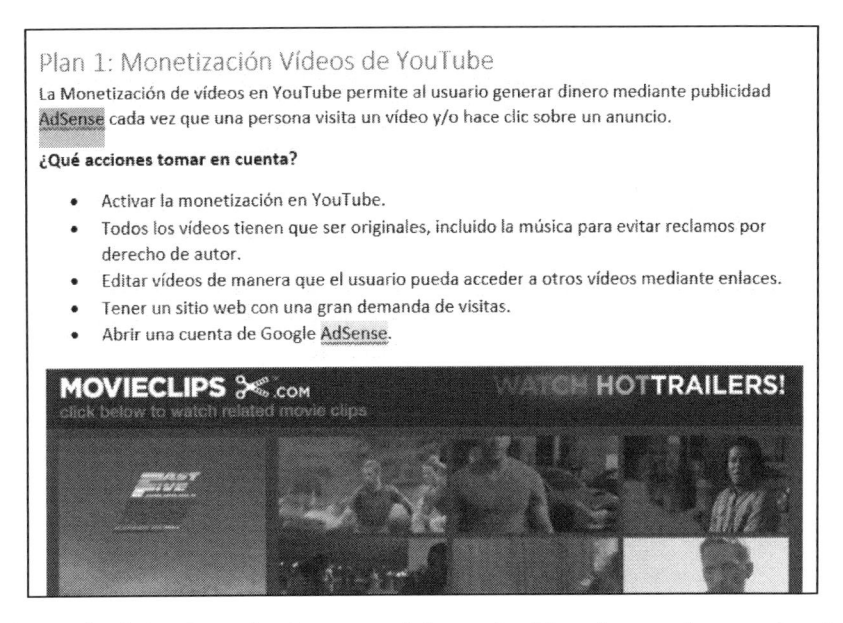

7. Clic en la ficha **Resultados** y verá las coincidencias, en forma de párrafo, de la palabra buscada.

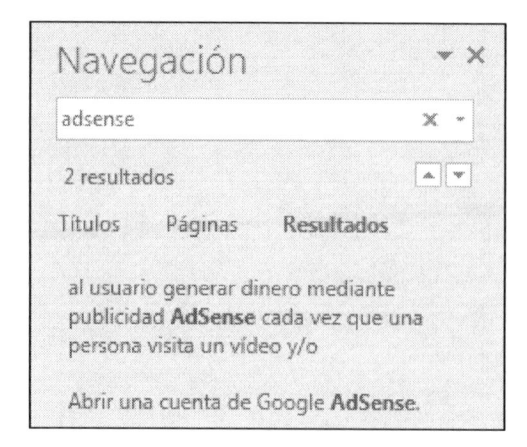

> Navegación
>
> adsense
>
> 2 resultados
>
> Títulos   Páginas   **Resultados**
>
> al usuario generar dinero mediante publicidad **AdSense** cada vez que una persona visita un vídeo y/o
>
> Abrir una cuenta de Google **AdSense**.

8. Cierre su documento sin guardar los cambios.

Capítulo 3: Trabajar con las Vistas del Documento

En este capítulo usted aprenderá a:

- Trabajar con las vistas de un documento
- Usar herramientas de la vista Esquema
- Aplicar Zoom al documento
- Revisar varias páginas a la vez
- Dividir la ventana

Las Vistas de un Documento

Para aumentar las diversas formas de trabajar con sus documentos, Word ofrece varios entornos diferentes que puede usar, conocidos como **vistas**. Para dar lectura y revisión a los textos en documentos extensos y evitar confundirse con la interfaz de usuario, puede usar la vista *Modo de lectura*. Para escribir, revisar y aplicar formatos básicos a sus textos, puede elegir una vista rápida llamada *Borrador*.

Para trabajar con documentos que contienen gráficos, ecuaciones y otros elementos que no son textos, donde el diseño del documento es un factor fuerte, elija la vista *Diseño de Impresión*. Si el destino del documento es online (Internet o intranet), la vista *Diseño Web* quitará ciertos elementos de la pantalla que se orientan a los documentos impresos, permitiéndole ver sus documentos tal y como aparecerán en un navegador web.

Para organizar y gestionar un documento, la vista *Esquema* proporciona herramientas eficaces que le permiten mover una sección completa alrededor del documento sin tener que copiar, cortar o pegar. Una extensión de la vista Esquema, la vista *Documentos Maestros*, le permite dividir un documento extenso en varios documentos separados para que sea fácil organizar los archivos cuando se trabaja grupalmente.

Para cambiar a la mayoría de las vistas nombradas en este apartado, debe hacer clic en la ficha Vista, y en el grupo Vistas, elegir la vista adecuada.

Diseño de Impresión

Cuando escribe cualquier documento en Word 2016, de seguro que utiliza la vista por defecto, *Diseño de impresión*. La vista Diseño de Impresión, es la vista más utilizada, pues como su nombre lo dice, esta vista permite ver y configurar su documento tal y como se verá a la hora de imprimir.

La vista Diseño de impresión tiene una gran variedad de ventajas, entre ellas la facilidad en cambiar los márgenes del documento, y es la única vista que presenta la regla vertical y horizontal. Si usted se encuentra en una vista diferente a la Vista Diseño de impresión, actívela desde **Vista | Vistas | Diseño de impresión**.

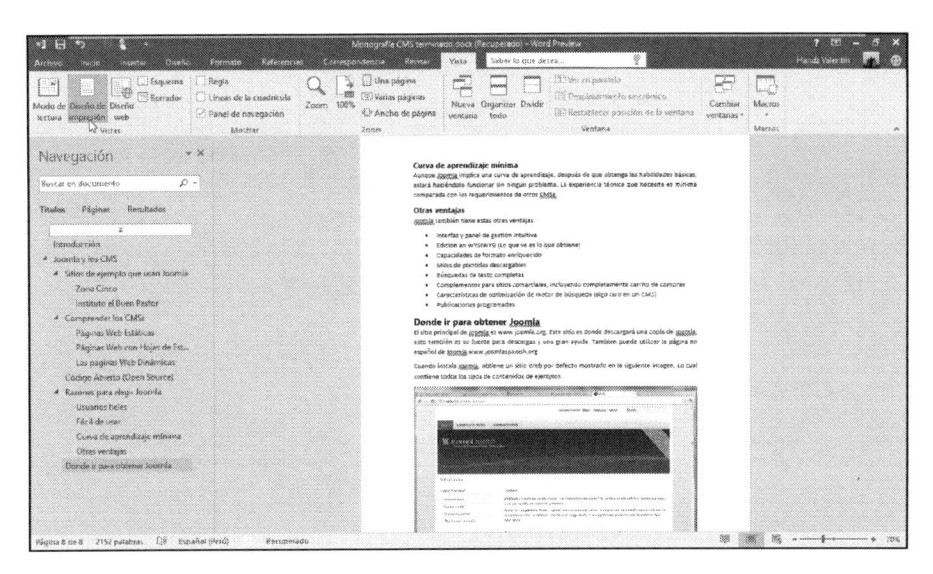

También puede usar el botón Diseño de impresión ubicado cerca del deslizador de Zoom en la barra de estado.

Nota: Casi el 95% del contenido de este libro se ha trabajado en la vista Diseño de Impresión.

Vista Modo de Lectura

En ocasiones no necesitará escribir nada en Word, simplemente querrá revisar el contenido del documento. Si un documento es extenso, la vista Diseño de impresión no es la más adecuada para darle una leída, pero existe una vista que soluciona ese problema, la vista *Modo de lectura*.

Cuando activa Modo de lectura, el documento hace un ajuste automático del texto para que usted pueda leer el documento con total comodidad. Tenga en cuenta que esta vista no desordena su documento, ni cambia el diseño del mismo, así que no se preocupe, todo volverá a la normalidad cuando quiera editar el documento activando nuevamente la vista Diseño de impresión.

Si quiere activar Modo de lectura, debe seleccionar **Vista | Vistas | Modo de lectura**. La siguiente imagen muestra como se ve un documento con Lectura de pantalla completa.

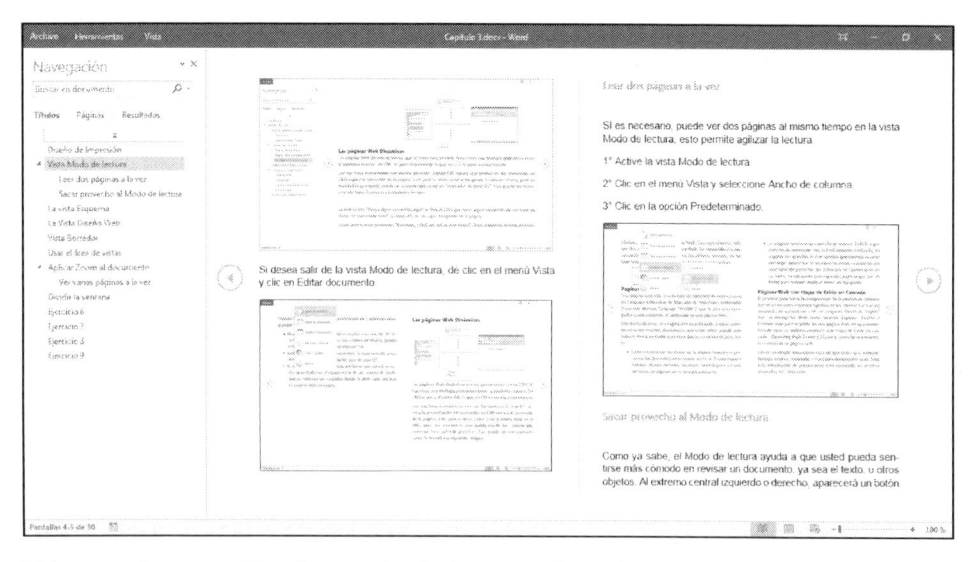

También puede usar el botón Modo de lectura ubicado cerca del deslizador de Zoom en la barra de estado.

La vista Modo de lectura no presenta la cinta de opciones para dar más espacio a la lectura y porque usted no podrá agregar contenido al documento, tampoco puede aplicar formato como negrita, ni cambiar el tamaño de fuente.

En la parte superior de la ventana encontrará tres opciones de Menú: *Archivo*, *Herramientas* y *Vista*. A través de estos menús, en especial del menú Vista, encontrará comandos que ayudarán a mejorar la lectura.

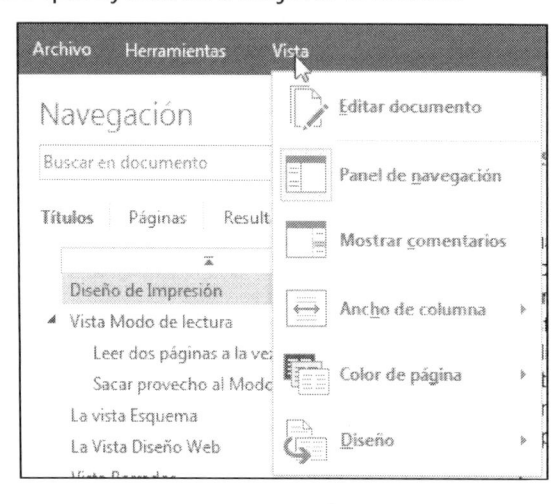

Esta vista es idéntica a cómo usar alguna aplicación para leer libros electrónicos en un teléfono o una Tablet.

La vista predeterminada es mostrar el contenido a dos columnas, pero puede cambiar para que muestre tres columnas si la pantalla es lo bastante amplia para que se vea bien, o un ancho a pantalla completa si su pantalla es un poco pequeña. Para activar estos cambios seleccione menú Vista, Ancho de columna, y seleccione las opciones *Estrecha*, *Predeterminada* o *Ancho*. La siguiente imagen muestra la vista a tres columnas.

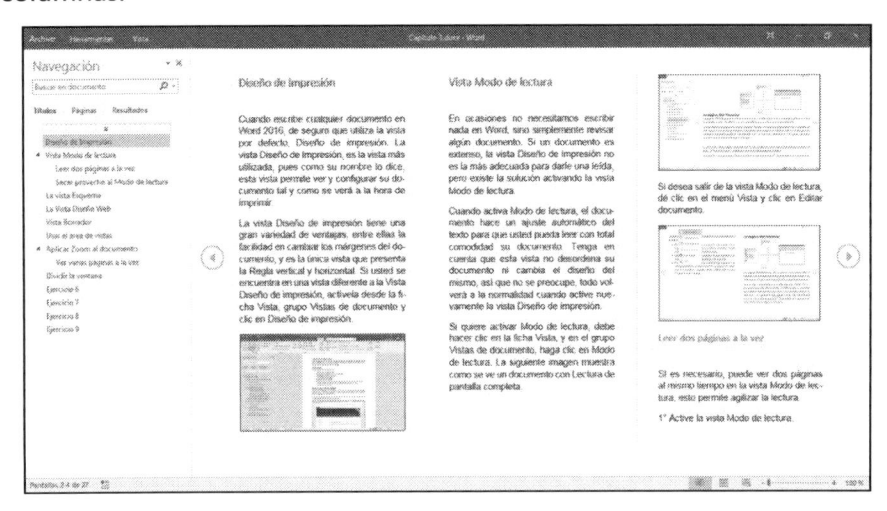

El Modo de lectura ayuda a que usted pueda sentirse más cómodo en revisar un documento, ya sea texto, u otros objetos. En los lados de la pantalla del documento aparecerá un botón para desplazarse por las páginas. Estos botones están diseñados para usarlo en pantallas táctiles.

Si dentro del documento existe una imagen o una tabla, puede hacer doble clic sobre el objeto para que este aparezca en primer plano. En la esquina superior derecha del objeto aparecerá el ícono de una lupa, con este botón podrá aumentar o reducir la vista del objeto.

Si desea salir de la vista Modo de lectura, clic en el menú Vista y clic en **Editar documento** o puede pulsar la tecla *Esc*.

La Vista Esquema

La vista Esquema es una de las vistas más útiles dentro de Word que muchos deberían usar, pero pocos conocen. Cuenta la historia que solo el 10% de usuarios activa la vista *Esquema* y que el 5% de ellos lo hace por error.

Esta vista es ideal cuando se trabaja con documentos extensos, sin embargo, solo puede sacarle provecho si el documento está bien estructurado, en mejor medida, utilizando estilos (véase Aplicar Estilos en el Capítulo 5: Aplicar Formato).

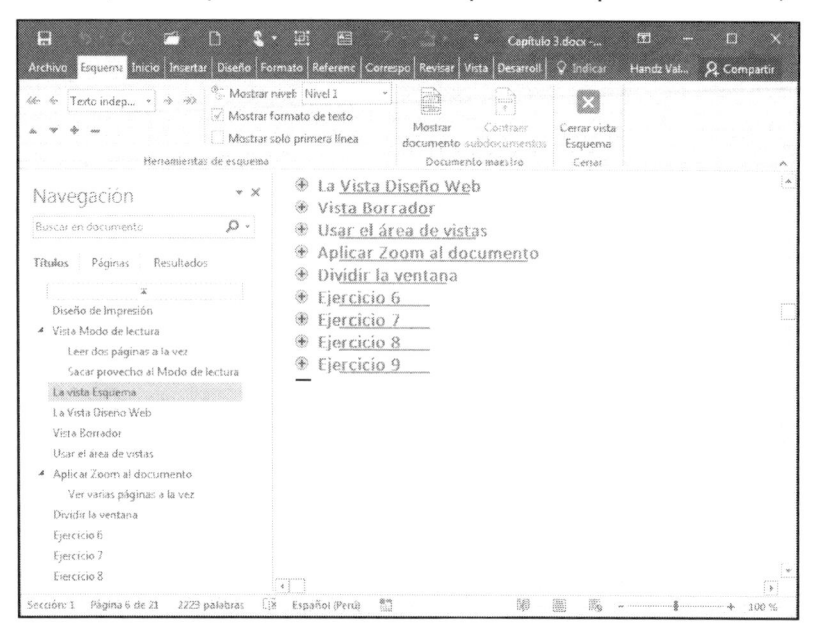

Imagínese que está escribiendo un libro de varios capítulos y que al llegar la hora de editar se da cuenta que algunos capítulos no deberían estar en su posición actual, por ejemplo, el libro podría entenderse mejor si el *capítulo 10* ocupara la posición del *capítulo 2*. Lo que muchos usuarios hacen es seleccionar todo el contenido del *capítulo 10*, cortarlo y luego pegarlo en su nueva posición. Aquí entra en acción la vista **Esquema** ya que con ella simplemente, con algunos clics, puede organizar todo ese contenido como usted quiera.

Cuando activa la vista **Esquema** desde la ficha Vista, grupo Vistas, esta posee su propia ficha especial con una serie de comandos importantes para trabajar con el contenido del documento. Para salir de esta vista, basta con hacer clic en el comando **Cerrar vista esquema**.

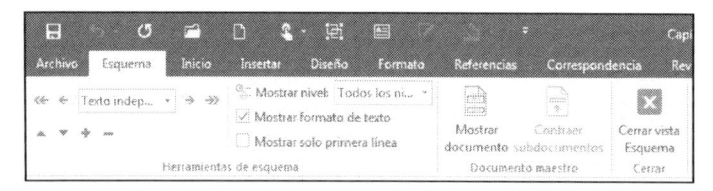

Para que usted pueda trabajar con esta vista necesita cumplir un requisito especial: el documento debe contener estilos de títulos como *Título1* o *Título2*. Una vez aplicado los estilos ya puede sacarle todo el potencial a esta vista, desde el cambio de ubicación de los títulos en el documento hasta la creación de documentos maestros.

En Word usted puede aplicar hasta 9 estilos de título, pero posiblemente solo utilice hasta Título3.

Diseño Web

En el pasado algunos usuarios utilizaban Word para crear páginas Web a través de la vista Diseño Web. Inclusive, esta vista llegaba con sus propias herramientas de edición, pero la gran verdad es que Word nunca pudo ganar mercado con aquellos usuarios y rápidamente perdió notoriedad, tanto que muchos de nosotros lo consideramos como una leyenda y que la podemos contar a nuestros nietos en algún momento.

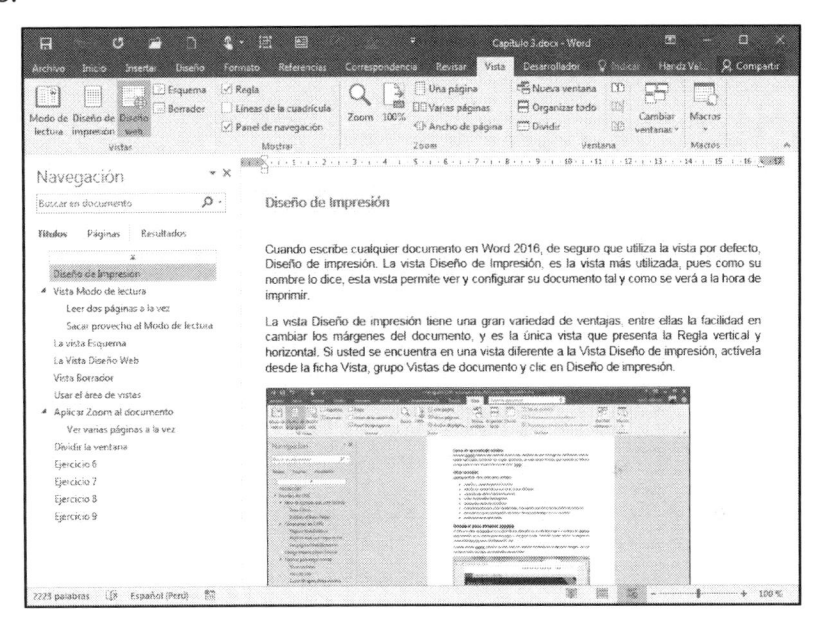

En Word 2016 parte de ese pasado aún se recuerda con la vista Diseño Web. Para activar la vista seleccione la ficha Vista, grupo Vistas o también puede usar el botón Diseño Web ubicado cerca del deslizador de Zoom en la barra de estado.

A diferencia de antes, ya no se presentan herramientas para la creación o modificación de páginas Web. Entonces, ¿para qué me sirve esta vista?, una respuesta muy sencilla es: para dar un vistazo de cómo quedará su contenido redactado en un sitio web, por ejemplo, en un artículo de su Blog.

Use la vista *Diseño Web* para que pueda comprobar cómo se verá su contenido online y no necesariamente para crear páginas Web. Esta vista ayuda bastante porque no presenta saltos de página como la vista Diseño de Impresión, y por lo tanto nos da una mejor visión de la estructura de nuestro contenido en un blog, o en un sitio Web profesional.

Nota: Word 2016 presenta una herramienta ideal para crear artículos para sus blogs que se puede activar desde Archivo | Compartir | Publicar en Blog | clic en Publicar en blog. Esta vista posee su propia ficha con herramientas esenciales para la creación de contenidos para blogs, para usarlo, antes tendrá que registrar una cuenta de blog.

Guardar como Página Web

Aprovechando la vista *Diseño Web*, es bueno saber que aún Word permite guardar un documento como página web con estos tres formatos: Página web de un solo archivo, Página Web y Página Web Filtrada. Cada uno de ellos es útil en diferentes situaciones.

Para guardar un documento con alguno de los formatos de página Web siga estos pasos:

1. Seleccione Archivo | Guardar como | Examinar.
2. Dentro del cuadro de diálogo Guardar como, clic en la lista desplegable Tipo y seleccione el formato que usted crea conveniente.

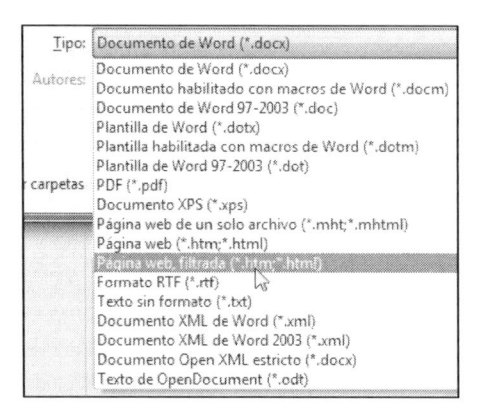

- Use **Página web de un solo archivo** (.mht) cuando usted planea enviar la página web por correo electrónico o para distribuirlo como un documento que las personas puedan descargar fácilmente y trabajar con él.

> *También puede guardar su documento como página web de un solo archivo si selecciona Archivo | Exportar | Cambiar el tipo de Archivo | Página web de un solo archivo | Guardar como.*

- Use el formato estándar **Página Web** (.htm o .html) cuando planea ir y venir la página entre Word y un navegador Web, y si no te importa que, para visualizar la página, se requiera de una carpeta separada para los gráficos y archivos. No use este formato si planea enviar la página por correo electrónico o si la compatibilidad con otros programas que editan HTML es importante.
- Use el formato de **Página Web**, **Filtrada** (.htm o .html) cuando necesita que el archivo sea un HTML plano sin etiquetas especiales de Word añadidas en él. Por ejemplo, úselo cuando piensa integrar la página dentro de un sitio web de SharePoint. No use este formato si planea editar la página en Word nuevamente.

Vista Borrador

Aunque esta vista no es muy utilizada porque creen que no tiene alguna función interesante, quizá después de leer esta sección piense diferente. La vista Borrador muestra el contenido del documento tal cual será impreso; la diferencia está en que esta vista es plana, ya que no muestra encabezados o pies de página, y los saltos de página son reemplazados por una línea de puntos. Imagínese la vista Borrador como un papel toalla de cocina desenrollado, cada sección del papel está con una línea de puntos delgada, esto representa los saltos de página.

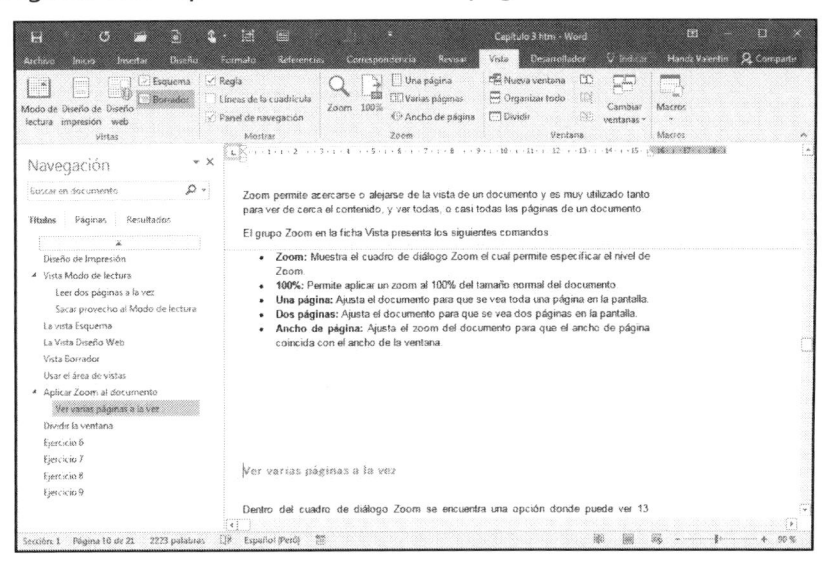

Es preferible utilizar esta vista si desea evitar contratiempos con los elementos del área del documento: márgenes, encabezados y pies de página e imágenes. Para activar la vista Borrador, clic en la ficha Vista y en el grupo Vistas, clic en **Borrador**.

Aplicar Zoom al Documento

El Zoom permite acercarse o alejarse de la vista de un documento. Cuando necesita ver detalladamente un elemento, por ejemplo, un gráfico SmartArt con textos muy pequeños, puede hacer un acercamiento (***zoom in***) y ver los textos que no se podía notar a simple vista. También puede hacer un alejamiento (***zoom out***) para dar un vistazo general a las páginas del documento.

Para trabajar con el Zoom puede usar el deslizador que se encuentra en la barra de estado. Puede hacer clic en el signo menos ⊟ para reducir el zoom, o clic en el signo más ⊞ para aumentarlo. A la derecha se muestra el nivel de zoom 110 % que está aplicando, y si hace clic sobre él, se abrirá el cuadro de diálogo Zoom.

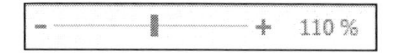

También encontrará herramientas para aplicar zoom desde **Vista | Zoom**. La siguiente lista describe cada comando del grupo Zoom.

- **Zoom:** Muestra el cuadro de diálogo **Zoom**, el cual permite especificar el nivel de Zoom en el documento.
- **100%:** Permite aplicar un zoom al 100%. Dependiendo de la pantalla
- **Una página:** Ajusta el documento para que se vea toda una página en la pantalla.
- **Varias páginas:** Ajusta el documento para que se vea dos o más páginas en la pantalla. La cantidad de páginas será en base al tamaño de la pantalla.
- **Ancho de página:** Ajusta el zoom del documento para que el ancho de página coincida con el ancho de la ventana.

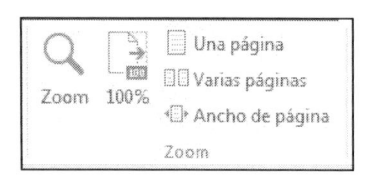

Ver varias páginas a la vez

Dentro del cuadro de diálogo Zoom se encuentra una opción donde puede ver varias páginas a la vez. La cantidad de páginas que pueda ver está basado al tamaño de su pantalla.

Para aplicar zoom de varias páginas, siga estos pasos:

1. Clic en Vista | Zoom | Zoom.
2. En el cuadro de diálogo Zoom, haga clic en el botón Varias páginas.
3. Clic sin soltar en las miniaturas de páginas y arrastre el cursor para seleccionar la cantidad de páginas que quiera ver.
4. Haga clic en Aceptar.

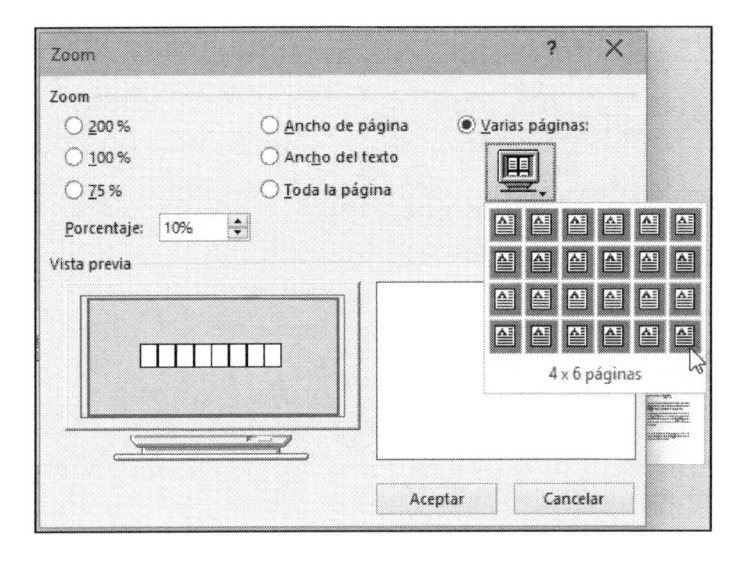

Vista Dividida

Esta característica es muy útil cuando necesita revisar una tabla o una imagen de una página mientras escribe en otra página. Para activar la vista dividida seleccione **Vista | Ventana | Dividir**.

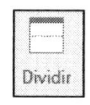

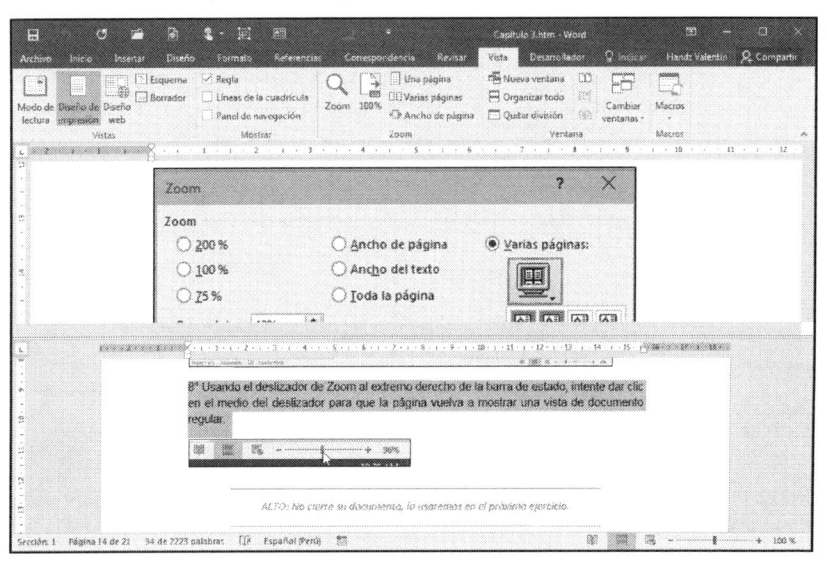

Capítulo 3: Trabajar con las Vistas del Documento

Para consolidar el concepto de vista dividida, podría querer tener una vista en particular de su documento en un panel mientras usa otra vista en otro panel. No solo puede mostrar diferentes vistas en ambos paneles, sino también puede mostrarlos en diferentes niveles de zoom.

Puede quitar la división arrastrando hacia arriba o hacia abajo la línea divisoria de la pantalla, o puede hace doble clic sobre la misma. Por otro lado, puede seleccionar **Vista | Ventana | Quitar división**.

Ejercicio 6

En este ejercicio aprenderá a utilizar el Zoom en su documento.

Abrir el documento Contenidos.docx desde su carpeta Práctica3.

1. Clic en la ficha Vista, y en el grupo Zoom, clic en Una página. Observe como se muestra una sola página en la ventana de Word.
2. En el mismo grupo Zoom, clic sobre el comando Varias páginas. Ahora se muestran varias páginas. La cantidad de páginas a mostrar dependerá del tamaño de su pantalla y de que no esté abierto algún panel.

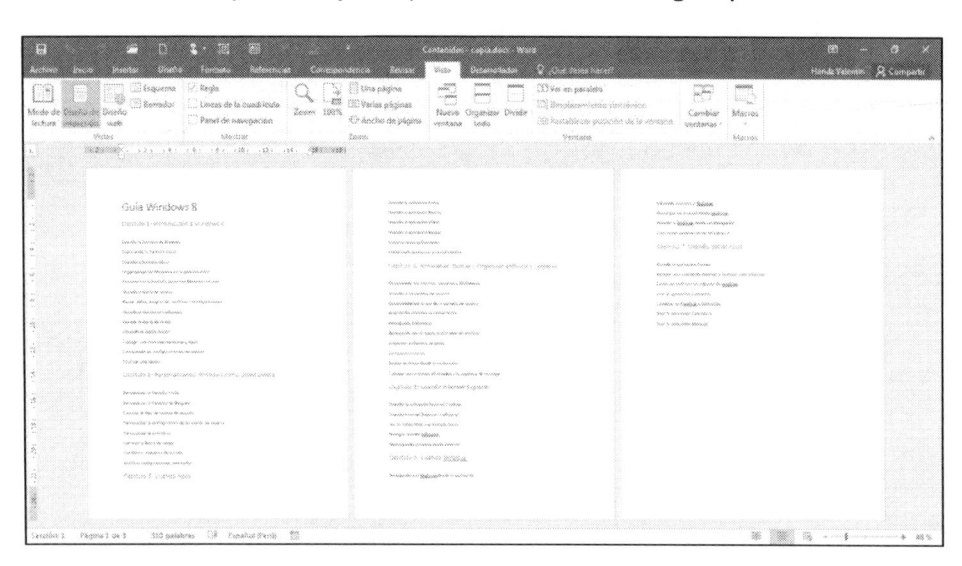

3. Para volver a ver la vista de la página en un tamaño regular, clic en el comando **100%**.
4. Clic en el comando **Zoom** y dentro del cuadro de diálogo, clic en el botón Varias páginas y seleccione 1 x 2.
5. Clic en Aceptar. Observe como se muestran dos páginas a la vez.

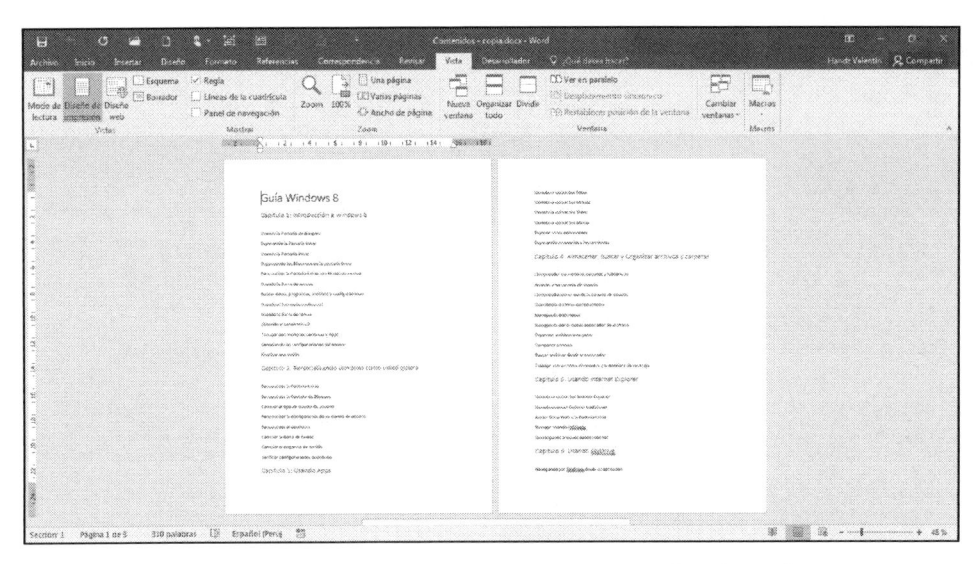

6. Usando el deslizador de Zoom, intente arrastrarlo al medio para mostrar la vista en un tamaño regular.

ALTO: *No cierre su documento, lo usará en el próximo ejercicio.*

Ejercicio 7

En este ejercicio usted aprenderá a trabajar con la vista Modo de lectura.

Continuará con el documento del ejercicio anterior.

---

1. Clic en la ficha Vista y en el grupo Vistas, seleccione Modo de lectura. Observe como Word muestra una manera más cómoda para leer y revisar el documento. Por defecto presenta dos páginas.
2. Clic en el botón que apunta a la derecha para ir a la siguiente página.
3. Clic en el menú Vista, señale **Color de página** y clic en **Inverso**. Observe como cambia el color de la página de lectura.
4. Para desactivar el color de una página, clic nuevamente en el menú Vista | Color de Página | Ninguno.
5. Para ver una sola página, clic en el menú Vista | Ancho de columna | Ancho.

Capítulo 3: Trabajar con las Vistas del Documento

6. Para regresar a la vista Diseño de impresión, clic en Vista y luego clic en *Editar documento*.

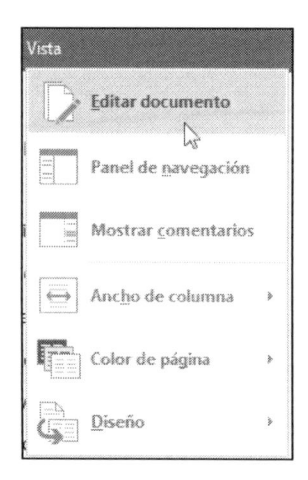

7. Cierre el documento sin guardar los cambios.

Ejercicio 8

En este ejercicio, usted aprenderá a usar la vista Esquema.

Abrir el documento Esquema.docx de la carpeta Práctica3.

1. Clic en la ficha Vista y en el grupo Vistas, clic en Esquema. Observe como se muestra una estructura jerárquica del documento.
2. Active la ficha Esquema de ser necesario y en el grupo Herramientas de esquema, clic en la flecha de **Mostrar nivel**.
3. Clic en Nivel 2. Observe como se contrae el contenido del documento solo para mostrar los niveles 1 y 2.

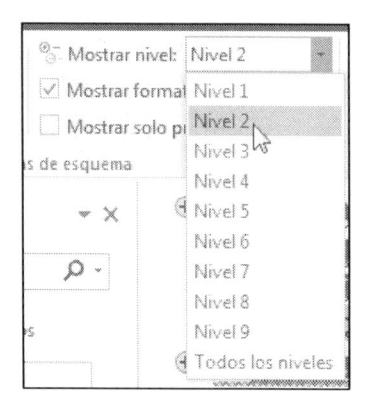

4. Clic en alguna parte del texto `Información de empresarial`.
5. En el grupo **Herramientas de esquema**, clic dos veces sobre el comando **Bajar** ▼. Observe como *Información de contacto* baja dos posiciones.

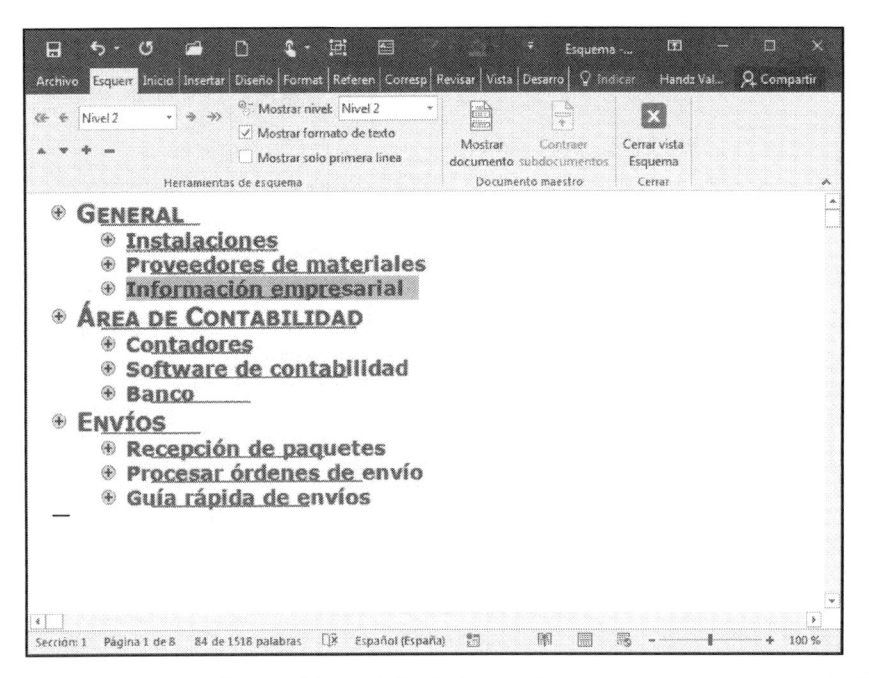

6. En **Mostrar nivel**, cambie a Nivel 1. Su documento muestra solo los tres títulos principales `General`, `Área de Contabilidad` y `Envíos`.
7. Clic en alguna parte del texto `General` y clic en el comando **Bajar** dos veces. Ahora, el título `General` se posiciona como último título.
8. En **Mostrar nivel**, cambie a **Nivel 2**. Observe que `General` no solo cambió de posición, también lo hicieron sus títulos que están por debajo, como `Instalaciones`, `Proveedores de materiales` e `Información empresarial`.
9. Para regresar a la vista Diseño de impresión, en la ficha Esquema, en el grupo Cerrar, clic en **Cerrar vista Esquema**.

ALTO: No cierre su documento, lo usaremos en el próximo ejercicio.

Ejercicio 9

En este ejercicio aprenderá a usar el Panel de navegación.

Continuará con el documento del ejercicio anterior.

1. Clic en la ficha **Vista** y en el grupo **Mostrar**, active **Panel de Navegación**. Observe que al lado izquierdo de la ventana aparece un panel con la jerarquía del documento (muy parecido a la vista esquema).
2. Clic sobre el título Envíos. Observe como el punto de inserción se posiciona al inicio del título Envíos dentro del documento.
3. Clic en el título Procesar órdenes de envío. El punto de inserción se ha posicionado al inicio de ese título.
4. Clic sin soltar sobre el título Guía rápida de envíos, y luego arrástrelo y posiciónelo por debajo del título Envíos. Ahora Guía rápida de envíos cambió de posición, tan igual como usar la vista Esquema.

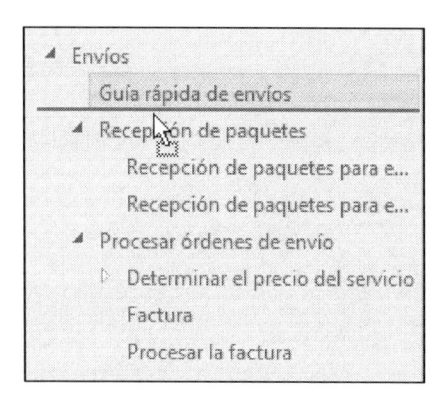

```
▲ Envíos
    Guía rápida de envíos
  ▲ Recepción de paquetes
       Recepción de paquetes para e...
       Recepción de paquetes para e...
  ▲ Procesar órdenes de envío
     ▷ Determinar el precio del servicio
       Factura
       Procesar la factura
```

5. Para cerrar el Panel de navegación, clic en la X.

Capítulo 4: Añadir Contenido y Corregirlo

En este capítulo usted aprenderá a:

- Añadir y seleccionar textos
- Usar las herramientas de Cortar, Copiar y Pegar
- Usar la corrección gramatical y ortográfica
- Buscar y reemplazar palabras
- Traducir documentos

El Punto de inserción y el cursor

El **Punto de inserción** es aquella barrita de color negro que parpadea en el documento, este indica que puede escribir con total normalidad. Generalmente el Punto de inserción se encuentra a la izquierda de todo nuevo documento, pero también se puede encontrar en algún otro lugar (al centro o la derecha), más aún si aplica tabulaciones.

Muchos usuarios confunden al Punto de inserción con el Cursor, pero tenga en cuenta que cursor es la barrita tipo *número uno en romano*, que en realidad pertenece a los movimientos del mouse.

Cuando mueve el cursor por el documento, notará que este cambia de forma, quizá no sea muy llamativa, así que, en la siguiente tabla, verá la imagen de cada cursor que podrá ver en Word y una breve descripción.

Imagen	Nombre	Descripción
	Cursor con Sangría de primera línea	Permite activar el punto de inserción unos cinco espacios más adelante que la línea de margen.
	Cursos con alineación a la izquierda	Permite activar el punto de inserción unos a la izquierda de la línea de margen.
	Cursor con alineación centrada	Permite activar el punto de inserción en el medio del documento.
	Cursor con alineación a la derecha.	Permite activar el punto de inserción unos a la derecha de la línea de margen.

Para utilizar cualquiera de los cursores mostrados en la tabla simplemente debe hacer doble clic en algún lugar del documento, el punto de inserción que aparecerá le indicará que puede escribir con normalidad.

Escribir en Word

Escribir en Word es fácil, simplemente debe tener en cuenta al punto de inserción como el principal iniciador de un texto. El punto de inserción es una barra un poco más grande que una letra mayúscula, el cual aparece parpadeando al principio de un documento en blanco (véase El Punto de inserción y el cursor).

Cuando escribe, el punto de inserción va dirigiéndose a la derecha. Cuando ya no existe el espacio suficiente para continuar en la misma línea de párrafo, automáticamente el punto de inserción baja a la siguiente línea. Usted puede desplazar el punto de inserción por cada carácter usando las teclas direccionales (véase Usar Teclas Direccionales en el Capítulo 2: Desplazarse por el Documento).

Cuando ha cometido un error en el texto escrito y desea borrar, puede utilizar dos teclas: **Backspace** (*Retroceso*) y **Delete** (*Suprimir*). Cuando el punto de inserción se encuentra a la derecha de un carácter, puede usar *Retroceso* para borrarla; si el punto de inserción se encuentra a la izquierda, utilice *Suprimir*.

Contar Palabras

Para Word, todo lo que tenga texto es considerado un párrafo. Por ejemplo, puede escribir solo su nombre y Word lo contará como *párrafo 1*. Un párrafo puede estar constituido por varias líneas de texto tal como lo muestra la siguiente imagen.

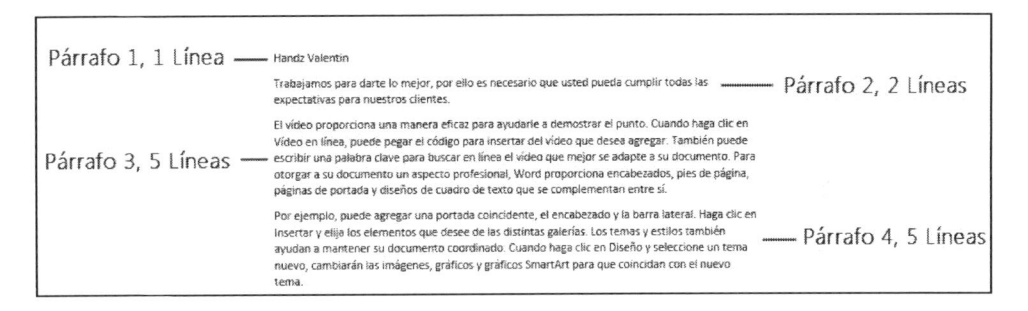

Además, Word tiene un recuento de las palabras que usa en el documento. La barra de estado es un buen referente para saber cuántas palabras tiene el documento, además de revisar las secciones, cantidad de páginas y las líneas de texto usadas.

¿Por qué debería tener en cuenta este tipo de información?, por ejemplo, cuando quiere mandar a traducir un documento, la mayoría de traductores profesionales cobran sus servicios por palabras, más no por páginas. Por lo tanto, saber el número de palabras en un documento le ayudará a calcular su inversión en una traducción. También puede necesitar esta información de conteo de palabras para escribir un ensayo.

Word presenta el cuadro de diálogo Contar palabras desde Revisar | Revisión | Contar palabras. Desde aquí podrá ver no solo el conteo de palabras, sino también la cantidad de páginas, líneas de texto, párrafos y otros datos.

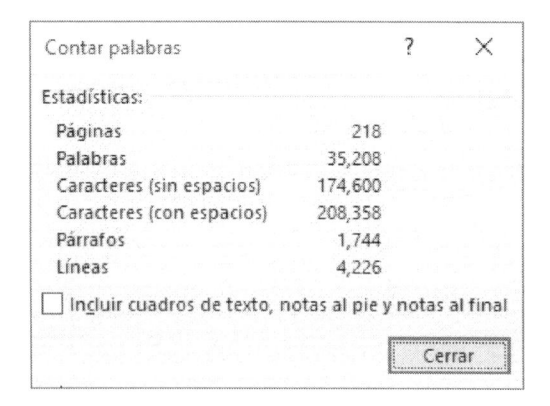

```
Contar palabras                              ?    ×

Estadísticas:
    Páginas                           218
    Palabras                       35,208
    Caracteres (sin espacios)     174,600
    Caracteres (con espacios)     208,358
    Párrafos                        1,744
    Líneas                          4,226
    ☐ Incluir cuadros de texto, notas al pie y notas al final
                                          Cerrar
```

Seleccionar Textos

Aunque en el Capítulo 2: Desplazarse por el Documento ya se explicó cómo puede desplazarse y a la vez seleccionar textos con el teclado, en este apartado verá técnicas más sencillas, por ejemplo, usar el mouse.

El cursor puede controlarse con el ratón y este cambia como si fuese un camaleón cada vez que se realiza una acción. Por ejemplo, mientras el cursor se encuentra en medio de la página, tomará la forma del número uno en romano, y cuando lo lleve a la cinta de opciones, este cambiará por una flecha que apunta a la izquierda.

Cuando lleva el cursor al lado izquierdo fuera del margen del documento, notará que el cursor de flecha cambia de dirección, ahora señala a la derecha, esto indica que puede seleccionar textos. La siguiente lista detalla la acción de cada clic:

- **Un clic:** Selecciona toda la línea de texto.
- **Doble clic:** Selecciona el párrafo completo.
- **Triple clic:** Selecciona el documento completo.

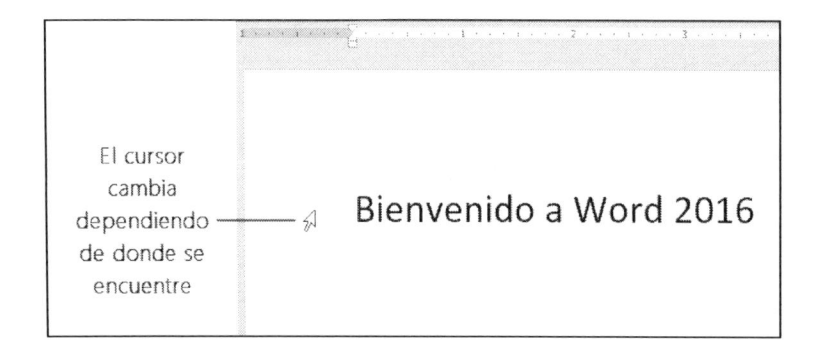

El cursor cambia dependiendo de donde se encuentre — Bienvenido a Word 2016

Cortar, Copiar y Pegar

Lo genial de trabajar con un procesador de textos y no con una máquina de escribir, es que puede tener el control de sus textos sin miedo a equivocarse. Puede copiar un texto hacia otro lado del documento o simplemente cortarlo y llevarlo a otra posición, todo ello lo puede hacer desde el grupo Portapapeles en la ficha Inicio.

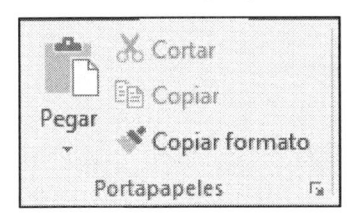

Cortar

Utilice la opción *Cortar* cuando necesite mover un texto, párrafo o algún otro elemento de Word, hacía otro lugar dentro del mismo documento o también hacia otros documentos. Para poder utilizar el comando Cortar, simplemente seleccione un texto y en la ficha Inicio, en el grupo Portapapeles, clic en **Cortar**. También puede pulsar `Ctrl+X`. Cuando utiliza Cortar, el texto seleccionado desaparece de su lugar de origen y se guarda rápidamente en un espacio de memoria RAM para que luego pueda ser insertado en otro lado. Cuando utiliza el comando Pegar, la memoria RAM libera el elemento cortado.

Copiar

Con el comando Copiar, puede tener una copia idéntica de algún elemento dentro del documento. Cuando utiliza **Copiar**, el elemento se guarda en la memoria RAM y esta se mantiene hasta que exista otro elemento copiado. También puede usar `Ctrl+C`.

Pegar

Cuando utiliza *copiar* o *cortar*, necesitará llevar a cabo una acción más, el cual es insertar aquellos elementos que están en memoria, para ello debe usar el comando Pegar. También puede pulsar `Ctrl+V`.

Opciones de Pegado

Puede hacer clic en el comando Pegar y el elemento quedará insertado en el documento; si se trata de un texto, por ejemplo, el pegado incluirá el formato. Sin embargo, Word da la posibilidad de realizar diferentes tipos de pegado desde la flecha desplegable del comando Pegar.

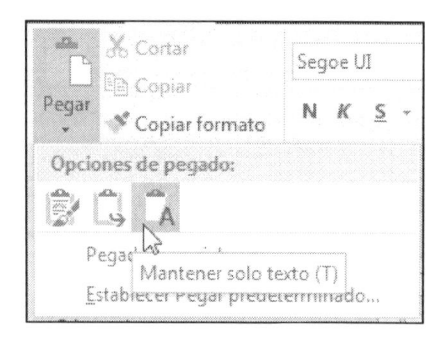

Las opciones de pegado también se encuentran cuando pulsa clic derecho sobre el documento.

La siguiente tabla describe cada ícono de las opciones de pegado.

Imagen	Nombre	Descripción
	Usar tema de destino (U)	Permite pegar los textos adaptándose al formato de tema del documento actual.
	Mantener formato de origen (M)	Permite pegar los textos manteniendo el formato de origen.
	Combinar formato (C)	Permite pegar los textos examinando primero el formato de destino, para luego volver a formatear el texto pegado para que coincida con el documento.
	Mantener solo texto (T)	Permite pegar los textos quitando todo el formato extra. El texto se pega con el estilo Normal.
	Imagen (I)	Permite pegar la imagen copiada o cortada en su estado original.

El Portapapeles

El *Portapapeles* es un panel que recopila los elementos copiados y/o cortados (hasta 24 elementos) para que pueda usarlos en sus documentos. El Portapapeles no solo organiza los elementos que pueda copiar o cortar en el documento actual, estos pueden provenir de otros documentos, e inclusive de otros programas. Por ejemplo, si está trabajando con *CorelDRAW* y copia un dibujo, este puede ser usado sin problemas en el documento activo.

La siguiente imagen muestra una pantalla dividida por los programas Word y *CorelDRAW*. Se ha copiado un dibujo hecho en CorelDRAW y Word lo agrega al panel portapapeles.

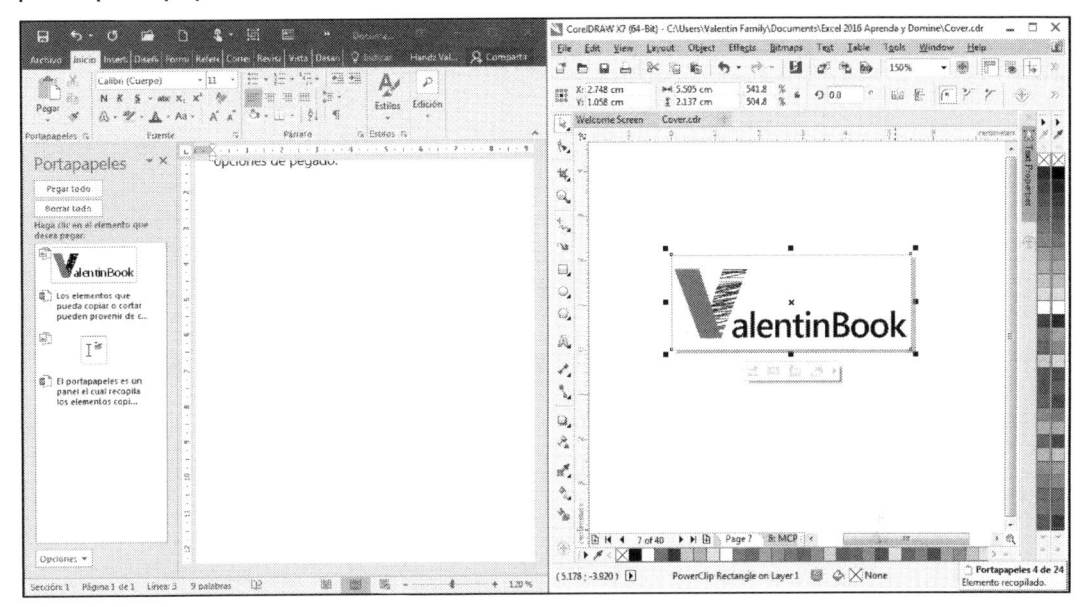

Puede acceder al panel Portapapeles desde el Iniciador de cuadros de diálogo del grupo Portapapeles, en la ficha Inicio.

Corregir la Ortografía y Gramática

¡Equibocarse! al escribir un texto es parte de todos los días, de seguro conoce a personas que se han equivocado en una letra, una tilde u otro signo de puntuación. Afortunadamente, Word siempre nos ha acompañado en estos malos ratos con su herramienta de *Ortografía y Gramática*, y ahora, más poderosa que nunca.

Lo primero que hace Word al detectar algún error en la ortografía o la gramática, es subrayar la palabra, línea de texto o párrafo entero (este último es menos probable), con un color y un estilo ondulado.

- **Subrayado ondulado rojo:** Si Word detecta que usted posiblemente ha cometido algún error en la ortografía, el texto tendrá un subrayado ondulado de color rojo.

- **Subrayado ondulado verde:** Si Word detecta que usted posiblemente ha cometido algún error en la gramática, el texto tendrá un subrayado ondulado de color verde. Prácticamente, este estilo de subrayado verde ha sido reemplazado casi por completo por el estilo de subrayado azul.
- **Subrayados ondulados en azul:** Word utiliza los subrayados ondulados en azul para indicar posibles casos de incoherencia en las palabras o la gramática.

---

*En las definiciones de los subrayados ondulados, se ha usado la palabra "**posible**" porque a veces se escriben palabras que no son reconocidas por el diccionario de Word. Por ejemplo, el texto* `Tremarctos ornatus` *es el nombre científico del Oso de Anteojos, sin embargo, Word lo reconoce como un error. Tenga en cuenta que, en ocasiones, usted debe usar su buen juicio para evitar correcciones automáticas innecesarias.*

Para corregir cualquiera de los errores ortográficos o gramaticales, la forma más sencilla es hacer clic derecho sobre la palabra o frase para que aparezca el menú contextual, y elegir la corrección. En la siguiente imagen se muestran tres posibles correcciones, si hace clic sobre la palabra *anteojos*, este reemplazará a la palabra mal escrita.

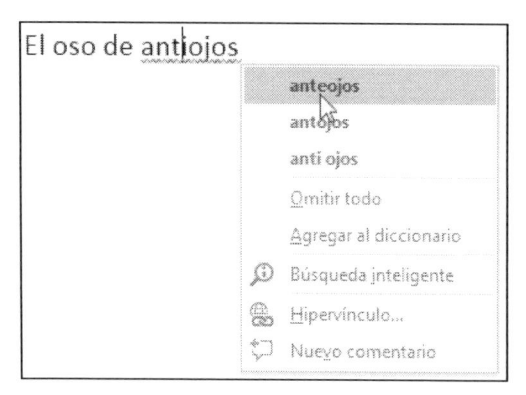

Corregir el documento completo

En Word puede corregir de dos formas; la primera y más tediosa es ir revisando página por página, encontrando errores, y usando el menú contextual para corregir. La otra forma, y la que es más recomendable, es que Word te lleve directamente a las palabras o párrafos que necesiten corrección. Para hacerlo, deberá activar el Panel de ortografía y/o gramática desde **Revisar | Revisión | Ortografía y gramática**.

También puede pulsar la tecla F7 para comenzar a buscar errores ortográficos y gramaticales en todo el documento.

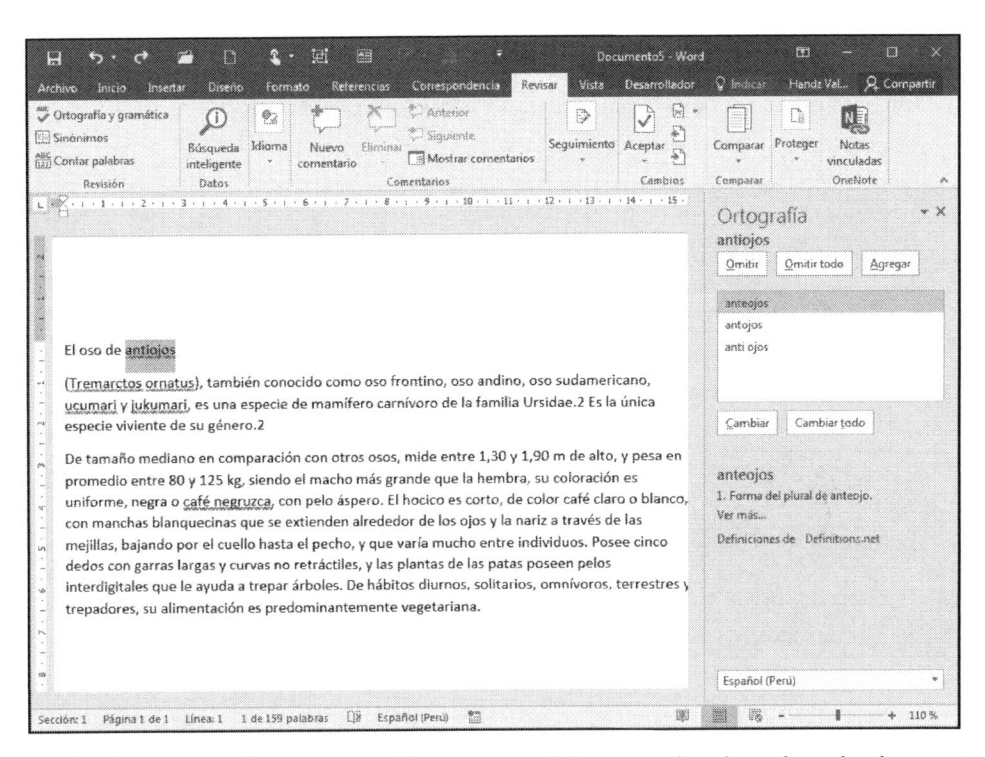

El panel de ortografía y gramática se posiciona a la derecha de la ventana presentando varias secciones y botones. La siguiente lista describe el panel de ortografía y gramática:

- **Omitir:** Permite dejar pasar el error de alguna palabra o texto solo una vez, y avanza a revisar el siguiente error.
- **Omitir todos:** Permite, en todo el documento, dejar pasar el error de una misma palabra o texto, luego avanza a revisar el siguiente error.
- **Agregar:** Permite agregar una palabra desconocida al diccionario de Word 2016, de esta manera, lo que Word haya captado como un error de ortografía o gramática, ya no lo será más. (Para más información, véase *Diccionarios Personalizados* más adelante en este capítulo)
- **Cambiar:** Cambia sólo la palabra o texto *marcado como error* por el texto mostrado en el cuadro **Sugerencias**. Luego, avanza al siguiente error.
- **Cambiar todo:** Cambia, en todo el documento, la *misma palabra o texto marcado como error* por el texto mostrado en el cuadro **Sugerencias.** Luego, avanza al siguiente error.

- **Sugerencias:** El cuadro Sugerencias muestra las posibles correcciones de la palabra o texto marcado como error. El cuadro Sugerencias puede mostrar una o varias opciones de corrección disponibles.
- **Definiciones:** Muestra la definición de una palabra o la correcta aplicación de la gramática.
- **Idioma de corrección:** Muestra el idioma de corrección de la palabra o texto marcado como error. Si un texto está en correcto español, pero el idioma está en inglés, es posible que Word lo reconozca como error.

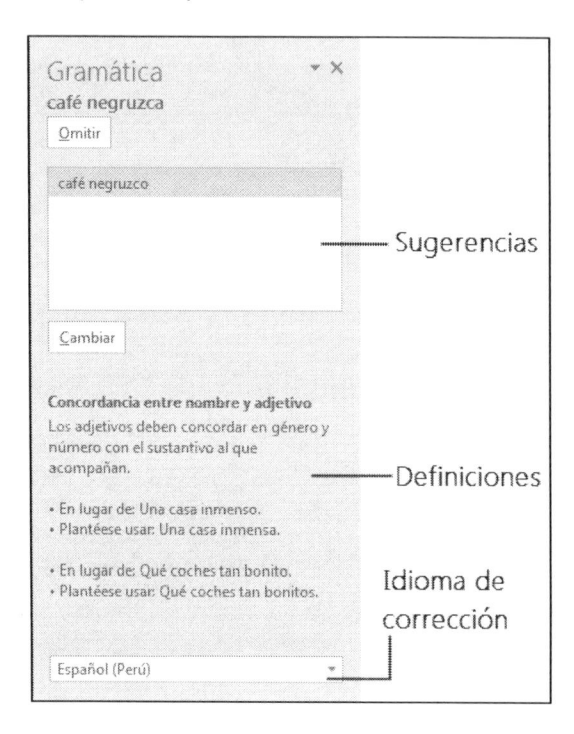

Diccionarios Personalizados

Word 2016 almacena todas las palabras dentro de un diccionario llamado CUSTOM.DIC. Muchas de las sugerencias propuestas por Word a la hora de corregir los documentos, están basados a lo que hay en el diccionario, y es en ese lugar donde se guardan las nuevas palabras agregadas.

Para agregar una palabra al diccionario siga estos pasos:

1. Clic derecho en la palabra que quiera agregar.
2. Dentro del menú contextual, clic en Agregar al diccionario.

También, si es necesario, puede crear diccionarios personalizados para clasificar sus términos más usados. Por ejemplo, puede guardar terminología médica o de ingeniería que normalmente no está en el diccionario por defecto.

Para crear un diccionario personalizado siga estos pasos:

1. Clic en **Archivo | Opciones | Revisión**.
2. En la sección *Al corregir la ortografía en los programas de Microsoft Office*, clic en **Diccionarios personalizados**.

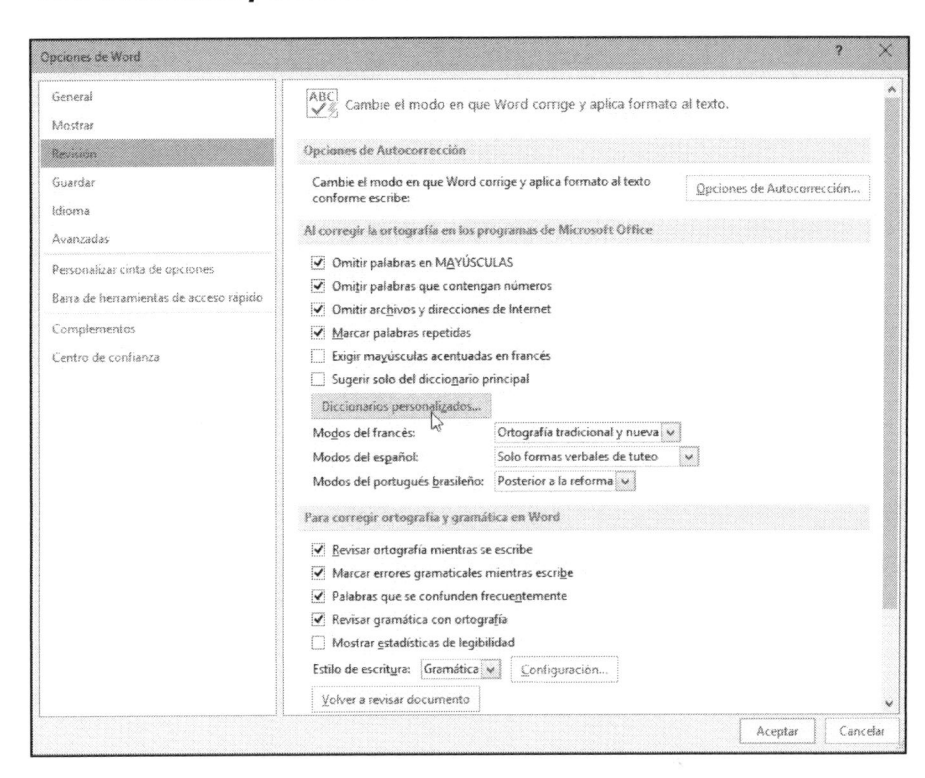

3. En el cuadro de diálogo **Diccionarios personalizados**, clic en **Nuevo**.

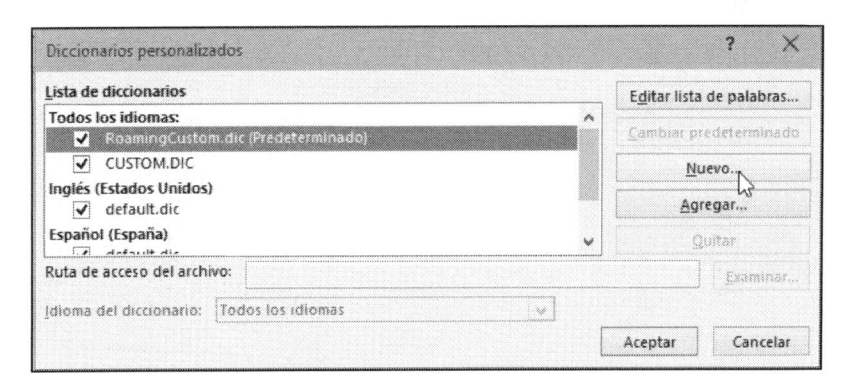

4. En el cuadro de diálogo ***Crear diccionario personalizado***, en el cuadro **Nombre de archivo**, escriba un nombre para su nuevo diccionario.
5. Clic en **Guardar**.
6. Haga clic en Aceptar.

Elegir un Idioma

Cuando instala Word u Office, este llega con un idioma predeterminado. Este idioma es necesario para tres cosas importantes: las correcciones, la interfaz y la ayuda. Por ejemplo, cuando instala Word en español, la interfaz muestra todos los comandos con nombres en español, las revisiones realizadas en el documento están basados a un diccionario en español, y los temas de ayuda también llega con información, por supuesto, en español.

La configuración que se aplique en el idioma afecta a todos los programas de Office instalados en el equipo. Para configurar las preferencias de idioma siga estos pasos:

1. Seleccione **Archivo | Opciones | Idioma**.
2. En la sección **Elegir idiomas de edición**, seleccione el idioma que quiere usar para las revisiones ortográficas y gramaticales.
3. Clic en el botón **Establecer como predeterminado** si es necesario.

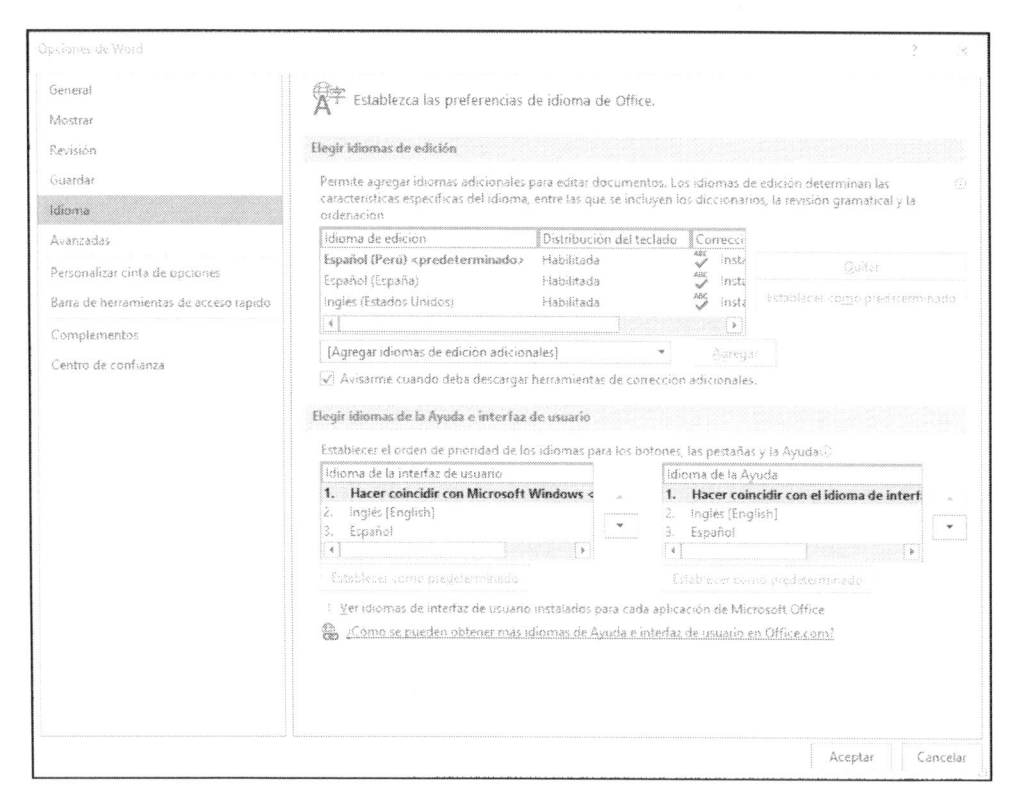

4. Para agregar un nuevo idioma de edición, como el inglés, clic en **[Agregar idiomas de edición adicionales]**.
5. En la lista de idiomas, clic en el idioma que desea, y luego clic en el botón **Agregar**.
6. Realice otros cambios si es necesario, y luego clic en **Aceptar**.

Si existe al menos dos idiomas para la edición de los documentos, aparecerá un botón en la barra de estado mostrando el idioma actual de edición.

Cambiar el Idioma de la Interfaz

El idioma de la interfaz llega por defecto mediante la compra del producto. Si ha comprado Word u Office en español, solo podrá usar la interfaz en español. Una alternativa para las empresas y usuarios que necesitan o están acostumbrados a trabajar con una interfaz en otro idioma, es comprar un paquete de idiomas.

Al instalar el paquete de idiomas, usted podrá cambiar el idioma de la interfaz de sus programas sin inconvenientes. La siguiente imagen muestra Word en su versión en inglés.

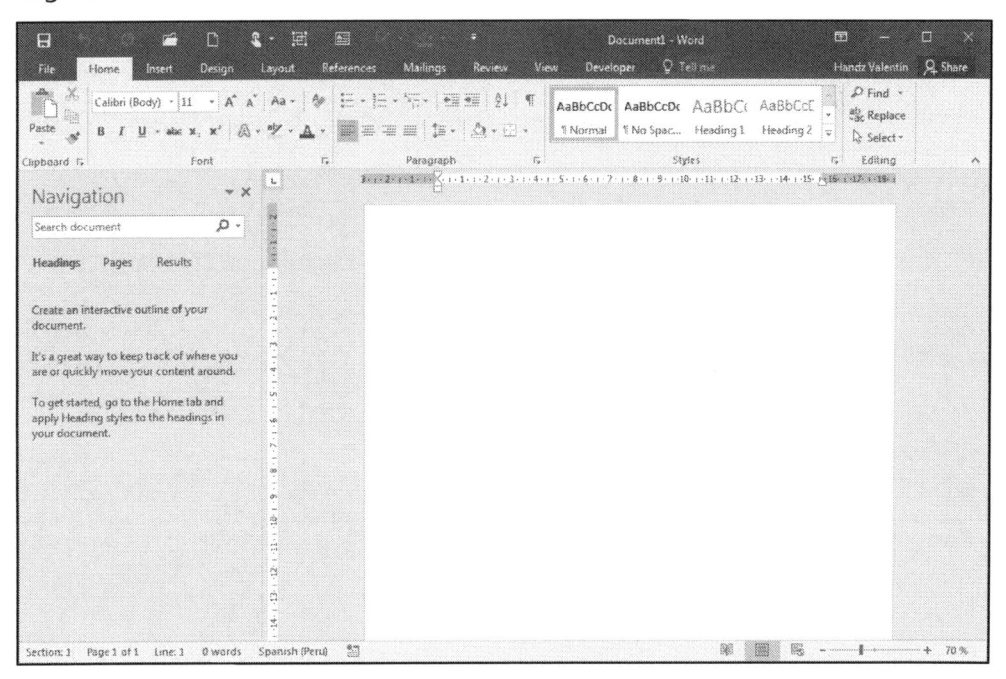

Para cambiar el idioma de la interfaz siga estos pasos:

1. Seleccione **Archivo | Opciones | Idioma**.
2. En la sección **Elegir idiomas de la ayuda e interfaz de usuario**, seleccione el idioma que quiere usar, y clic en el botón **Establecer como predeterminado**.

3. Clic en Aceptar. Cuando lo hace, aparecerá un mensaje indicándole que debe reiniciar la aplicación.
4. Reinicie la aplicación y ahora podrá notar el cambio de idioma en la interfaz.

Usar las Herramientas de Traducción

Usted sabe que hoy en día un solo idioma no basta para ser competitivo, es por ello que Word 2016 ha mejorado notablemente la herramienta de traducción. En Word puede traducir una palabra en vivo, traducir un texto seleccionado o también el documento completo. Todas las traducciones están hechas por el servicio de traducción online *Microsoft Translator*.

Para traducir una palabra o un párrafo completo, siga estos pasos:

1. Clic en **Revisar | Idioma | Traducir | Traducir texto seleccionado.**

2. A la derecha de la ventana, se abrirá el panel Referencia mostrando la traducción del texto seleccionado. Revise la traducción.
3. En *Traducir una palabra o frase*, verifique el idioma de origen y el de destino.
4. En el desplegable *A*, seleccione otro idioma de destino. De esta manera el texto seleccionado se volverá a traducir con el nuevo idioma de destino seleccionado.

5. Para agregar la traducción al documento, use el botón Insertar. También puede hacer clic en la flecha desplegable y elegir Copiar, luego podrá pegarlo en otro documento de ser necesario.

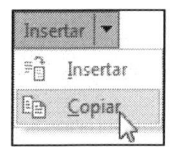

Traducir Documento

Traducir una palabra o un texto seleccionado puede hacerse directamente en la ventana de Word mediante la herramienta de traducción. Cuando se trata de un documento completo, la traducción se hace a través del servicio *Microsoft Translator* en una ventana de su navegador web.

Para traducir un documento completo siga estos pasos:

1. No es necesario seleccionar el texto completo; solo debe hacer clic en Revisar | Idioma | Traducir | Traducir documento.
2. Si no ha configurado el idioma de traducción aparecerá el cuadro de diálogo **Opciones de idioma de traducción,** caso contrario, diríjase al paso 3. En la sección *Elegir idiomas para la traducción de documentos* realice lo siguiente:
   - **Traducir de:** Elija el idioma de origen del documento.
   - **Traducir a:** Elija el idioma al que será traducido el documento.

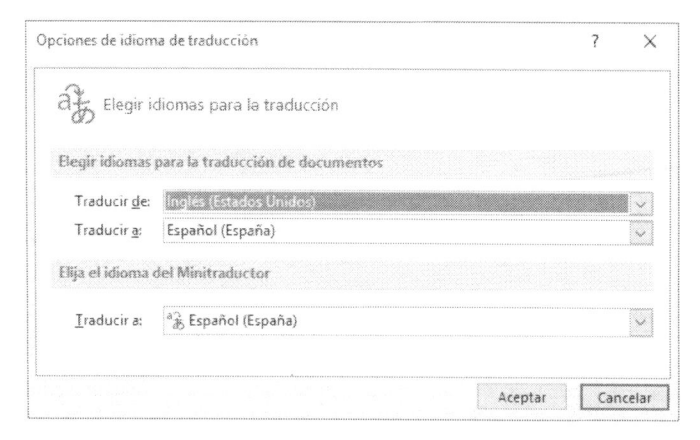

3. Word mostrará un mensaje indicando que el contenido será traducido a través de Internet. Clic en Sí.
4. Espere un tiempo hasta que Microsoft Translator haga su trabajo. Dependiendo de la cantidad de páginas, este proceso puede tardar algunos minutos. Al finalizar, aparecerá la ventana de su navegador predeterminado mostrando la traducción del documento.

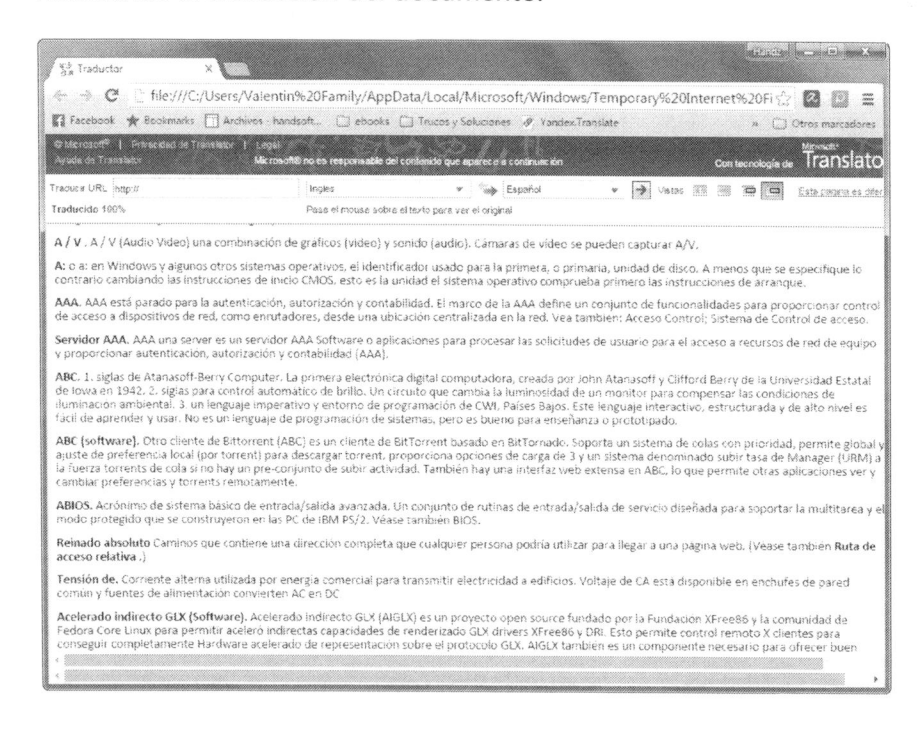

Nota: Los traductores online han mejorado muchísimo estos últimos años, y la calidad de traducción dejaría más que satisfechos a muchos usuarios. Si está traduciendo documentos importantes, por ejemplo, un informe internacional, procure contratar a un traductor profesional.

Usar el Minitraductor

Word también puede traducir textos mediante un screentip (ayuda en pantalla) al señalar una palabra o frase seleccionada. Para que el Minitraductor entre en acción, deberá activarlo desde **Revisar | Idioma | Traducir | Minitraductor**.

Si el Minitraductor no está configurado, aparecerá el cuadro de diálogo *Opciones de idioma de traducción* (véase el Paso 3 en Traducir Documento en este mismo capítulo), y en la sección **Elija el idioma del minitraductor**, seleccione el idioma al que desea traducir los textos. Luego debe hacer clic en Aceptar.

Si aparece un mensaje indicándole que el contenido será enviado a través de internet, clic en Sí. Este mensaje solo afirma que la traducción será hecha por Microsoft Translator.

Ahora solo señale la palabra a traducir, y un Screentip aparecerá con la traducción. El Screentip mostrará algunas herramientas para expandir la traducción al panel Referencias, copiar la traducción o escuchar la pronunciación de la palabra extranjera.

Buscar y Reemplazar Palabras

Si usted es un usuario de Word de la *vieja guardia*, de seguro querrá usar el famoso cuadro de diálogo Buscar y reemplazar. Sí, este cuadro de diálogo aún sigue activo en Word 2016, solo que ahora se activa como una búsqueda avanzada.

Para activar el cuadro de diálogo Buscar y reemplazar debe seleccionar **Inicio | Edición |** flecha **Buscar | Búsqueda avanzada**.

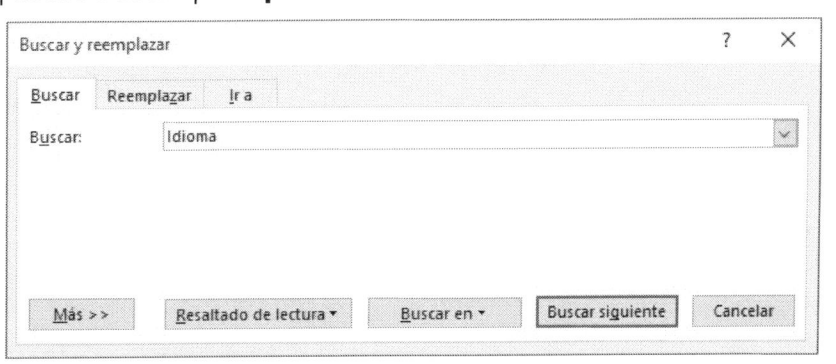

Capítulo 4: Añadir Contenido y Corregirlo

Este cuadro de diálogo presenta tres fichas especiales:

- **Buscar:** Permite realizar la búsqueda de algún texto, este puede incluir formato, o puede usar caracteres comodines para personalizar la búsqueda.
- **Reemplazar:** Permite buscar un texto y reemplazarlo por otro. Al igual que la ficha Buscar, usted podrá reemplazar texto con formato y usar caracteres comodines para personalizar sus reemplazos.
- **Ir a:** Permite desplazarte por los elementos que contiene un documento. Usted puede desplazarse por páginas, títulos, gráficos, tablas y demás elementos. Para saber cómo trabaja esta ficha, puede dar un vistazo a Ir a la página Exacta en el Capítulo 2: Desplazarse por el Documento.

Para buscar una palabra fácilmente, solo debe escribirla en el cuadro Buscar y hacer clic en el botón **Buscar siguiente**. Si el texto se encuentra en el documento, automáticamente lo redirigirá a la primera coincidencia encontrada. Si hace clic nuevamente en el botón Buscar siguiente, Word volverá a buscar otra coincidencia más. Use el botón desplegable ***Resaltado de lectura*** para resaltar el texto que está buscando. Si usa el desplegable Buscar en, podrá elegir entre buscar por todo el documento o en una porción del mismo.

Una característica importante es que el cuadro de diálogo Buscar y reemplazar recuerda las palabras búsquedas. Clic en la flecha del cuadro Buscar y se desplegará la lista de palabras buscadas. Esta característica también funciona con la ficha Reemplazar.

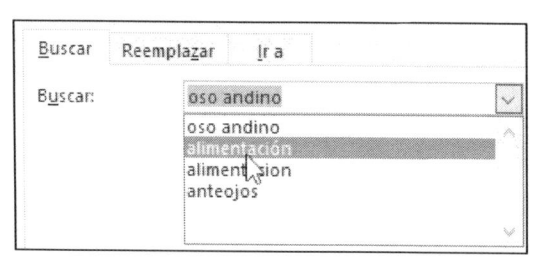

La ficha Reemplazar tiene dos campos esenciales: El cuadro ***Buscar*** permite buscar el texto que será reemplazado por el texto agregado en el cuadro ***Reemplazar con***.

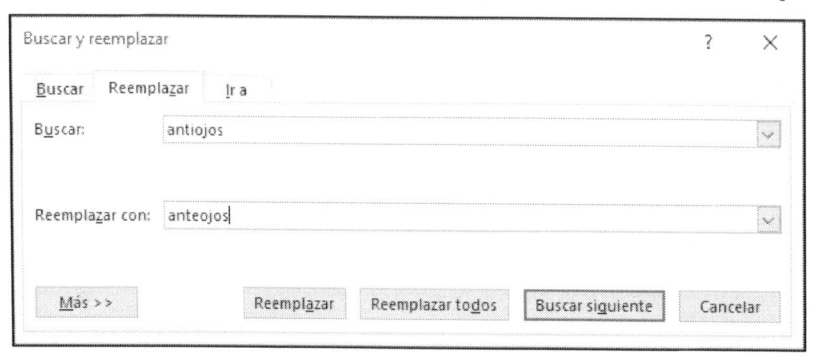

La siguiente lista describe los botones de la ficha Reemplazar:

- **Buscar siguiente:** Permite buscar la próxima coincidencia de la palabra buscada. Esto puede ayudar a omitir el reemplazo de algún texto si lo cree necesario.
- **Reemplazar:** Permite reemplazar el texto del cuadro *Buscar* por el texto del cuadro *Reemplazar con* solo una vez.
- **Reemplazar todos:** Permite reemplazar el texto del cuadro *Buscar* por el texto del cuadro *Reemplazar con* en todo el documento.
- **Más:** Permite acceder a las opciones para búsquedas avanzadas.
- **Cancelar:** Sale del cuadro de diálogo Buscar y reemplazar sin realizar ninguna acción.

Realizar Búsquedas avanzadas

El poder del cuadro de diálogo Buscar y reemplazar radica en las opciones de búsquedas avanzadas. Por ejemplo, puede buscar un texto que distinga entre mayúsculas y minúsculas, que busque palabras completas, o usar caracteres comodines para personalizar aún más la búsqueda. Para acceder a estas opciones debe hacer clic en el botón **Más**.

Al hacer clic sobe el botón Más, el cuadro de diálogo se expande mostrando las opciones que están disponibles para una búsqueda avanzada. Cuando activa alguna de las casillas, debajo del cuadro *Buscar*, aparecerá la etiqueta Opciones; esta etiqueta muestra la opción avanzada que está usando en su búsqueda.

> *La ficha Reemplazar también muestra las mismas opciones si hace clic en el botón Más.*

La siguiente lista describe las opciones disponibles del cuadro de diálogo Buscar y reemplazar:

- **Coincidir mayúsculas y minúsculas:** Puede buscar un texto distinguiendo entre mayúsculas y minúsculas. Si no usa esta opción y escribe `oso de anteojos`, Word encontrará `oso de anteojos`, `Oso de Anteojos` u `OSO DE ANTEOJOS`.
- **Solo palabras completas:** Sólo buscará palabras completas, sin buscar partes más largas de una palabra. Por ejemplo, si usa esta opción y busca `las`, Word ignorará palabras como `colas` o `lastima`. Esta opción no está disponible cuando selecciona las casillas *Usar caracteres comodín*, *Suena como*, o *Todas las formas de la palabra*.
- **Usar caracteres comodín:** Permite usar caracteres comodín en lugar de texto, esto permite ampliar y refinar su búsqueda. Si agrega caracteres comodín en el cuadro *Buscar* sin activar la casilla *Usar caracteres comodín*, Word tratará los caracteres comodín como un texto normal. Si desea buscar un carácter que también es considerado un comodín, deberá usar la barra inclinada (\); por ejemplo, si quiere buscar el asterisco (*) deberá escribir: *.
- **Suena como (Español):** Busca términos que suenen como la palabra o palabras ingresadas en el cuadro Buscar. Por ejemplo, si escribe "consejo" en el cuadro de búsqueda y activa la casilla *Suena como*, Word encontrará `consejo` y `concejo`. Esta opción funciona solo con palabras completas, si escribe `Q y date`, Word no encontrará "cuídate".
- **Todas las formas de la palabra (Español):** Busca todas las formas de la palabra ingresada en el cuadro Buscar. Por ejemplo, si escribe la palabra "callar" en el cuadro de búsqueda, Word encontrará "`callar`", "`callando`", "`calló`", "`callado`", "`calla`", entre otros.
- **Prefijo:** Busca todas las palabras que comienzan con el texto ingresado en el cuadro Buscar. Por ejemplo, si escribe "`ed`", Word encontrará "`educación`", "`editar`" y "`edición`".
- **Sufijo:** Busca todas las palabras que terminan con el texto ingresado en el cuadro Buscar. Por ejemplo, si escribe "`ando`", Word encontrará "`caminando`", "`rellenando`" y "`Agitando`".

- **Omitir puntuación:** Busca las palabras agregadas en el cuadro Buscar independientemente de los signos de puntuación añadidos en el documento, pero no ignora la puntuación agregada al cuadro de búsqueda.
- **Omitir espacios en blanco:** Busca las palabras agregadas en el cuadro Buscar ignorando los espacios en blanco entre palabras o textos.
- **Formato:** Mediante este botón desplegable podrá insertar formatos a sus búsquedas.
- **Especial:** Mediante este botón desplegable podrá insertar códigos especiales que puede usar para encontrar ciertos elementos en el documento, como marcas de párrafos, tabulaciones, notas al pie, y más.
- **Sin formato**: Quita el formato aplicado a la palabra agregada en el cuadro de búsqueda.

Ejercicio 10

En este ejercicio usted aprenderá diversas formas de seleccionar el contenido de su documento.

Abrir el documento TrabajoconTextos.docx de su carpeta Práctica4.

1. En el titulo *Libro de Cosmetología*, doble clic sobre la palabra *Libro*. Se selecciona solo la palabra.
2. Clic en algún lugar del texto para que la palabra *Libro* deje de estar seleccionada.
3. Clic 3 veces en la palabra *Libro*. Ahora se selecciona la línea o párrafo completo.
4. Clic sin soltar sobre la línea seleccionada y arrástrelo por debajo del texto "Peinados". Acaba de cambiar la posición del texto seleccionado.

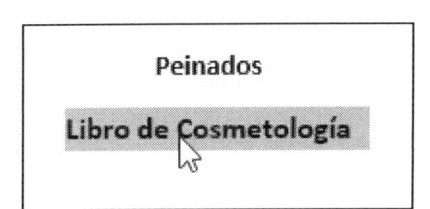

5. En la Barra de herramientas de acceso rápido, clic en el botón **Deshacer** para regresar el texto como estaba antes.

6. Coloque el puntero del ratón en el área de selección al inicio del tercer párrafo. Observe como el puntero cambia apuntando a la derecha.
7. Clic sobre el área de selección. La primera línea del párrafo se selecciona.
8. Use doble clic sobre el área de selección para el mismo párrafo. Note que ahora el párrafo completo se ha seleccionado.

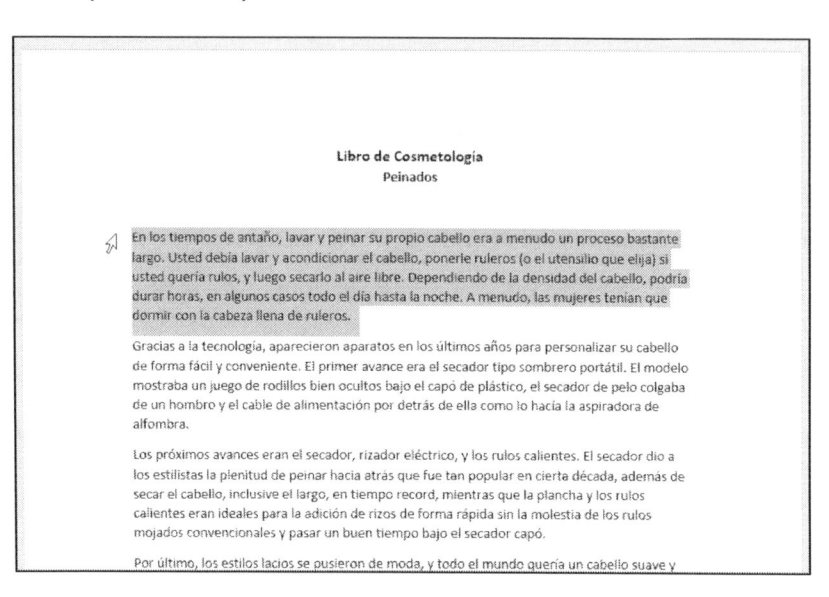

9. Use triple clic sobre el área de selección. Luego, desplácese por todo el documento y notará que todo el contenido ha sido seleccionado.
10. Desplácese hacia abajo del documento hasta ver una lista numerada. Luego, clic sobre algún lugar de esa lista para dejar de seleccionar todo el documento.
11. Seleccione el índice tres "Velocidad de secado" y pulse **Suprimir**. El texto es borrado y la lista se renumera.
12. Doble clic sobre el texto del índice uno para seleccionarlo y luego, escriba: Potencia. Note que, no tuvo que borrar el texto seleccionado para agregar el nuevo texto.

13. Guarde los cambios y cierre su documento.

Ejercicio 11

En este ejercicio, usted aprenderá a utilizar los comandos de copiar, cortar, pegar, y el Portapapeles.

Abrir el documento Portapapeles.docx de la carpeta Práctica4.

1. Seleccione el tercer párrafo y desde la ficha Inicio, dentro del grupo **Portapapeles**, clic en **Cortar**. El párrafo desaparece del documento y se guarda temporalmente en memoria.
2. Clic al comienzo del primer párrafo y clic en el botón **Pegar**. El párrafo que fue cortado ahora se añade como primer párrafo.
3. Seleccione la imagen que está en el documento y pulse `Ctrl+X`.
4. Clic al final del primer párrafo y luego pulse Enter. En el nuevo espacio en blanco, pulse `Ctrl+V`. La imagen se acaba de posicionar en su nuevo lugar.

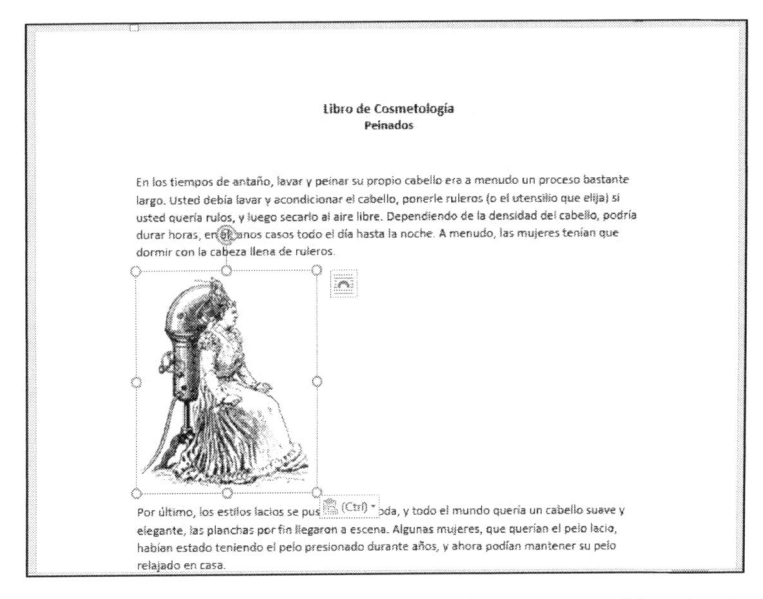

5. Seleccione el título *"Libro de Cosmetología"* y clic en el botón **Copiar** o pulse `Ctrl+C`.
6. Clic a la derecha de la imagen y pulse Enter. En el nuevo espacio en blanco, escriba: `Imagen exclusiva del`.
7. Clic a la flecha del comando **Pegar** y seleccione **Mantener solo texto**. Se agrega el texto copiado.

Capítulo 4: Añadir Contenido y Corregirlo

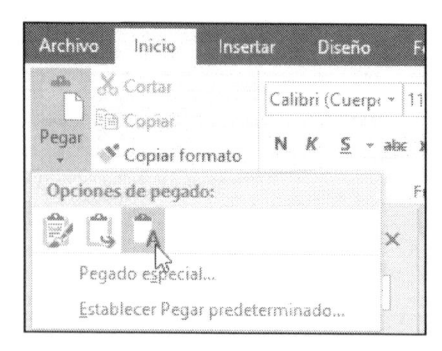

A continuación, abrirá otro documento y copiará un párrafo y una imagen para pasarlo a su documento actual.

8. Abrir el documento Peinados.docx.

Es posible que Word tenga un ligero error de compatibilidad con documentos .docx mostrando en el Portapapeles el aviso: Vista previa no disponible. Si es su caso, abra el documento Peinados.doc.

---

9. En el documento abierto, active el Portapapeles haciendo clic en el Iniciador de cuadro de diálogo del grupo Portapapeles.
10. Seleccione el primer párrafo y clic en Copiar o pulse `Ctrl+C`. Note que el párrafo copiado se agrega al panel portapapeles.
11. Seleccione la imagen y clic en Copiar o pulse `Ctrl+C`. Ahora la imagen también se agrega al portapapeles.

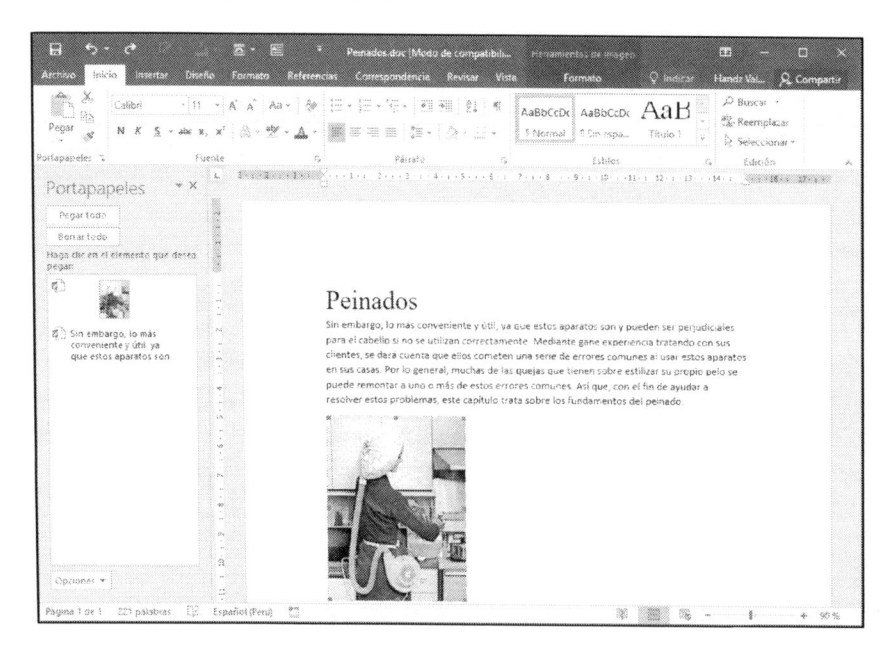

12. Ahora, active el documento *Portapapeles.docx*. Note que el panel Portapapeles sigue manteniendo los elementos copiados del documento *Peinados.docx*.
13. Clic sobre el espacio en blanco antes del texto *"Secadoras de Pelo"*.
14. Desde el Portapapeles, clic sobre el elemento de texto. El contenido del elemento copiado, se pega en el espacio en blanco.

15. Sin mover nada más, clic sobre el elemento de imagen para pegarlo en el documento.
16. Para liberar los elementos copiados de la memoria, clic en el botón **Borrar todo**. Luego, cierre el Portapapeles.
17. Guarde los cambios en Portapapeles.docx y luego cierre el documento.

Ejercicio 12

En este ejercicio usted aprenderá a corregir algunos errores ortográficos y gramaticales en su documento.

Abrir el documento Oso de anteojos.docx de su carpeta Práctica4.

1. Desplácese por el documento y podrás ver en algunas palabras un subrayado ondulo azul y otro rojo.
2. Clic derecho sobre la palabra mal escrita: `Antiojos`. Aparece en el menú contextual varias alternativas de corrección.

3. Clic sobre *Anteojos* del menú contextual. La palabra elegida reemplaza a la palabra mal escrita.

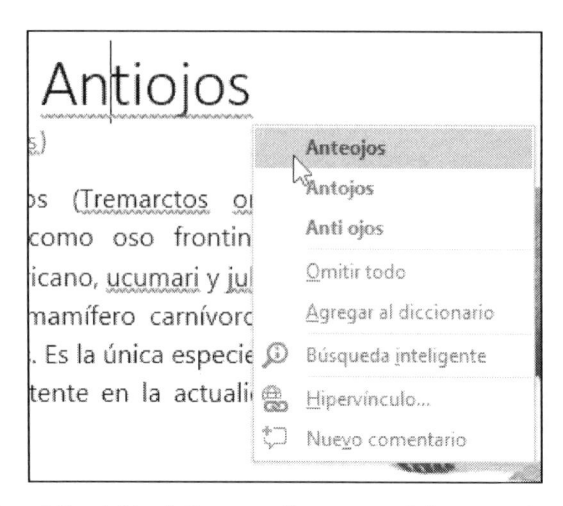

4. Clic en Revisar | Revisión | Ortografía y gramática. Se abre el panel Ortografía marcando la palabra `Tremarctos` y mostrando sugerencias de corrección. Note también que en el documento existen dos coincidencias de la palabra *Tremarctos*.

5. Clic en **Omitir todo**. Ambas coincidencias de la palabra `Tremarctos` deja de estar considerada como error ortográfico y luego marca la siguiente palabra, `Ornatus`.

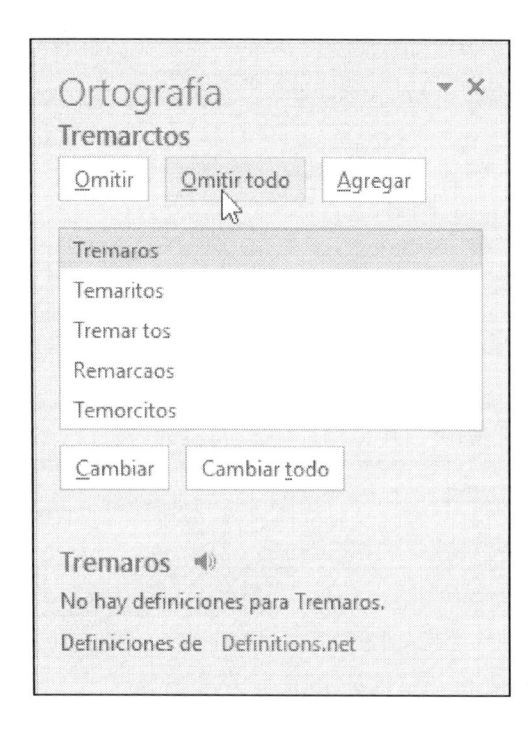

6. Clic en el botón Agregar. La palabra *Ornatus* se agrega al diccionario y deja de ser considerada un error ortográfico.
7. Clic dos veces en Omitir para las palabras `ucumari` y `jukumari`.
8. El siguiente error es una palabra repetida. Clic en Eliminar.

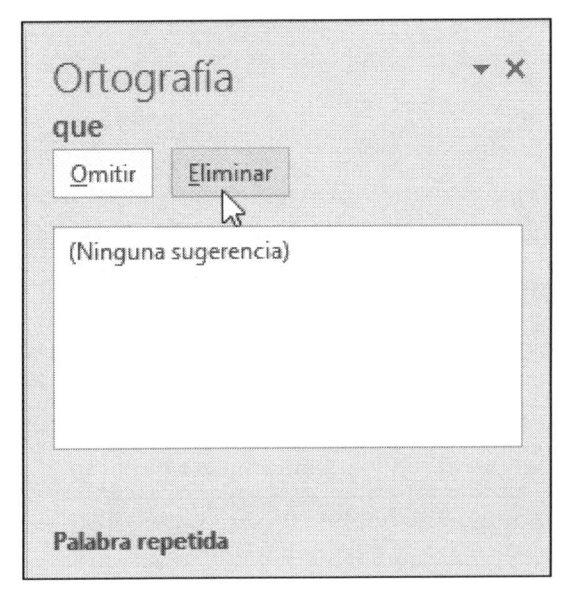

9. El siguiente error marcado es gramatical, dice "`La osa...`". En el cuadro de Sugerencias, en el panel Gramática, clic en la opción **El oso**.
10. Clic en el botón **Cambiar**. De esta manera se han corregido todas las incidencias y Word muestra un mensaje indicando que la revisión ha sido completada. Clic en **Aceptar**.

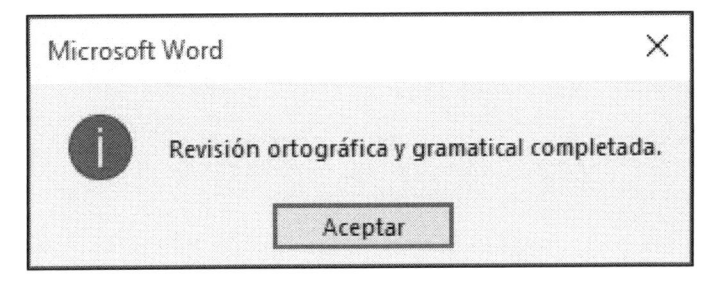

11. Guarde los cambios y cierre su documento.

Ejercicio 13

En este ejercicio usted aprenderá a buscar algún texto dentro de su documento y luego podrá reemplazarlo por otra palabra.

Abrir el documento Buscar.docx de la carpeta Práctica4.

1. Active el cuadro de diálogo Buscar y reemplazar desde Inicio | Edición | flecha Buscar | Búsqueda avanzada.
2. En el cuadro Buscar, escriba `oso` y clic en el botón *Buscar siguiente*. Se selecciona la primera coincidencia "*oso*".
3. Clic en el botón Buscar siguiente dos veces. Dé un vistazo de cómo se van seleccionado, uno a uno, las palabras "oso" que se encuentran en el documento.
4. Con el cuadro de diálogo Buscar y reemplazar aún abierto, clic en algún lugar de su documento y pulse `Ctrl+Home`. Acaba de regresar al inicio de su documento, y lo mejor de todo, el cuadro de diálogo no le fue un estorbo.
5. Clic en el botón Más para mostrar las opciones de búsqueda avanzada.
6. En el cuadro Buscar, cambie la palabra *oso* por *Oso*.
7. Active la casilla *Coincidir mayúsculas y minúsculas*.

8. Clic en el botón Buscar siguiente. La palabra `Oso`, con la primera letra en mayúscula, fue seleccionada.
9. Siga haciendo clic sobre el botón Buscar siguiente dos veces más. Se encuentra más coincidencias de la palabra `Oso` en diferentes partes del documento.

10. Clic sobre el desplegable Formato y seleccione Fuente.

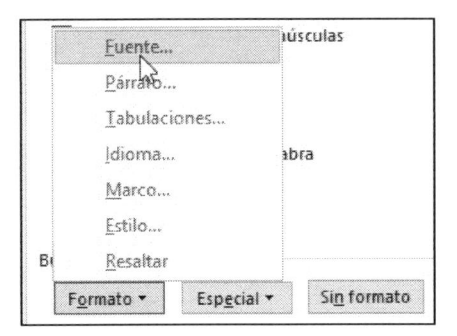

11. Dentro del cuadro de diálogo Buscar fuente, en Estilo de fuente, clic sobre Negrita.

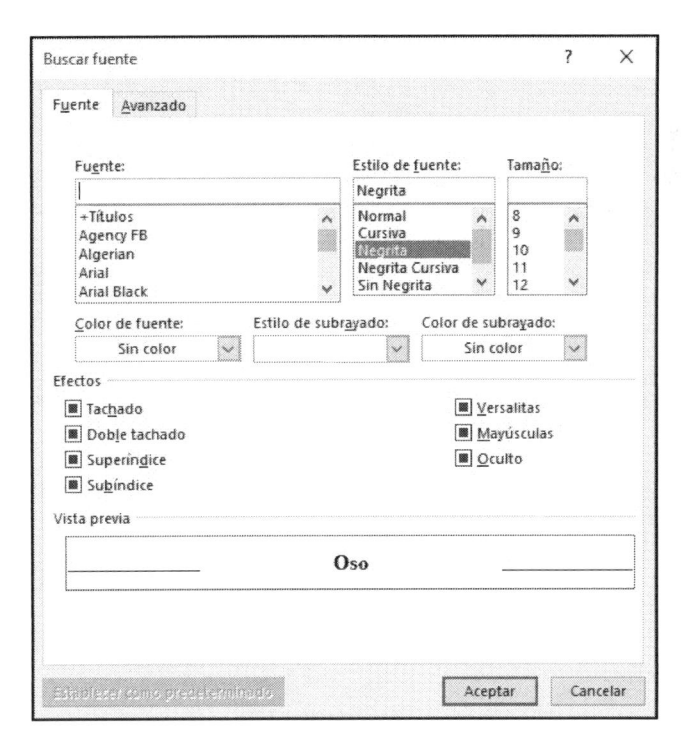

12. Clic en Aceptar. Observe que, bajo el cuadro Buscar, aparece la etiqueta **Formato: Fuente: Negrita**.

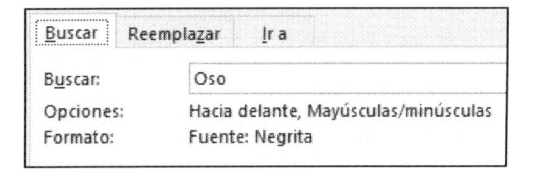

13. Clic en **Buscar siguiente**. Es posible que antes le aparezca un cuadro de diálogo preguntándole si quiere empezar la búsqueda nuevamente. Clic en Sí. Note que la palabra **Oso** es seleccionada.
14. Clic nuevamente en Buscar siguiente. Como ya no existe otra palabra **Oso** con formato de negrita, aparece el mensaje: Se terminó de buscar el documento. Clic en **Aceptar**.

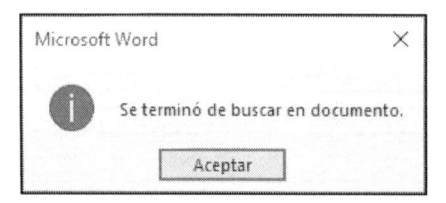

[Cuadro de diálogo: Microsoft Word — Se terminó de buscar en documento. Aceptar]

15. Active la ficha Reemplazar.
16. Desactive la casilla *Coincidir mayúsculas y minúsculas* y clic sobre el botón *Sin formato*, este último ayuda a quitarle el formato negrita a la búsqueda.
17. En el cuadro Buscar agregue el texto `antiojos`; en el cuadro Reemplazar con, agregue `anteojos`.
18. Clic en el botón Buscar siguiente y se selecciona la primera coincidencia de `antiojos`.
19. Clic sobre el botón Reemplazar. Ahora, anteojos reemplaza antiojos.
20. Clic en Buscar siguiente para encontrar una nueva coincidencia y clic en Reemplazar. Repita este paso 3 veces.
21. Para evitar reemplazar uno a uno, clic sobre **Reemplazar todos**. Un mensaje aparece confirmando la cantidad de reemplazados realizados.
22. Clic en Aceptar.

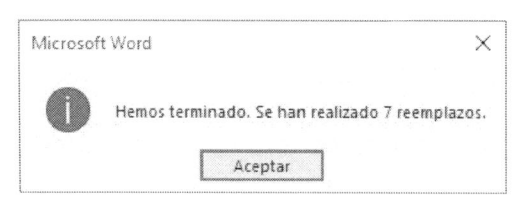

[Cuadro de diálogo: Microsoft Word — Hemos terminado. Se han realizado 7 reemplazos. Aceptar]

23. Guarde los cambios y cierre su documento.

Capítulo 5: Aplicar Formato

En este capítulo usted aprenderá a:

- Aplicar formato de Fuente
- Trabajar y personalizar párrafos
- Aplicar viñetas y numeración
- Usar Estilos

Aplicar formato de Fuente

Con Word 2016 puede aplicar diversos formatos a sus textos, desde aplicar un formato de negrita hasta un efecto de texto. Para aplicar cualquiera de los diversos formatos, lo único que debe hacer es seleccionar el texto y luego hacer clic en alguno de los comandos del grupo Fuente, en la ficha Inicio.

La siguiente lista describe los comandos del grupo Fuente:

- **Fuente**: Este comando permite elegir los diversos tipos de fuente (tipos de letra) que se pueden aplicar a los textos. Las fuentes tienen que ver mucho con los tamaños de fuente, ya que cada fuente no tiene el mismo tamaño; por ejemplo, si usted aplica la fuente `Arial` con tamaño 11 y la fuente `Calibri` con tamaño 11, aunque el cuadro de tamaño indique 11, a simple vista verá que son diferentes.
- **Aplicar tamaño de fuente:** Es imprescindible aplicar el tamaño adecuado a los textos para que puedan ser mejor vistos a la hora de imprimirlos. No confunda el zoom con el tamaño de fuente, ya que el zoom simplemente aleja o acerca el documento en pantalla (véase *Aplicar Zoom al Documento* en el *Capítulo 3: Trabajar con las Vistas del Documento*), sin embargo, los tamaños de fuentes tienen que ver con la impresión del documento.
- **Negrita (Ctrl+N):** El atributo más utilizado por todos para llamar la atención del lector. Un texto con Negrita, hace que resalte como algo importante dentro del documento.
- **Cursiva (Ctrl+K):** Utilice cursiva para resaltar un subtítulo, o alguna palabra en especial; por ejemplo, una palabra en otro idioma. Cursiva resalta como un elemento secundario dentro de un documento.
- **Subrayado (Ctrl+S):** Utilice Subrayado cuando quiera resaltar un título, o quizá un texto al que quiera dar énfasis.
- **Color de Fuente:** Cuando trabaje con documentos que necesitan tener un toque colorido, no dude en usar el *Color de fuente*. Por defecto, se aplica el color rojo. Si hace clic en la flecha del comando Color de fuente, podrá ver una paleta de colores con más opciones que elegir.
- **Resaltado:** Así como utiliza su resaltador (marcador de fibra), utilice el resaltador para llamar la atención del lector o simplemente resaltar un texto importante.

- **Borrar Formato (Ctrl+B. Espaciadora):** Permite borrar el formato de un texto. Simplemente seleccione un texto con formato y al aplicar Borrar formato, el texto regresará a su formato por defecto: `Calibri, 11`.
- **Tachado**: Utilice *Tachado* cuando quiera indicar al lector o revisor, que el texto no estará en el documento o que puede ser cambiado por otro.
- **Efectos de texto:** Aplique efectos de texto a las propias fuentes para darle más énfasis a ciertos sectores de su documento. Entre los efectos de texto incluyen sombras, reflexiones, iluminaciones y más.
- **Subíndice y Superíndice:** Estos dos comandos de formato son muy utilizados por varios usuarios cuando necesita crear estructuras de cadenas químicas o matemáticas. Por ejemplo, cuando aplica subíndice, el texto disminuye de tamaño y se posiciona debajo de un texto común (H_2O), al contrario de superíndice que se va encima del texto (5^2).
- **Cambiar Mayúsculas y Minúsculas:** Permite cambiar el texto entre mayúsculas y minúsculas, además de obtener otras opciones. Puede pulsar `Mayús+F3` para ahorrar tiempo en los cambios entre mayúsculas y minúsculas.
- **Aumentar y Disminuir Tamaño de Fuente:** Estos dos comandos permiten agrandar o reducir el tamaño de fuente respectivamente. Use `Ctrl+Mayús+>` para aumentar el tamaño, y `Ctrl+<` para reducirlo. Para que pueda usar ambos métodos abreviados, use un teclado en español con una distribución clásica.

Tenga en cuenta que, si no tiene experiencia con Word o con otras aplicaciones, puede usar el puntero del mouse para señalar los comandos de la cinta de opciones, mostrándole un screentip del nombre y el método abreviado que puede usar para aplicar ese comando.

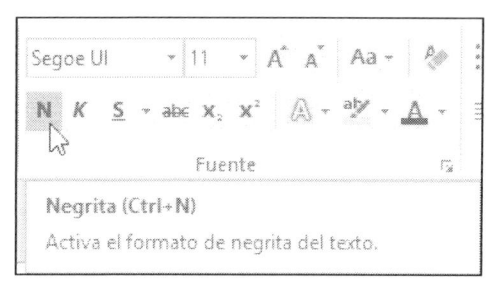

Si al señalar algún comando este no muestra un screentip, posiblemente esté deshabilitada esa opción. Para habilitarlo, diríjase a **Archivo | Opciones | General**, y en el apartado *Opciones de interfaz de usuario*, en *Estilo de información en pantalla*, seleccione *Mostrar descripciones de características en información en pantalla*.

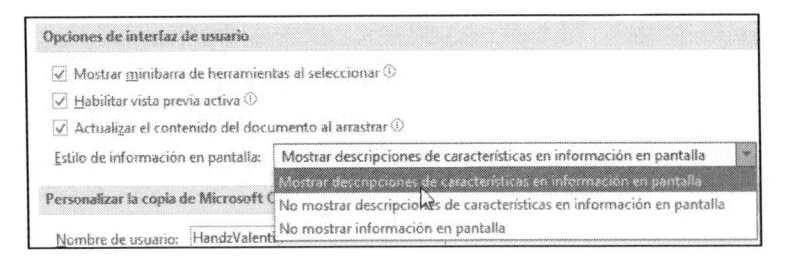

Además del grupo Fuente, Word presenta una minibarra de herramientas que te permite, de forma rápida, aplicar formatos más usados a sus textos. Solo seleccione el texto y la minibarra de herramientas hará su aparición.

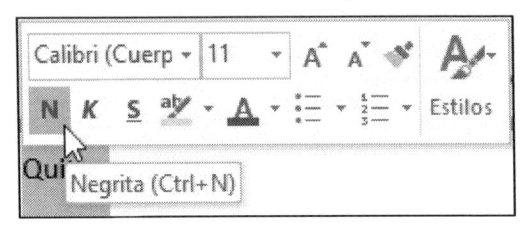

El Cuadro de Diálogo Fuente

El grupo Fuente tiene más potencial de lo que puede ver. Existen comandos y opciones que no están a simple vista, por ello, este grupo posee un *Iniciador de cuadro de diálogo* donde encontrará comandos clásicos como: versales, texto oculto o el espaciado entre textos. Clic en el *Iniciador de cuadro de diálogo* del grupo Fuente para activar el cuadro de diálogo **Fuente**.

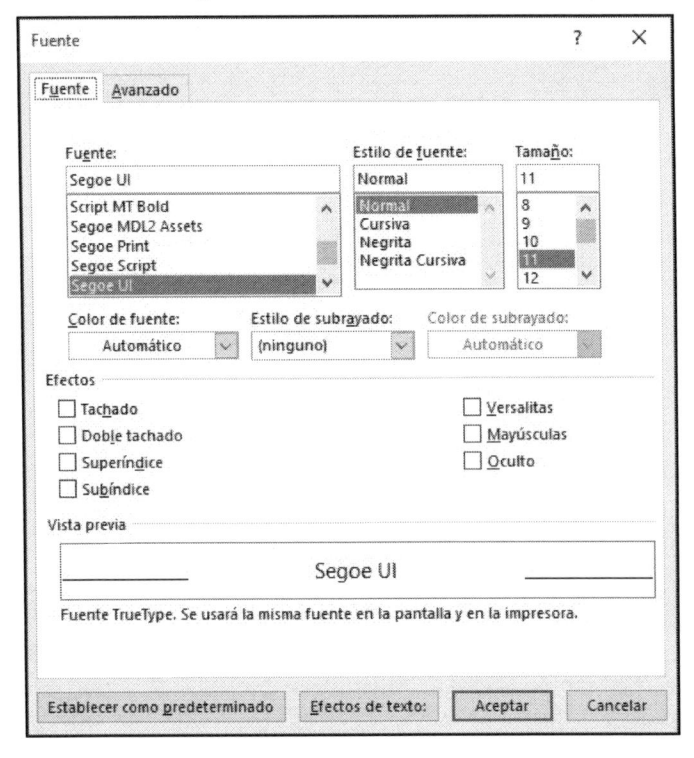

El cuadro de diálogo Fuente presenta dos fichas:

- **Fuente:** Incluye los comandos del grupo Fuente más los comandos *Versales*, *Oculto* y *Doble tachado*.
- **Avanzado:** Esta ficha se divide en dos secciones. En la sección *Espaciado entre caracteres* podrá escalar, espaciar y posicionar los textos, además de aplicar un interletraje. En la sección *Características OpenType*, podrá aplicar ligaduras y otros formatos aplicados a los números.

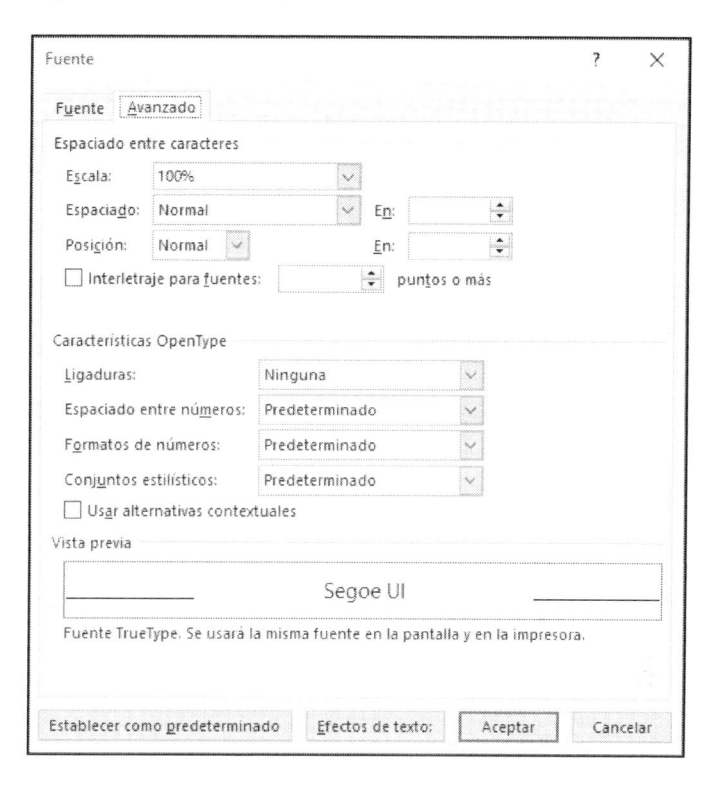

Si desea aprender más sobre tipografías, puede leer el libro: Mastering Type: The Essential Guide to Typography for Print and Web Design de Denise Bosler, en inglés.

También encontrará el botón *Establecer como predeterminado*. Use este botón después de aplicar formato a sus textos para que Word los guarde como predeterminado en sus documentos nuevos. Si usó este botón sin saberlo y quiere regresar a la configuración por defecto, formatee algún texto a: *Fuente: +Cuerpo, Tamaño: 11, Estilo: Normal* y clic en *Establecer como predeterminado*.

Dar Formato a los Párrafo

Una de las tareas de formato más comunes para los párrafos es alinearlos dentro de un documento. Tenga en cuenta que la cuestión de las alineaciones no se detiene con establecer atributos de alineación como izquierda, centrado, derecha y justificado, usted también puede especificar alineaciones y sangrados. Usted puede encontrar estas herramientas en el grupo Párrafo de la ficha Inicio.

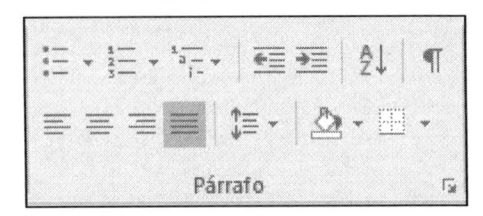

La siguiente tabla describe varias de las herramientas y métodos abreviados que puede usar para alinear y formatear párrafos.

Imagen	Nombre	Descripción
	Alinear a la izquierda (**Ctrl+Q**)	Alinea el texto y otros elementos a lo largo del margen izquierdo de la página o área especificada, con un margen derecho sin alinear.
	Centrar (**Ctrl+T**)	Alinea el punto medio de cada línea con el centro horizontal de la página o área.
	Alinear a la derecha (**Ctrl+D**)	Alinea el texto y otros elementos a lo largo del margen derecho de la página o área especificada, con un margen izquierdo sin alinear.
	Justificar (**Ctrl+J**)	Alinea el texto nivelándolo tanto con el margen izquierdo y derecho de la página o área especificada.
	Disminuir sangría (**Ctrl+Mayús+R**)	Reduce un sangrado de párrafo según la tabulación. Por defecto, una tabulación automática está establecido por 1.25cm. Aproximadamente 0.5 pulgadas.
	Aumentar sangría	Incrementa un sangrado de párrafo según la tabulación. Por defecto, una tabulación automática está establecido por 1.2cm. Aproximadamente 0.5 pulgadas

Para aplicar estas alineaciones y formatos de párrafo, solo debe hacer clic en el párrafo que desee cambiar y clic en la herramienta necesaria para aplicar la configuración. Tenga en cuenta que puede usar las herramientas de alineación junto con las herramientas de sangrado para lograr el efecto que desee para sus párrafos.

La alineación justificada puede verse mal cuando usa un tamaño de fuente que es algo grande. Con un tamaño de fuente grande, caben menos palabras en cada línea, y Word podría intentar agregar cantidades más grandes de espacio en blanco para justificar el texto en la página, creando una molesta cantidad de áreas en blanco dentro del párrafo. Si usted nota este efecto cuando usa la alineación justificada, puede aplicar un tamaño de fuente más pequeño para resolver el problema.

Cambiar Espacio

También puede necesitar cambiar las configuraciones de espaciado de párrafo para varios documentos, mejorando la legibilidad o para ajustarse con los estilos de formato y requerimientos de su documento. Por ejemplo, la mayoría de informes académicos requieren un formato de espaciado doble, mientras que la mayoría de cartas comerciales usan el espaciado simple o una cantidad limitada de espacio entre líneas.

Por defecto, el estilo de párrafo *Normal* incluye espacio extra después del párrafo. Pulsando **Enter** una vez, al final de un párrafo, automáticamente incluirá el espacio necesario entre el párrafo actual y el siguiente párrafo.

Use la lista desplegable *Espaciado entre líneas y párrafos* en el grupo **Párrafo**, de la ficha Inicio, para cambiar los espacios de párrafo.

Interlineado

Por defecto, el estilo de párrafo Normal está establecido a 1.08 de espacio de línea. Para cambiar a otro espaciado de línea siga estos pasos.

1. Seleccione el párrafo a cambiar.
2. Clic en **Inicio | Párrafo | Espaciado entre líneas y párrafos**. Un menú con configuraciones de interlineados preestablecidos y otros comandos aparece.
3. Mueva el puntero del mouse sobre una de las opciones de interlineado. La vista previa activa mostrará cómo quedará el documento si es que hace clic sobre esa opción.
4. Si ya decidió el interlineado que va a aplicar, clic sobre la opción que necesita.

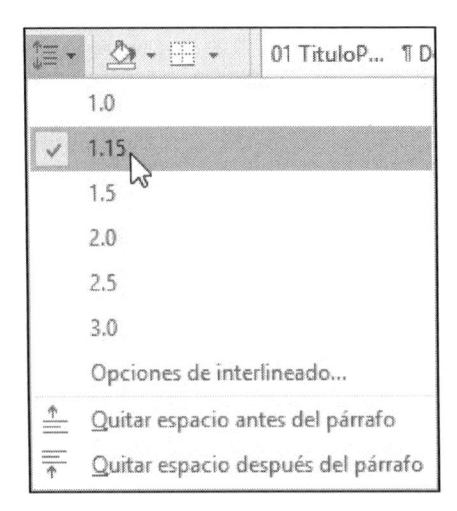

Si hace clic en Opciones de interlineado, se abrirá el cuadro de diálogo Párrafo, y en la sección Espaciado, en Interlineado, cambie el Interlineado a su gusto. Entre las opciones están: Sencillo, Doble, Exacto y otros más.

Antes y Después

El estilo de párrafo Normal también incluye *8ptos* de espacio extra después de cada párrafo. Usted puede agregar espacio antes y después del párrafo para que sus documentos sean más legibles. Por ejemplo, el estilo incorporado *Título 1* incluye *12ptos* de espacio antes del párrafo. Esto crea un espacio mayor entre el texto precedente y un encabezado, visualmente indica al lector que un tema importante está finalizando y otro está por comenzar.

Para ajustar el espaciado de párrafos antes y después, siga estos pasos:

1. Seleccione el párrafo que quiere cambiar.
2. Clic en el Iniciador de cuadro de diálogo del grupo Párrafo, en la ficha Inicio. El cuadro de diálogo Párrafo se abre con la ficha Sangría y espacio seleccionado.
3. Bajo Espaciado, cambie los valores en los cuadros Anterior y Posterior según lo necesite. Use las flechas arriba y abajo para incrementar o disminuir sus valores respectivamente. También puede escribir el valor directamente en el cuadro de texto.
4. Clic en Aceptar para que los cambios surtan efecto.

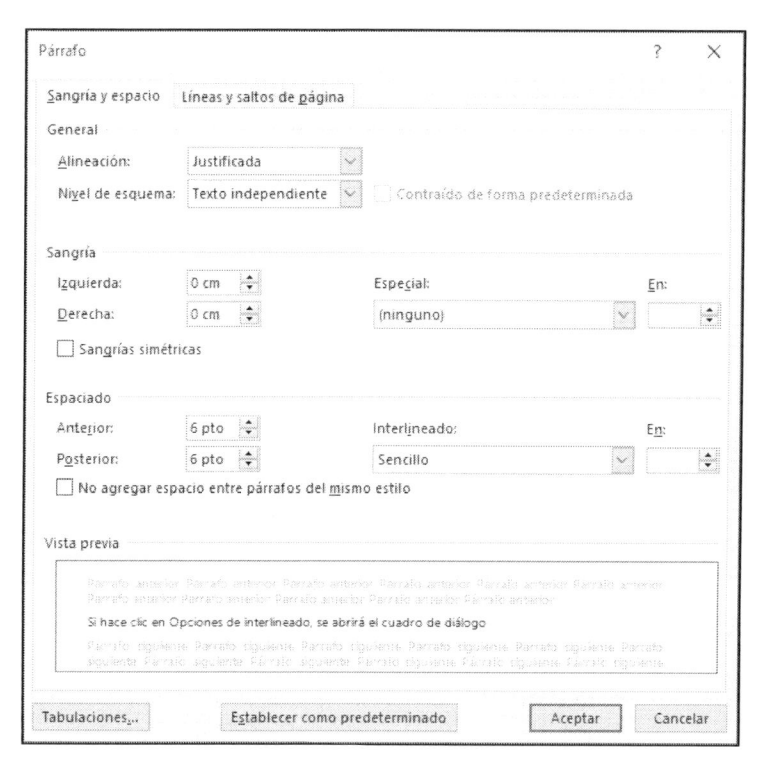

El comando *Agregar espacio antes del párrafo*, ubicado en la lista desplegable del botón *Espaciado entre líneas y párrafos*, añade *12ptos* de espacio antes del párrafo. Cuando usa los comandos *Quitar espacio antes y después del párrafo*, se establece a *0ptos*.

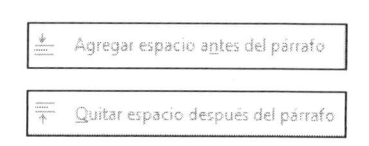

Usar Tabulaciones

Antiguamente, en la época de la máquina de escribir, las tabulaciones eran la única manera de dar formato a las tablas, diagramas y columnas. Aunque Word es un poderoso procesador de texto bastante actualizado, las tabulaciones siguen ahí desde el principio. Cuando pulsa la tecla Tab, Word inserta una tabulación izquierda de 1.25cm cada vez que la usa. Con las tabulaciones, podrá posicionar sus textos en el lugar adecuado dentro de la página.

Si desea tener más control con las posiciones de sus textos, puede usar una característica poderosa: Las Tablas.

Cuando activa la regla (Vista | Mostrar | Regla), justo en la parte superior de la regla vertical, se encuentran las tabulaciones preestablecidas. La siguiente tabla describe las tabulaciones incorporadas en Word:

Botón	Nombre	Descripción
L	Tabulación izquierda	El texto comienza en el signo tabulación y continúa hacia la derecha. Este es el estilo de tabulación utilizado con más frecuencia.
⊥	Centrar tabulación	El texto se centra en la tabulación mientras escribe.
⌐	Tabulación derecha	El texto comienza en el signo de tabulación y se desplaza hacia la izquierda al escribir un nuevo texto.
⊥	Tabulación decimal	Las filas de números se alinean según la posición del punto decimal, independientemente del número de decimales de cada número.
ı	Barra de tabulaciones	Crea una línea vertical. Mediante esta opción podrás dibujar líneas verticales abarcando cualquier número de líneas de texto horizontal.
▽	Sangría de primera línea	Activa la función Sangría de primera línea. Clic en la regla para definir una sangría de primera línea.
△	Sangría francesa	Activa la función sangría francesa. Clic en la regla para posicionar una sangría francesa.

Para aplicar cualquiera de las tabulaciones preestablecidas, siga estos pasos:

1. En la parte superior de la regla vertical, clic sobre el ícono de tabulaciones para ir cambiando hasta la tabulación correcta.
2. Una vez elegida la tabulación, diríjase a la regla horizontal y clic en alguna medida de la regla (área en blanco) para insertar la tabulación.

3. Pulse la tecla Tab cuantas veces sea necesario para que el punto de inserción se posicione a la altura de las tabulaciones insertadas.
4. Comience a agregar el texto que necesita.

Aplicar Sangrías

El sangrado se refiere a agregar espacio extra entre uno o más líneas de un párrafo y los márgenes izquierdo y/o derecho de la página o área. Comúnmente, puede utilizar el sangrado para aplicar sangría a la primera línea del párrafo, dar sangría a las citas en relación con los márgenes de página izquierda y derecha, y aplicar sangría francesa para textos con numeración o viñetas. Agregar o quitar sangrías preestablecidas, quita o aumenta en $1.25cm$, haciendo clic al botón Disminuir sangría y Aumentar sangría, en el grupo Párrafo, en la ficha Inicio.

Usted puede también aplicar sangría usando los controles Sangría izquierda y Sangría derecha en el grupo Párrafo de la ficha Formato. Por ejemplo, la mayoría de estilos usados en informes piden que las citas estén sangradas a 1.25cm desde los márgenes izquierdo y derecho, pero quizá quiera usar 1.9cm en su lugar. Como lo muestra la siguiente imagen, puede agregar la configuración de sangría deseada para el párrafo seleccionado en los cuadros Sangría Izquierda y Sangría Derecha.

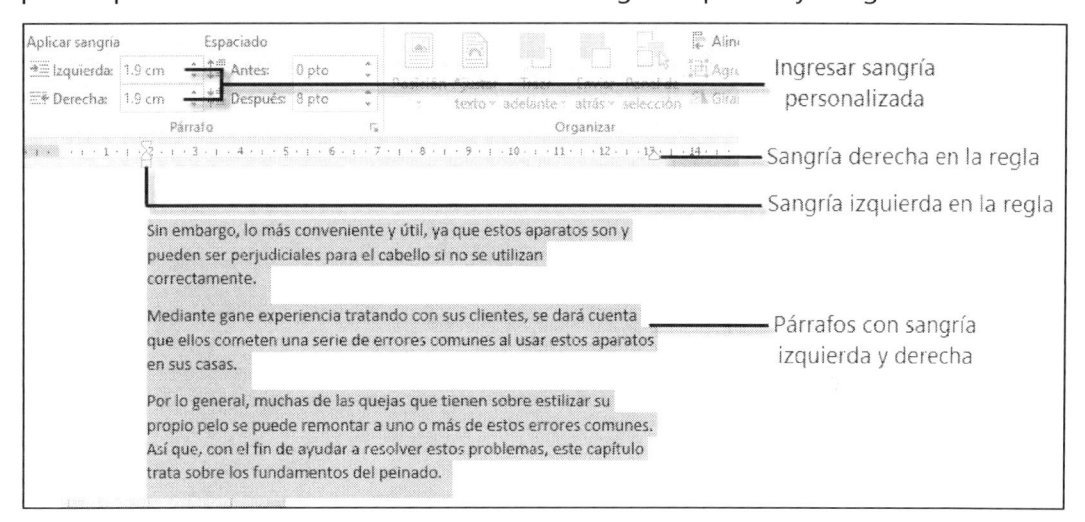

La regla horizontal proporciona una forma adecuada, usando el mouse, para crear sangrías, y es especialmente fácil aplicar sangría de primera línea y francesa. Una sangría de primera línea da un sangrado solo a la primera línea del párrafo; la sangría francesa da el sangrado a partir de la segunda línea del párrafo, dejando la primera línea sin sangrar.

Este método también le permite ver cómo el texto va cambiando mientras arrastra las sangrías en la regla, de esta manera, es más fácil posicionar el texto en el lugar adecuado mientras aplica la sangría.

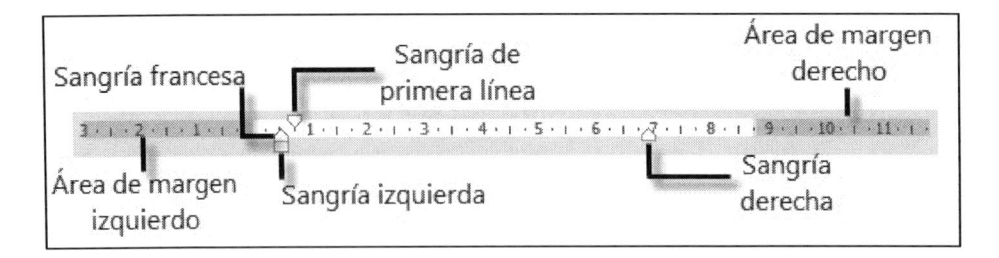

Trabajar con listas

Para resumir la información en sus documentos, facilitar la comprensión, y mejorar la asimilación del contenido para los lectores, puede usar las listas. Hay listas con números, y listas con viñetas. Si tiene información secuencial, las listas con números son esenciales, permitiendo que el lector se guíe paso a paso por el contenido de la lista; sin embargo, si no tiene que preocuparse por la secuencia del contenido, es preferible utilizar listas con viñetas.

Usted puede crear dos tipos de lista: de un solo nivel, y de dos niveles. Las listas de un solo nivel (o una sola capa) tiene la misma jerarquía y el mismo nivel de sangría; por otro lado, las listas de varios niveles pueden tener diversas jerarquías y niveles de sangría, podrá notarlo cuando encuentre una lista dentro de otra lista. La siguiente imagen muestra la diferencia entre las listas.

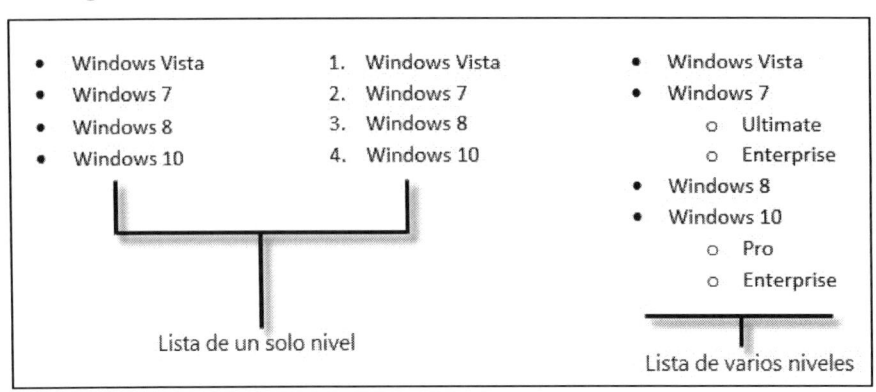

Si necesita crear una lista con viñetas, mientras va escribiendo en el documento, añada primero un asterisco (*), seguido de un espacio y luego agregue el texto que desea. El asterisco se convierte en una viñeta y comienza la lista. Cuando haya terminado de escribir el primer elemento de la lista, pulse *Enter* y aparecerá una nueva viñeta en la línea siguiente. Algo parecido tiene que hacer con las listas numeradas, escriba el número uno y un punto (1.), seguido de un espacio, y luego agregue el texto.

Si el texto ya se encuentra en el documento en un formato de lista, entonces es más fácil aplicar viñetas y numeración. Desde la ficha Inicio, en el grupo Párrafo, clic sobre el botón *Viñetas*, o clic sobre el botón *Numeración*.

Ambos botones presentan una flecha desplegable para mostrar más estilos de viñetas y numeración. La imagen de la izquierda muestra los estilos de viñeta que puede aplicar, además de las opciones para cambiar el nivel de lista y definir una nueva viñeta. La imagen de la derecha presenta los estilos para la numeración, estos incluyen números, letras y los números romanos.

Si usted sigue pulsando la tecla *Enter* en una lista con viñetas o numeración, nunca acabará. El método más sencillo para detener la creación de una lista es pulsar dos veces *Enter*, y luego puede empezar un nuevo párrafo en una nueva línea. Tenga en cuenta que la nueva línea regresará al inicio del margen izquierdo. Por otro lado, si desea agregar otro texto sin viñeta, pero a la altura de la misma, solo debe pulsar la tecla `Retroceso` (`Backspace`) una vez.

Elegir un Nuevo Estilo de Viñeta

Al hacer clic en la flecha desplegable del botón Viñetas, se muestran los estilos de viñetas. Si alguno de estos estilos no satisface su trabajo creativo, puede hacer clic sobre *Definir nueva viñeta*. Se abre el cuadro de diálogo con el mismo nombre.

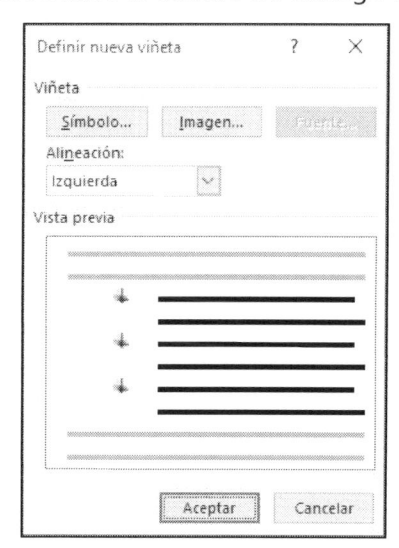

El cuadro de diálogo *Definir nueva viñeta* se divide en dos secciones: *Viñetas* y *Vista previa*. En la sección Viñetas podrás encontrar tres botones para personalizar su nueva viñeta, además de las opciones de alineación disponibles. En la sección Vista previa podrá ver una imagen de cómo quedará su texto una vez aplicada la viñeta.

La siguiente lista detalla el uso de los tres botones que se encuentran en el cuadro de diálogo *Definir nueva viñeta*:

- **Símbolo:** Puede elegir entre miles de símbolos de viñeta mediante el cuadro de diálogo Símbolos. Para elegir un símbolo, deberá seleccionar primero una fuente, y luego seleccionar el símbolo que necesita. Las fuentes más usadas para este tipo de personalizaciones son Webdings y Wingdings (1, 2 y 3).
- **Imagen:** Permite elegir una imagen (.jpg, .png, etc) para que sea usada como viñeta. Procure usar imágenes sencillas, como logotipos, para que puedan notarse a la hora de aplicarlas a sus listas.
- **Fuente:** Solo funciona si ha insertado un símbolo como viñeta. Este botón abre el cuadro de diálogo Fuente permitiéndole cambiar el estilo de fuente a sus símbolos. Por ejemplo, si aplica una viñeta con el símbolo de euros y usa una fuente *Calibri*, se verá muy diferente a la misma viñeta con la fuente *Castellar*.

Elegir un Nuevo Formato de Numeración

Algo muy parecido, a las listas con viñetas, pasa con las listas numeradas. En el menú desplegable del botón Numeración, puede hacer clic sobre la opción *Definir nuevo formato de número* para abrir el cuadro de diálogo del mismo nombre.

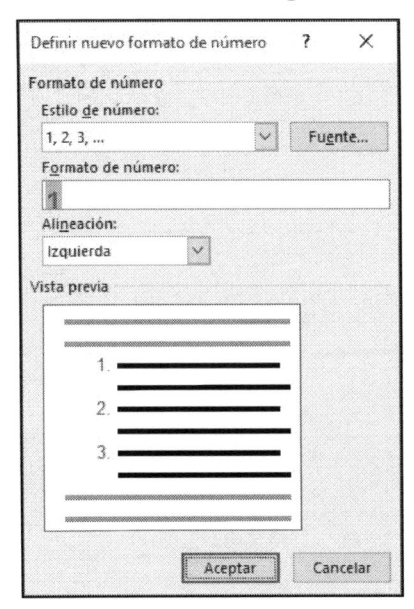

Si hace clic en Estilo de número, podrá ver una lista de estilos que se pueden aplicar a sus listas numeradas. El botón *Fuente* ayudará a cambiar el formato de la numeración, como el estilo de fuente, el tamaño de fuente, entre otros.

Aplicar Estilos

Es difícil exagerar el valor que los estilos dan cuando se crea y se da formato a un documento. No solo los estilos ayudan a que un documento luzca más dinámico y consistente, ellos le dan al lector una hoja de ruta para comprender la prioridad relativa del texto. Aplicar estilos de título ayuda a sus lectores a identificar temas principales y sus subtemas, y pueden usar otros estilos para enfatizar contenido especial, por ejemplo, una cita o una barra lateral.

Al igual como aplica *Negrita* y *Cursiva*, los estilos son prácticamente formatos preestablecidos, pero con un valor agregado. Este valor agregado permite estructurar su documento de tal manera que puede sacarle provecho usando la vista Esquema (véase La Vista Esquema en el Capítulo 3: Trabajar con las Vistas del Documento) para organizar sus temas principales. Si usted no decide usar estilos, aplicar el formato adecuado a su documento puede tardar mucho tiempo.

Usted puede encontrar una galería de estilos en Inicio | Estilos. Use el botón *Más* para expandir la galería de estilos y seleccionar el que necesite para su documento.

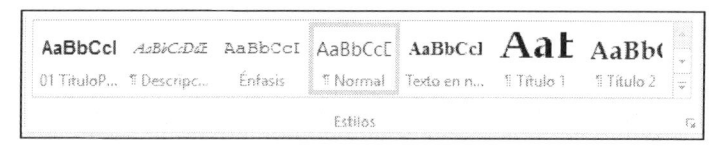

Para aplicar un estilo a sus textos, siga estos pasos:

1. Seleccione o clic en algún lugar del texto al que quiere aplicar estilos.
2. Seleccione Inicio | Estilos, y clic en alguna opción de la galería Estilos.
3. Si desea ver más estilos, clic en el botón Más, y luego seleccione el estilo adecuado. La siguiente imagen muestra la galería de estilos expandida.

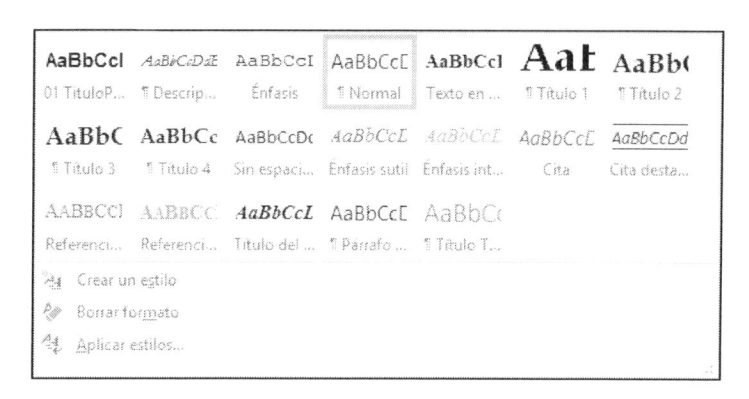

Modificar un Estilo

Cuando crea un nuevo documento, notará que el estilo predefinido es Normal. El estilo Normal presenta una fuente Calibri, tamaño de fuente 11, color automático, y un espaciado después del texto de 8pto. Algo parecido sucede con los demás estilos, todos ellos presentan formatos ya establecidos listos para ser usados. Sin embargo, estos estilos pueden no ser lo suficientemente creativos para usted; pero puede cambiarlos a su gusto.

Por ejemplo, si desea que su estilo Normal tenga otras características de formato, solo debe hacer clic derecho sobre el estilo y luego clic en *Modificar*. El cuadro de diálogo **Modificar estilo** se abre y muestra las opciones necesarias para aplicar el formato adecuado.

En la sección Formato, puede cambiar la fuente, el tamaño de fuente, el color, los atributos de formato, las alineaciones y sangrías. El botón Formato ubicado en la parte inferior del cuadro de diálogo, da la posibilidad de acceder a formatos avanzados, entre ellos están: fuente, párrafo, tabulaciones, bordes, idioma, entre otros.

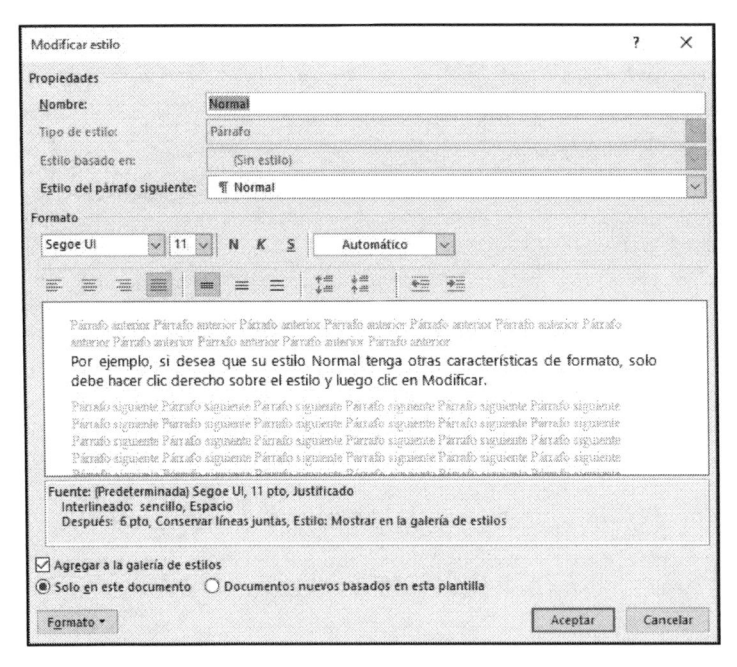

Usar el Panel de Estilos

El uso de estilos es una forma rápida de aplicar formato a sus textos y es recomendable tenerlo siempre a la vista. Si su pantalla no es lo suficientemente amplia para mostrar varios estilos, y hacer clic en el botón *Más* es cansado para usted, entonces use el **Panel de estilos**. Para activarlo, clic sobre el iniciador de cuadros de diálogo del grupo Estilos o pulse `Alt+Ctrl+Mayús+S`.

El Panel de estilos flota a la derecha de la pantalla permitiéndole aplicar estilos de forma más sencilla. Además, si activa la casilla *Mostrar vista previa* podrá ver los estilos tal como quedarán al aplicarlo a sus textos.

Copiar Formato

Con tantos formatos para aplicar a sus textos, debe existir una manera rápida de aplicar esos formatos a otros textos del documento. El comando *Copiar formato* que se encuentra en la ficha Inicio | Portapapeles, permite copiar solo el formato de un texto, más no el texto en sí, y aplicarlo a otro texto dentro del mismo documento, o en un documento externo. Para hacerlo, siga estos pasos:

1. Seleccione el texto al cual desea copiar el formato.
2. Clic en Inicio | Portapapeles | Copiar Formato. El cursor del mouse tendrá el ícono de una brocha de pintura.
3. Seleccione el texto que heredará el formato.

El procedimiento solo permite copiar el formato una vez, si quiere copiar el mismo formato a otro texto, debe volver a realizar el procedimiento anterior. Sí, de seguro está pensando que es una característica interesante pero que al final no ayuda mucho; para evitar que piense mal de Word, use doble clic sobre *Copiar formato* y ahora podrá copiar el formato varias veces en el documento.

Si ya no desea copiar más, pulse la tecla Esc.

> *¿Por qué debería usar copiar formato si puede aplicar estilos? Los estilos son herramientas poderosas para sus documentos, y usted puede crear nuevos estilos para satisfacer sus necesidades; pero a veces no es necesario crear nuevos estilos si solo desea copiar el formato de un texto a un número reducido de textos. Use estilos cuando va a utilizar el formato a cada momento en el documento.*

Ejercicio 14

En este ejercicio, aprenderá a aplicar formatos básicos a sus textos, utilizará el comando Copiar formato, y luego aplicará alineaciones y sangrías.

> *Abrir el documento **Formato.docx** de la carpeta Práctica5.*

1. Seleccione el texto `El Oso de Anteojos`.
2. En Inicio | Fuente, clic en la flecha desplegable *Fuente* y navegue hasta encontrar la fuente Corbel, luego clic sobre esa fuente.
3. Clic en la flecha desplegable *Tamaño de fuente*, y clic en 20ptos.
4. Clic en la flecha desplegable de *Color de fuente*, y en la paleta de colores, seleccione el color *Púrpura*.

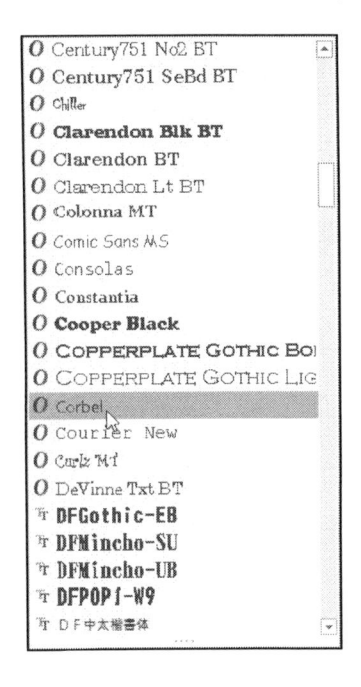

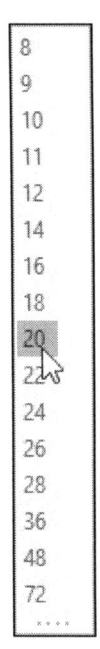

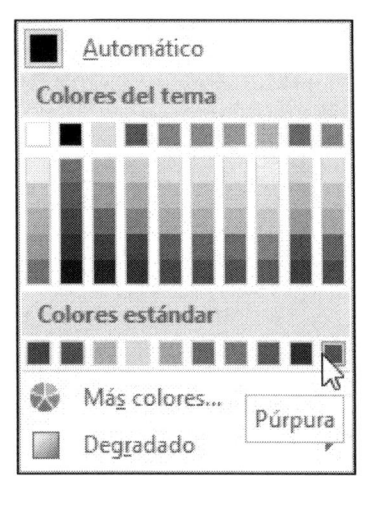

5. Para terminar con el formato del texto seleccionado, clic en Negrita. Note que el comando Negrita no convierte el texto a color negro, solo da un efecto de engrosamiento al texto.
6. Seleccione el texto `(Tremarctos ornatus)` y aplique la fuente Cambría y aplique color Azul.
7. Clic en el comando Aumentar tamaño de fuente dos veces. El tamaño de fuente ahora está en 14ptos.
8. Seleccione el texto `Características`. Este texto está justo debajo de la primera imagen y aplique fuente Corbel, color Púrpura, Negrita y Cursiva.
9. Clic en el cuadro Tamaño de fuente y escriba `17` y pulse Enter. El texto seleccionado ahora tiene un tamaño de fuente de 17pto; tenga en cuenta que algunos tamaños no aparecen en la lista de tamaños de fuente. 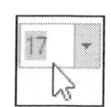
10. Con el texto aún seleccionado, en Inicio | Portapapeles, clic en *Copiar formato*.
11. Desplácese hacia abajo y seleccione el texto `Distribución`. Ahora el texto *Distribución* tiene el mismo formato que el texto *Características*.

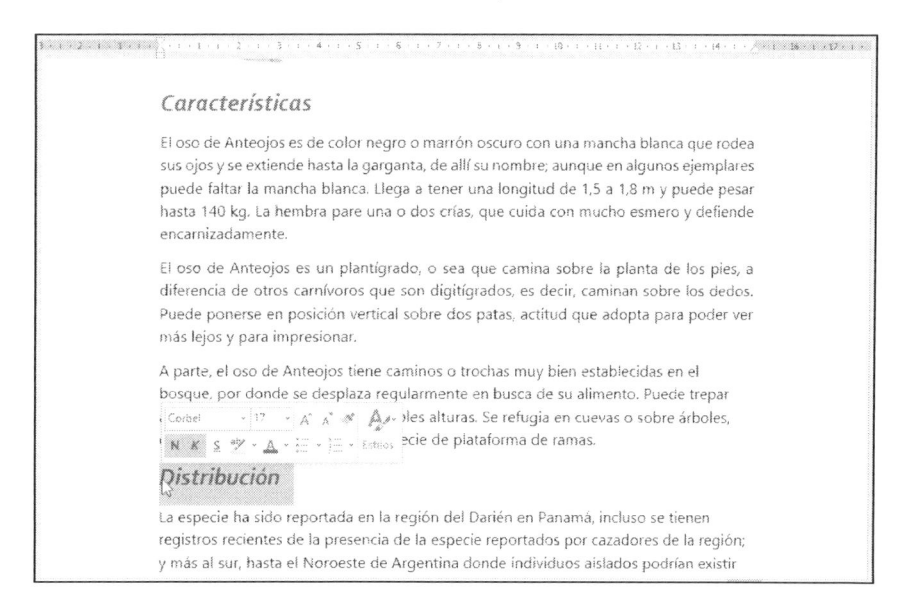

12. En la parte superior del documento, seleccione el texto `Tremarctos ornatus` que está en el primer párrafo.
13. Clic en la flecha desplegable *Subrayado* y seleccione subrayado doble.
14. Nuevamente clic en la flecha de *Subrayado*, seleccione *Color de subrayado* y clic en *Púrpura*.

> **El Oso de Anteojos**
>
> (Tremarctos ornatus)
>
> El oso de anteojos (Tremarctos ornatus), también conocido como oso frontino, oso andino, oso sudamericano, ucumari y jukumari, es una especie de mamífero carnívoro de la familia de los úrsidos. Es la única especie de los úrsido que existente en la actualidad en Sudamérica.

Es posible que Word detecte la palabra seleccionada como un error ortográfico; si no logra notar el subrayado aplicado, clic derecho en cada una de las palabras seleccionadas y clic en Omitir todo. Para más información véase Corregir la Ortografía y Gramática en el Capítulo 4: Añadir Contenido y Corregirlo.

15. Seleccione el texto con formato `Oso de anteojos` y desde Inicio | Párrafo, clic en *Centrar*. El texto se centra en el documento.
16. Centre también el texto con formato `(Tremarctos ornatus)`.
17. Seleccione el primer texto y clic en el iniciador de cuadros de diálogo del grupo Párrafo. Se abre el cuadro de diálogo Párrafo.
18. En la sección *Espaciado*, en el cuadro *Posterior*, baje a 0 (cero) y clic en Aceptar. Note como el texto de abajo ya no se encuentra tan separado.

El Oso de Anteojos	El Oso de Anteojos
(Tremarctos ornatus)	(Tremarctos ornatus)
Antes	**Después**

19. Clic en alguna parte del primer párrafo, y mueva la sangría de primera línea hasta la medida 1.5cm en la regla.

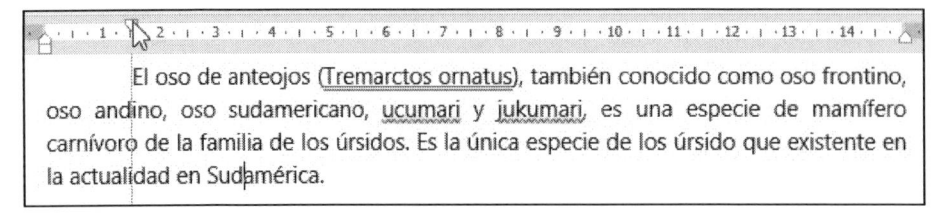

> El oso de anteojos (Tremarctos ornatus), también conocido como oso frontino, oso andino, oso sudamericano, ucumari y jukumari, es una especie de mamífero carnívoro de la familia de los úrsidos. Es la única especie de los úrsido que existente en la actualidad en Sudamérica.

20. Por último, clic en la imagen del oso, y clic en el comando Centrar. La imagen el oso es centrado en el documento.

21. Guarde los cambios y cierre su documento.

Ejercicio 15

En el siguiente ejercicio, usted aprenderá a utilizar tabulaciones.

Antes de comenzar, crear un nuevo documento en blanco.

---

1. En la parte superior de la regla vertical verifique que se encuentre activa la tabulación izquierda.
2. En la regla horizontal, clic en la medida 1cm. Observe que aparece el símbolo de tabulación izquierda. 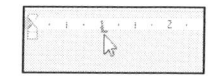
3. Pulsa 4 veces sobre el botón de tabulación hasta que aparezca el ícono de la barra de tabulación.
4. Clic en la medida 2.5cm.
5. Configure sus tabulaciones de la siguiente manera.
   - 3cm: Tabulación Izquierda
   - 6cm: Barra de tabulación
   - 6.5cm: Tabulación Izquierda
   - 9.5cm: Barra de tabulación

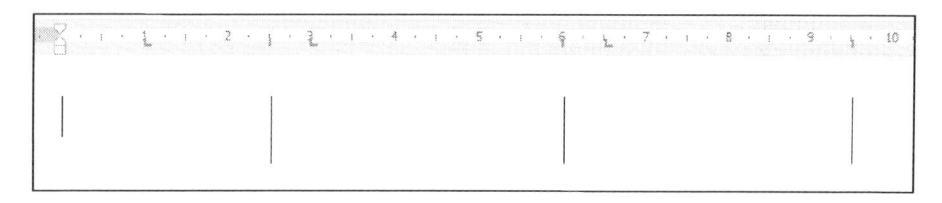

6. Pulse la tecla Tab, y el punto de inserción se dirige a la primera tabulación en la regla.
7. Escriba: Botones.
8. Ahora, pulse la tecla **Tab** nuevamente. En la posición de la tabulación de barra de tabulaciones se dibuja una línea vertical, y el punto de inserción se dirige a la siguiente tabulación izquierda.
9. Escriba: Nombre. Luego pulse Tab.
10. Escriba: Descripción. Pulse Enter para pasar a la siguiente línea.
11. Pulsa Tab 2 veces y escribe: Tab. Izquierda. Después pulse Tab.

12. **Escriba:** `Activa la tabulación Izquierda`. Observe que el texto sobrepasa la línea vertical.

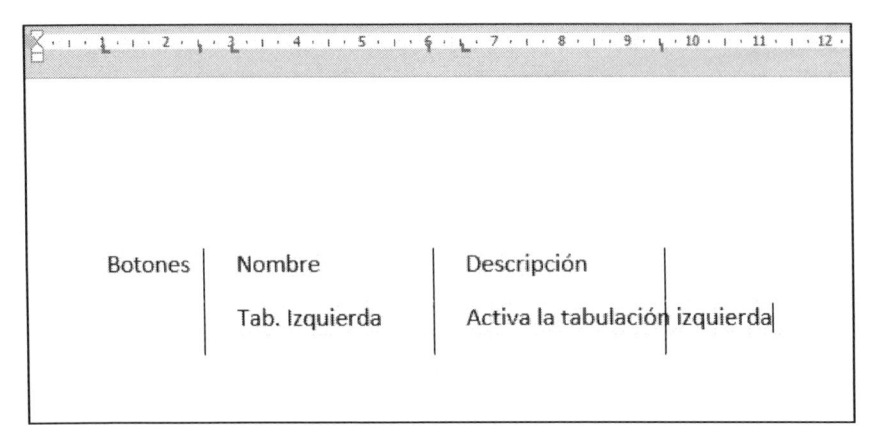

Botones	Nombre	Descripción
	Tab. Izquierda	Activa la tabulación izquierda

13. Seleccione todo el texto y en la regla horizontal, mueva la barra de tabulaciones hasta la medida 12cm. De esta manera tiene más espacio para el texto escrito.

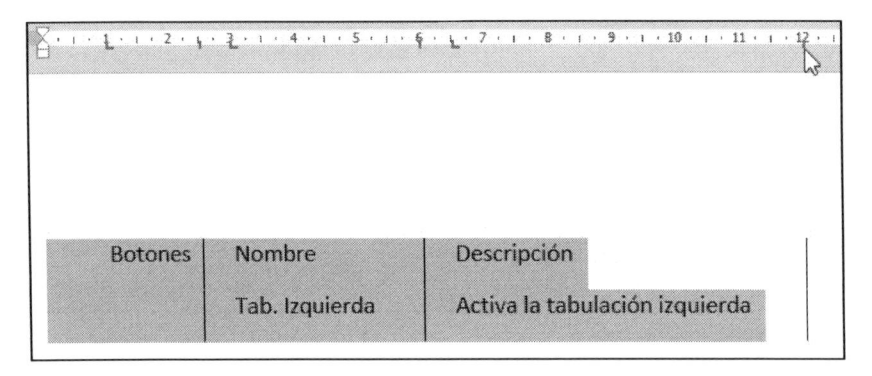

Botones	Nombre	Descripción
	Tab. Izquierda	Activa la tabulación izquierda

14. Guarde su documento con el nombre **Mis Tabulaciones**. Luego, Cierre su documento.

Ejercicio 16

En este ejercicio, usted aprenderá a aplicar numeración y viñeta a sus listas, seleccionará dos párrafos y aplicará un tipo de numeración romana, luego aplicará numeración tradicional a una lista de texto y, para terminar, aplicará un estilo de viñeta.

Abrir el documento Comida.docx de la carpeta Práctica5.

1. Seleccione el texto `Comidas de la semana`.
2. Pulse la tecla **Ctrl** sin soltar y seleccione el texto `Ingredientes Lentejas con pescado`.
3. Clic en Inicio | Párrafo | flecha Numeración.
4. En la lista de estilos de numeración, clic en **Números romanos**. Los textos seleccionados ahora poseen un formato de numeración en romano.
5. Seleccione toda la lista que contiene nombres de comidas.
6. Clic en la flecha del botón Numeración y seleccione el estilo de números (1. 2. 3.).

```
    I.   Comidas de la semana
         1. Lenteja con pescado
         2. Cau – Cau
         3. Frejoles con Seco
         4. Ají de gallina
         5. Lomo saltado
         6. Pollo frito
         7. Ceviche
```

7. Seleccione todo el texto de los ingredientes.
8. Clic en la flecha del botón Viñetas y seleccione el estilo de viñeta de cuatro rombos.
9. Con la lista aún seleccionada, clic en la flecha de Viñeta y seleccione *Definir nueva viñeta*.
10. En el cuadro de diálogo *Definir nueva viñeta*, clic en el botón Fuente, y cambie a: Tamaño de fuente de 14ptos, y color de fuente Azul.
11. Clic en Aceptar del cuadro de diálogo *Fuente*, y también clic en Aceptar del cuadro de diálogo *Definir nueva viñeta*.

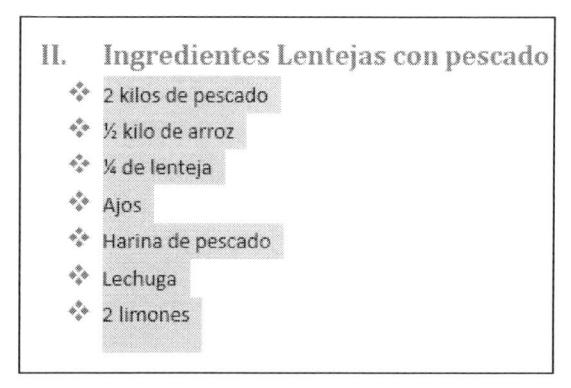

```
    II.   Ingredientes Lentejas con pescado
          ❖ 2 kilos de pescado
          ❖ ½ kilo de arroz
          ❖ ¼ de lenteja
          ❖ Ajos
          ❖ Harina de pescado
          ❖ Lechuga
          ❖ 2 limones
```

Capítulo 5: Aplicar Formato

12. Guarde los cambios y cierre el documento.

Ejercicio 17

En el siguiente ejercicio usted aprenderá a aplicar estilos a sus textos, aplicará un mismo estilo a varios textos a la vez, y modificará algunos estilos para que se ajusten a su documento.

Abrir el documento TrabajoEstilos.docx de la carpeta Práctica5.

1. Antes de comenzar a aplicar estilos, active el panel de navegación desde *Vista | Mostrar | Panel de navegación*. Note que el Panel de navegación no muestra nada, por ahora.
2. Clic en algún lugar del texto: `Capítulo 1: Todo lo que necesita saber del mundo informático.`
3. En Inicio | Estilos, clic en el estilo **Título1**. El texto ahora tiene el estilo Título1, y el Panel de navegación cobra vida mostrando el título del documento.
4. Clic en algún lugar del texto: `Las partes de su Sistema Informático.` Aplique el estilo **Título2**.
5. Clic en algún lugar del segundo párrafo que comienza por: `Nota: Un componente principal del Sistema informático...`
6. Clic en el botón Más de la galería de estilos y seleccione el estilo **Cita destacada**.

7. Aplique el estilo Título2 al texto: `Comenzar a conocer su equipo`.

A continuación, aplicará un mismo estilo a varios textos.

8. Navegue hacia abajo por el documento y seleccione el texto: `El Teclado`.
9. Clic en *Inicio | Edición | Seleccionar | Seleccionar texto con formato similar*.

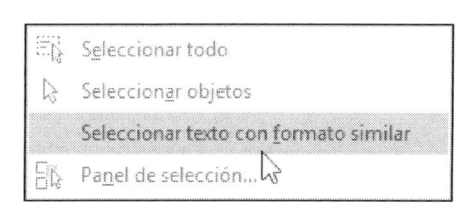

10. Desplácese hacia abajo por su documento y vea que, todos los textos que tienen el mismo formato que `El Teclado`, han sido seleccionados.
11. Clic en Título2. Ahora todos los textos seleccionados tienen el estilo aplicado. De un vistazo al panel de navegación para comprobar el procedimiento.

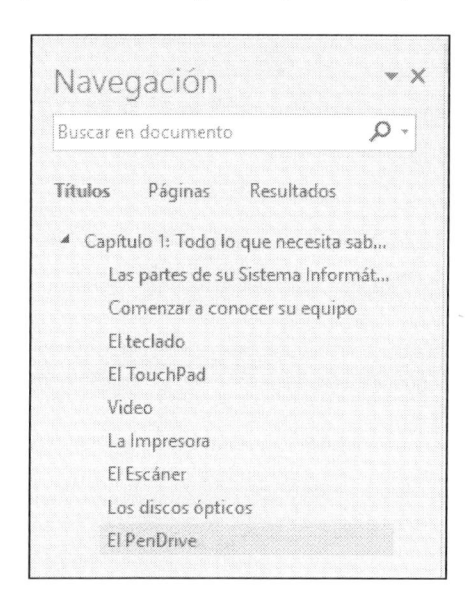

12. Usando el panel de navegación, clic en el título Vídeo.
13. Seleccione el texto: `TRC VS LCD`.
14. Al igual que los pasos anteriores, clic en *Inicio | Edición | Seleccionar | Seleccionar texto con formato similar*, y aplique el estilo **Título3**. Nuevamente revise el panel de navegación para revisar los cambios.
15. Pulse **Ctrl+Home** para regresar al principio del documento.

Ahora va a modificar los estilos aplicados para que se vean mejor en el documento.

16. En la galería de estilos, clic derecho sobre **Título1** y seleccione *Modificar*.

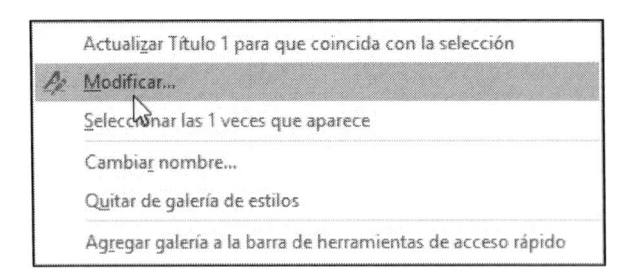

17. En el cuadro de diálogo Modificar estilo, cambie la fuente a `Corbel`, Tamaño de fuente `28` y color `Negro, texto1, claro 15%`.
18. Clic en Aceptar y note el cambio en el texto con estilo Título1.

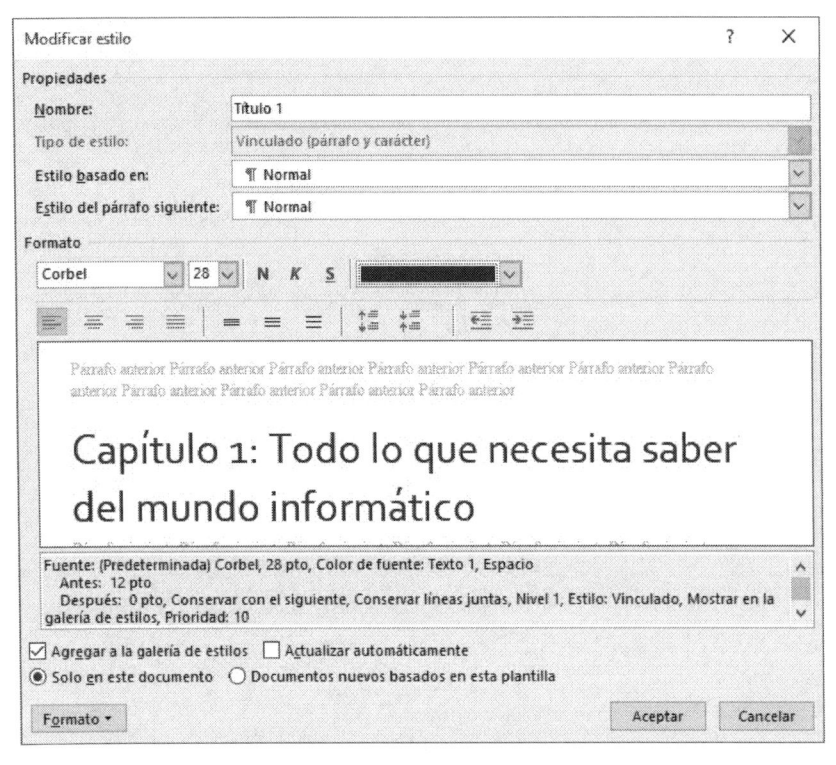

19. Modifique el estilo Título2 a: Fuente `Corbel`, Tamaño `28`, `Cursiva`, y color `Negro, texto1, claro 15%`.
20. Use el Panel de navegación para ir título por título y vea los cambios.
21. Guarde los cambios y cierre su documento.

Capítulo 6: Modificar el Aspecto de un Documento

En este capítulo usted aprenderá a:

- Seleccionar el tamaño de papel y la orientación de página
- Cambiar los márgenes de un documento
- Insertar Encabezados y pies de página
- Aplicar un Tema.

Elegir el Tamaño de Papel Adecuado

Es importante saber el tamaño de papel con el que va a redactar los documentos, ya que de ello depende la calidad y estructura del mismo. Si es posible, elija cuanto antes el tamaño de papel, de esa manera puede continuar redactando sin ningún inconveniente; si está utilizando un tamaño de papel diferente, puede cambiarlo aún, pero tenga en cuenta que, si ya estructuró su documento, este puede sufrir algunos cambios que quizá no le gusten nada.

Para cambiar el tamaño de papel debe seleccionar *Formato | Configurar página | Tamaño* y elegir el tamaño que necesite.

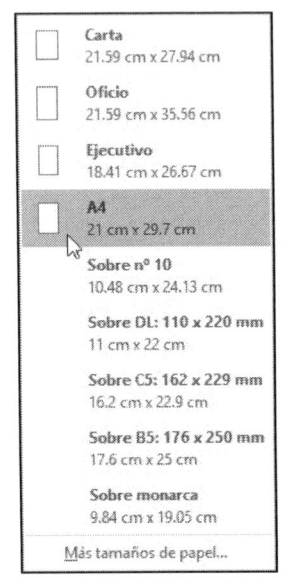

No elija el tamaño de papel porque sí; el tamaño de papel depende mucho de la impresora con la que va a imprimir. Si no posee una impresora que soporte un tamaño de papel en especial, es posible que el tamaño que estás buscando no aparezca en la lista de opciones del comando *Tamaño*; sin embargo, aún puede trabajar su documento como un tamaño de papel personalizado, pero deberá utilizar una impresora de terceros para la impresión.

Si es un usuario que trabaja en casa u oficina, los formatos más comunes son A4, A5, Carta y Oficio. Otros tamaños de papel pueden ser seleccionados, como el A3, que es ideal para la impresión de diseños publicitarios.

Si desea diseñar trabajos publicitarios, utilice otros programas que cumplan con sus expectativas. Publisher 2016 puede ser una alternativa básica, pero pruebe otros programas más completos para mejores resultados.

Orientación de página

La orientación predeterminada es vertical, y de seguro es la más usada para todo tipo de documentos. Cuando necesita crear una tabla, es posible que la orientación vertical sea muy angosta para tal propósito, entonces puede cambiar la orientación a horizontal.

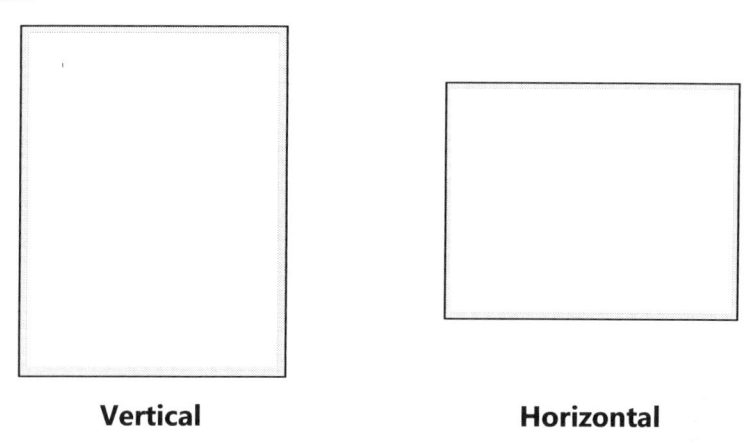

Vertical   **Horizontal**

Para cambiar la orientación, seleccione Formato | Configurar página | Orientación, y clic en Vertical u Horizontal según sea el caso.

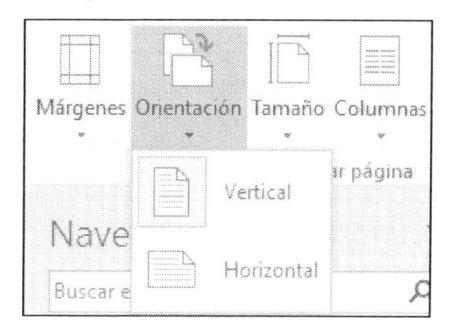

Cambiar los márgenes del documento

Los márgenes en su documento controlan la cantidad de espacio en blanco de la parte superior, inferior, izquierda y derecha del documento. Usted también puede controlar la cantidad de espacio usado por la encuadernación; este es el espacio de la parte interna en las páginas opuestas que es reservado para la encuadernación. Puedes personalizar los ajustes de la encuadernación a lo largo del margen superior e izquierdo de la página, dependiendo de si su documento se está encuadernando en orientación vertical y horizontal.

Cuando comienza a trabajar con un nuevo documento, el margen predeterminado es del tipo *Normal*, que equivale 3cm a la izquierda y derecha y 2.5cm en la parte superior e inferior.

Generalmente debe utilizar un margen mayor para los lados (izquierda y derecha) en donde se tendrá que encuadernar las páginas. Por ejemplo, si está trabajando con páginas a una sola cara y quiere perforar las hojas para agregarlos a una carpeta de documentos, o anillar las páginas, deberá tener el lado izquierdo con unos centímetros más que del lado derecho; de esta manera, puede tener visualmente el mismo espacio en blanco a la hora de mostrar el trabajo final.

En Word 2016, usted puede cambiar la configuración del margen de tres formas básicas.

- **Usar la galería Márgenes:** Seleccione una configuración de margen desde la galería *Márgenes* en la ficha Formato, grupo Configurar página.

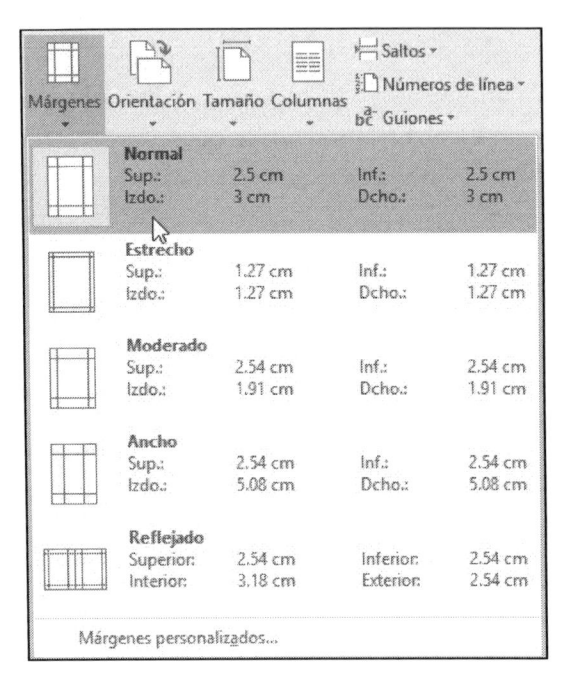

- **Creando un margen personalizado:** En la parte inferior de la galería de Márgenes, clic en *Personalizar márgenes* para abrir el cuadro de diálogo **Configurar página**. Escriba su configuración preferida en los cuadros de texto para los márgenes superior, inferior, izquierdo y derecho.

La siguiente vez que active la galería Márgenes, su configuración personalizada será listada en la parte superior como Última configuración personalizada.

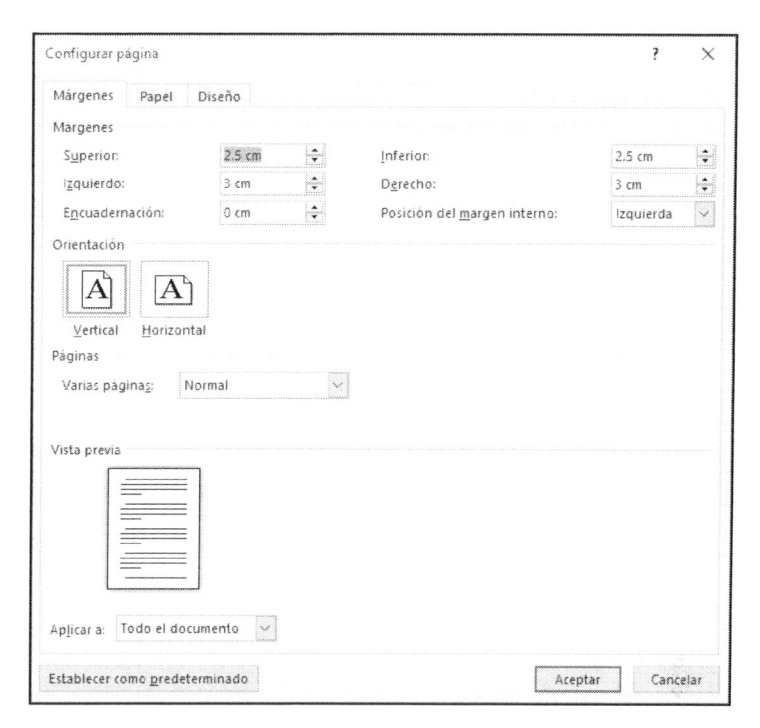

- **Arrastrando el marcador del margen en la regla**: Si está trabajando en la vista Diseño de Impresión, puede elegir una nueva configuración de margen arrastrando el borde del área sombreada en la regla horizontal o vertical para ajustarlo a sus necesidades.

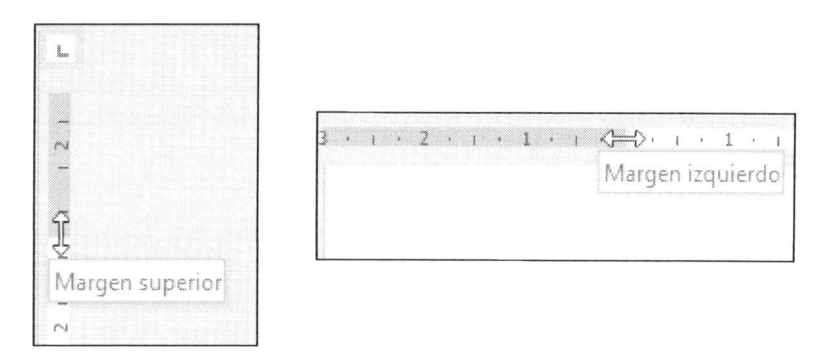

Trabajar con columnas

Es posible que algunos documentos necesiten dividirse en columnas, ya sea por ahorrar espacio o porque el diseño de su documento debe mostrarse así. Uno de los casos más comunes para que los usuarios utilicen columnas es la creación de trípticos.

Si va a crear un diseño de documento que lleve columnas, siga estos pasos:

Capítulo 6: Modificar el Aspecto de un Documento

1. Crear un nuevo documento en blanco.
2. Clic en la ficha **Formato**.
3. En el grupo **Configurar página**, clic en **Columnas**.
4. Seleccione la opción adecuada.

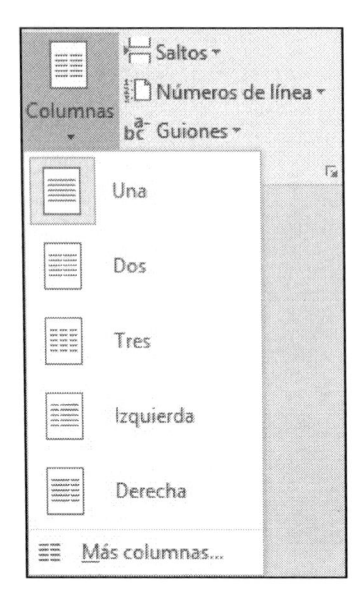

Si ha seguido los pasos anteriores para usar columnas, estas se aplican a todo el documento. La siguiente imagen muestra un documento con tres columnas; puede notar que la página presenta cada columna con su propio margen.

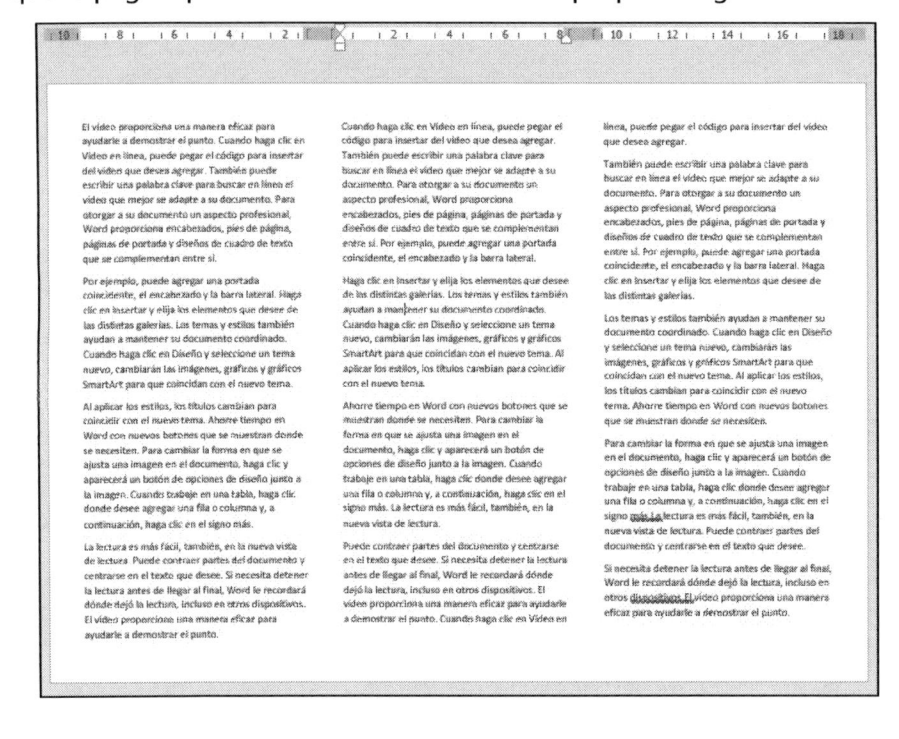

Si desea aplicar columnas a un respectivo texto, primero selecciónelo y aplique la columna deseada.

> Haga clic en Insertar y elija los elementos que desee de las distintas galerías. Los temas y estilos también ayudan a mantener su documento coordinado. Cuando haga clic en Diseño y seleccione un tema nuevo, cambiarán las imágenes, gráficos y gráficos SmartArt para que coincidan con el nuevo tema. Al aplicar los estilos, los títulos cambian para coincidir con el nuevo tema. Ahorre tiempo en Word con nuevos botones que se muestran donde se necesiten.
>
> Para cambiar la forma en que se ajusta una imagen en el documento, haga clic y aparecerá un botón de opciones de diseño junto a la imagen. Cuando trabaje en una tabla, haga clic donde desee agregar una fila o columna y, a continuación, haga clic en el signo más. La lectura es más fácil, también, en la nueva vista de lectura. Puede contraer partes del documento y centrarse en el texto que desee. Si necesita detener la lectura antes de llegar al final, Word le recordará dónde dejó la lectura, incluso en otros dispositivos.
>
> El vídeo proporciona una manera eficaz para ayudarle a demostrar el punto. Cuando haga clic en Vídeo en línea, puede pegar el código para insertar del vídeo que desea agregar. También puede escribir una palabra clave para buscar en línea el vídeo que mejor se adapte a su documento. Para otorgar a su documento un aspecto profesional, Word proporciona encabezados, pies de página, páginas de portada y diseños de cuadro de texto que se complementan entre sí. Por ejemplo, puede agregar una portada coincidente, el encabezado y la barra lateral.

También puede configurar con más detalles las columnas que va a insertar en el documento. Seleccione Formato | Configurar página | Columnas | Más columnas. Se abre el cuadro de diálogo Columnas. La siguiente lista describe las configuraciones de columnas:

- **Preestablecidas:** Puede elegir columnas predefinidas para aplicar a su documento. Las opciones son: Una, Dos, Tres, Izquierda y Derecha. Cuando usted crea un documento nuevo en blanco, la columna predefinida es *Una*.
- **Número de columnas:** Permite agregar más columnas al diseño del documento. La cantidad de columnas suele variar dependiendo del tamaño de página.
- **Línea entre columnas:** Muestra una línea que divide las columnas.
- **Ancho y espacio:** Permite configurar el ancho de cada columna y el espacio de separación entre las mismas.
- **Columnas de igual ancho:** Fuerza a que las columnas tengan el mismo ancho. Si desactiva esta casilla, puede tener un control personalizado por cada columna.
- **Vista previa:** Muestra una vista previa de cómo quedará el documento si configura algunas de las opciones del cuadro de diálogo.
- **Aplicar a:** Permite indicar la posición en la que se iniciará la columna. Las posiciones que puede elegir son: *Texto seleccionado, Esta sección, De aquí en adelante* y *Todo el documento*.

- **Empezar columna:** Esta casilla solo se activa cuando seleccione De aquí en adelante. Si activa Empezar columna, Word posicionará el texto en una página nueva y dará comienzo a las columnas elegidas.

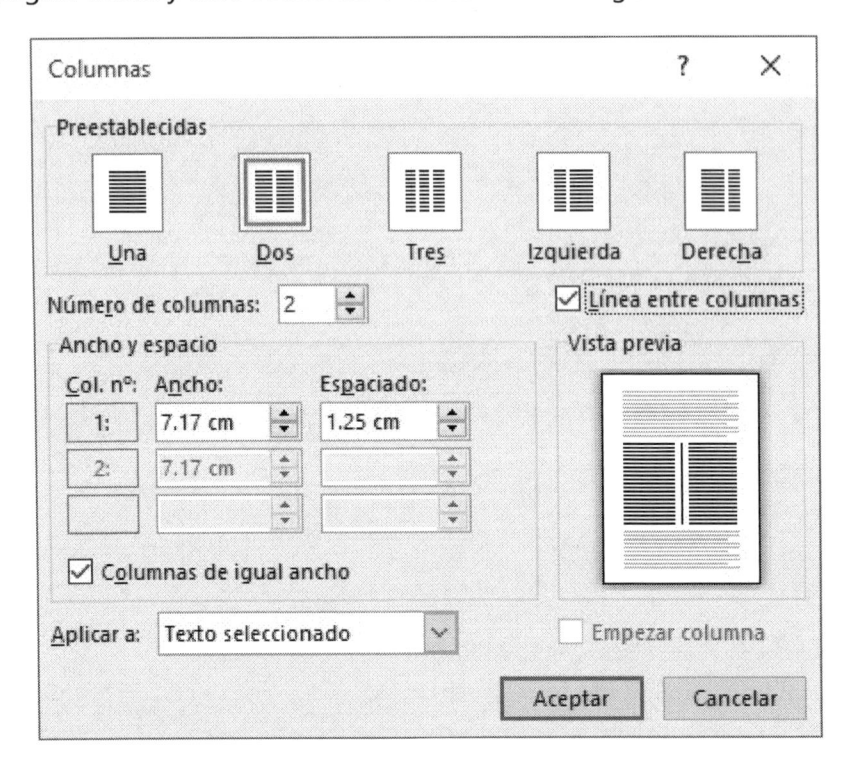

Trabajar con Encabezados y Pies de Página

Aparentemente, los encabezados y pies de página son las áreas en los márgenes superior e inferior de cada página, pero no necesariamente es así. En Word, los encabezados y pies de página son capas distintas en su documento, usualmente detrás del área de texto. Usualmente aparecen en la parte superior e inferior de la página, respectivamente, pero eso es solo una convención. Una vez que esté en una capa de encabezado o pie, usted puede colocar texto y gráficos en cualquier parte de la página.

Eso significa que, además de títulos, números de página, fechas y otra información esencial, los encabezados y pies de página pueden contener logos, marcas de agua, o contenido en los márgenes laterales.

Una segunda área que tampoco es muy comprendida concierne a como los encabezados y pies son insertados dentro de sus documentos de Word. Ellos no son insertados, están allí desde el principio. Cuando "inserta" o "crea" un encabezado, realmente no hace ninguno de los dos. En su lugar, solo está agregando contenido a un área en blanco o no usada previamente.

Si desea añadir un encabezado o pie de página, clic en la ficha Insertar, y en el grupo Encabezado y pie de página, clic en la galería **Encabezado** o en la galería **Pie de página**. Ahora puede hacer clic en alguna de las opciones predefinidas de la galería.

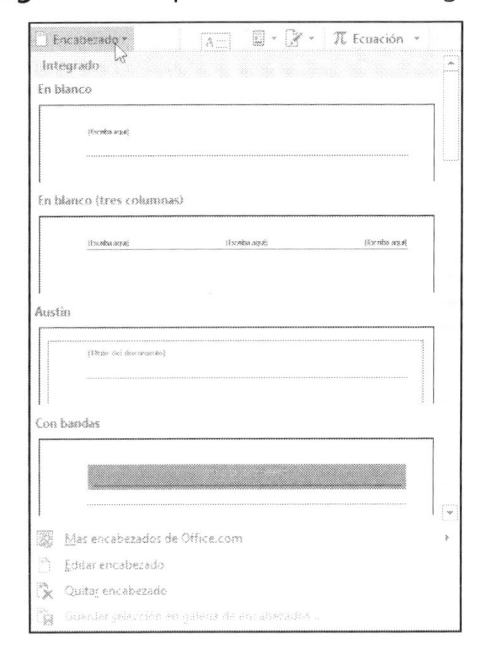

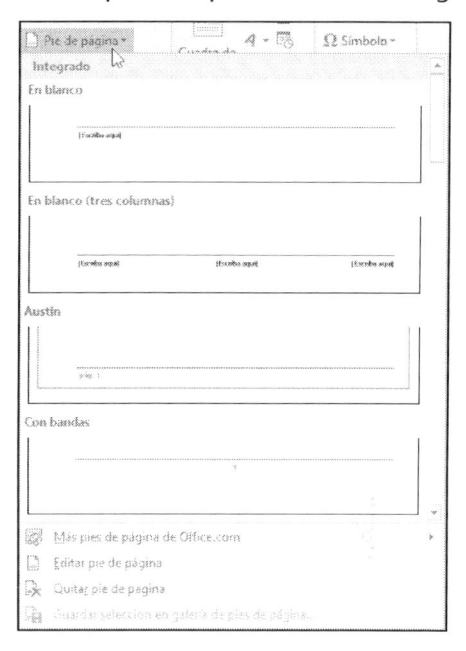

Cuando selecciona algún encabezado o pie de página, se activa la capa de encabezado y pie. Además, en la cinta de opciones aparece una ficha contextual llamada *Herramientas para encabezado y pie de página*, con su única ficha, *Diseño*. Dentro de la capa de encabezado y pie, usted puede agregar el contenido que necesite para el documento.

Para ir agregando contenido entre el encabezado y pie, diríjase al grupo Navegación, en la ficha Diseño, de Herramientas para encabezado y pie de página, y clic en **Ir al encabezado** o **Ir al pie de página** según corresponda.

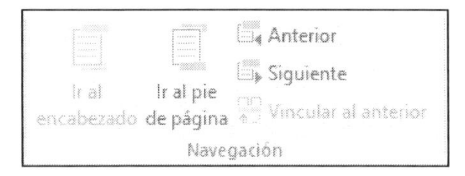

Cuando termine de personalizar el encabezado y pie, clic en el botón **Cerrar encabezado y pie de página**, dentro del grupo Cerrar.

Decorando su Documento

Word es un programa que permite crear todo tipo de documentos profesionales y eso no quiere decir que Word no tenga herramientas que permitan decorar el documento para que tenga una mejor presentación.

Para mejorar visualmente una presentación no solo hace falta los formatos básicos, sino también añadir elementos como una marca de agua, un color de página y hasta bordes de página.

En primer lugar, cuando usted escribe texto, añade una figura, inserta un gráfico u otro elemento, siempre aparece con un formato predeterminado. Por ejemplo, si intenta insertar un rectángulo este aparecerá de color azulino, ¿por qué?, todos los formatos predeterminados están basados a los temas predefinidos de Word.

Aplicar un Tema

Los Temas en Word permiten guardar una serie de formatos que luego puedes aplicar a tu documento, a diferencia de los estilos de Word que solo guardan formatos de texto, los Temas pueden guardar la apariencia y colores de un gráfico, y otros elementos. Un tema posee 4 acciones para aplicar, entre ellas están los colores, las fuentes, los espaciados y los efectos.

- **Colores:** Cada tema tienen 12 colores y cada uno de estos colores es asignado a alguna parte del documento, entre ellos también se encuentran los colores de los hipervínculos, ya sea mostrando un hipervínculo no utilizado o una ya utilizado.
- **Fuentes:** Generalmente se posee dos fuentes, una para el cuerpo del texto y otra para los títulos.
- **Espaciado entre párrafos:** Permite elegir los espacios que habrá entre cada párrafo.
- **Efectos:** Cada tema utiliza alguno de los 20 efectos gráficos que posee Word, como la apariencia 3D, sombras, estilos y más.

Cuando trabaja con su documento, el tema predeterminado es llamado Office. Usted podrá encontrar varios estilos de temas preestablecidos desde *Diseño | Formato del documento | Temas*. Cuando selecciona algún tema de la galería, podrá notar rápidamente los cambios en las 4 acciones descritas anteriormente.

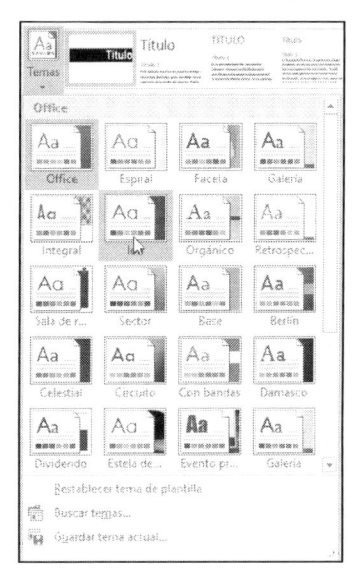

Aplicar un fondo de página

Aunque Word no es un programa para la creación de publicaciones, puede aplicar un fondo de documento para hacerlo más vistoso. Tenga en cuenta que el color de fondo que aplique solo será para tener el documento en modo digital, es decir, mientras lo abra en Word o lo envíe en PDF, el color de fondo de página se mantendrá; si va a imprimir, el fondo de página saldrá en blanco.

Como fondo de página usted puede utilizar degradados, tramas, imágenes, colores sólidos y texturas. Para aplicar un fondo de página, clic en el comando desplegable *Color de página*, en el grupo *Fondo de página*, en la ficha *Diseño*.

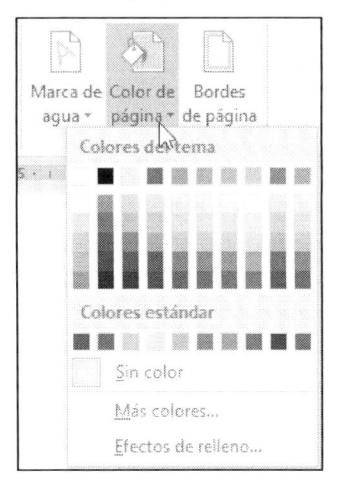

Agregar una Marca de Agua

La marca de agua es un texto o una imagen que aparece detrás del texto del documento. Con frecuencia agregan interés o identifican el estado del documento, por ejemplo, marcar el documento con la palabra *Borrador*. Las marcas de agua se pueden ver en la vista Diseño de impresión, en la vista Modo de lectura o en los documentos impresos.

Para aplicar una marca de agua seleccione Diseño | Fondo de página | Marca de agua y clic en alguna opción de la galería. Desde esta galería también podrá encontrar la opción **Quitar marca de agua**, para eliminar la marca de agua insertada en su documento.

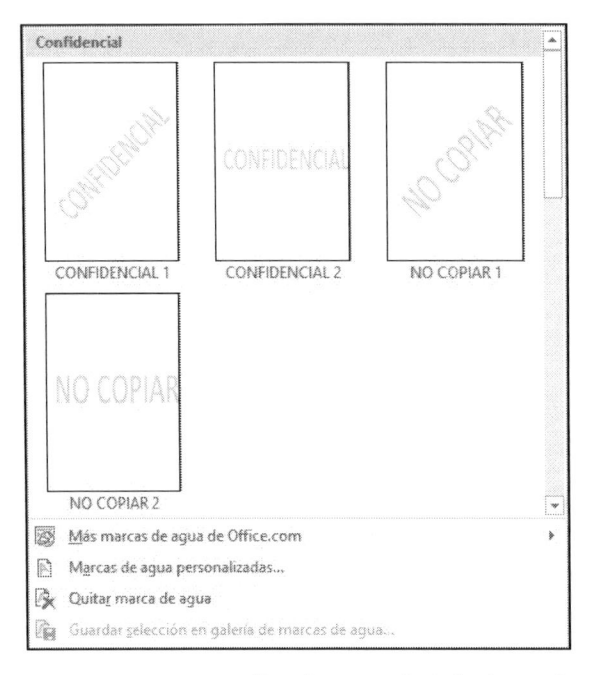

Si selecciona Marcas de agua personalizadas, se abrirá el cuadro de diálogo Marca de agua impresa. La siguiente lista describe el contenido del cuadro de diálogo:

- **Sin marca de agua:** Quita la marca de agua que está dentro del documento.
- **Marca de agua de imagen:** Clic en el botón Seleccionar imagen y elija una imagen que será usada como marca de agua. Use **Escala** para aumentar el tamaño de la imagen. También puede activar la casilla **Decolorar** para que los colores más fuertes de la imagen no interfieran con el texto.
- **Marca de agua de texto:** Agregue en el cuadro **Texto** la palabra o frase personalizada que quiera aplicar como marca de agua. Use las opciones de formato si es necesario.

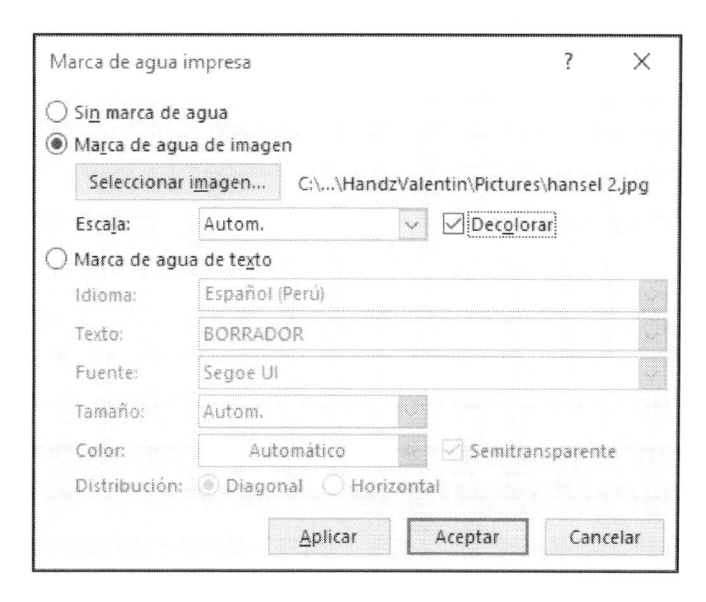

Aplicar un Borde de Página

Un borde de página es una línea, un conjunto de líneas, o un arte decorativo que aparece alrededor del perímetro de la página. Los bordes pueden ser formales, líneas coloridas de varios anchos, o gráficos coloridos. La siguiente imagen muestra un documento con bordes de página.

Para insertar un borde de página siga estos pasos:

1. Clic en la ficha **Diseño**, y clic en **Bordes de página** en el **grupo Fondo de página**. El cuadro de diálogo **Bordes y sombreado** aparece. El cuadro de diálogo muestra la ficha *Borde de página* como activa.

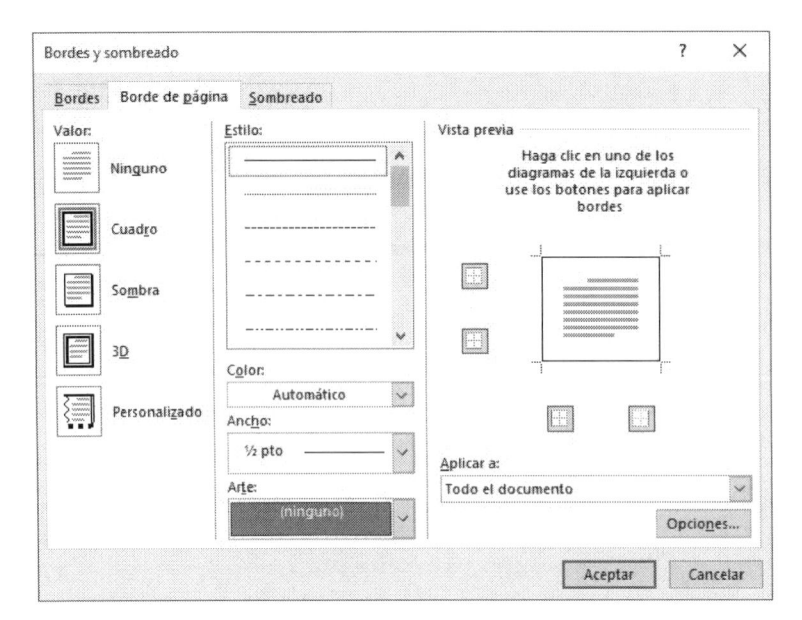

2. En la sección *Valor* elija el tipo de borde que se aplicará. Las opciones disponibles son:
   - **Ninguno:** Quita el borde de página.
   - **Cuadro:** Activa un borde alrededor de la página. Este borde puede ser una línea o un arte.
   - **Sombra:** Activa un borde con sombra alrededor de la página. La sombra aparece al lado derecho y en la parte inferior del borde.
   - **3D:** Crea un efecto tridimensional en el borde seleccionado, haciéndolo destacar en la página.
   - **Personalizado:** Permite personalizar los segmentos de las líneas que quiera usar en su borde de página. Para personalizar las líneas, use la sección Vista previa.
3. Ahora debe elegir un tipo de borde de página. Si elige alguna de las líneas de la sección **Estilo**, podrá también configurar el color de línea y el ancho. Si seleccione **Arte**, solo podrá personalizar el ancho del borde de página. 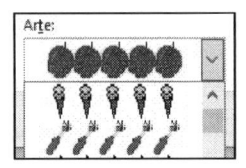
4. Use la sección Vista previa para elegir la segmentación de líneas que se usarán en los bordes. Por ejemplo, puede elegir un borde de página que solo muestre los laterales, más no las líneas superior e inferior tal como lo muestra la siguiente imagen.

5. En Aplicar a, elija dónde desea aplicar el borde de página. Por ejemplo, puede aplicar el borde a todo el documento o solo a la primera página.

Ejercicio 18

En este ejercicio usted aprenderá a aplicar un Tema a su documento.

Abrir el documento Temas.docx de la carpeta Práctica6.

---

1. Para notar mejor los cambios que se realizarán en el documento, aplique un zoom de 80%.
2. Clic en la ficha *Diseño*, y en el grupo *Formato del documento*, clic en la galería **Temas**. Se despliega la galería de temas.
3. Señale cada una de las galerías y observe cómo va cambiando el texto, los colores, el espaciado y los efectos que se aplican a las figuras.

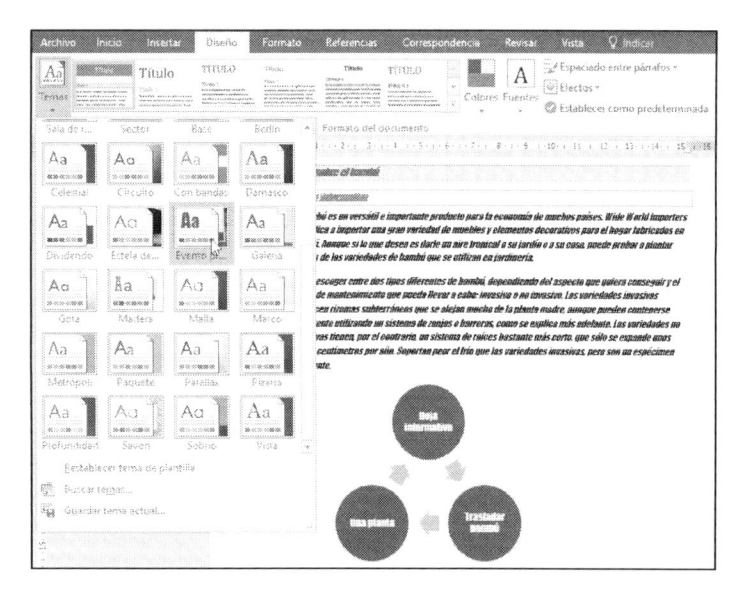

4. En la galería de temas, clic en la opción **Berlín**.
5. Clic en la galería **Colores** y señale cada una de las opciones. Observe como va cambiando el documento.
6. Dentro de la lista de colores, seleccione *Verde azulado*.

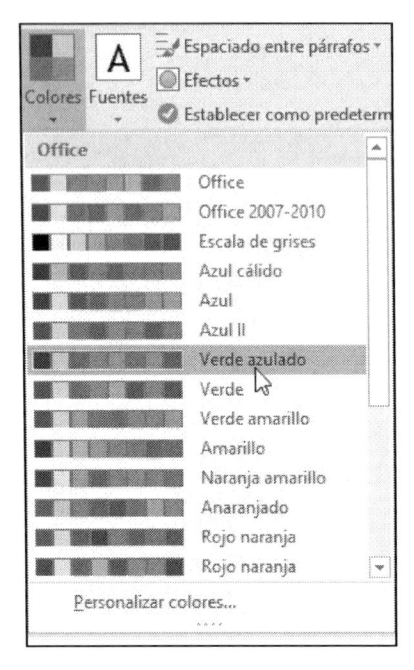

7. Clic en **Fuentes** y seleccione *Candara*. Los textos cambian más no el color.
8. Clic en **Efectos** y seleccione *Brillante*. Note el cambio en los círculos del gráfico.

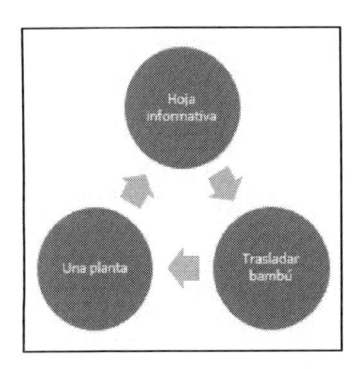

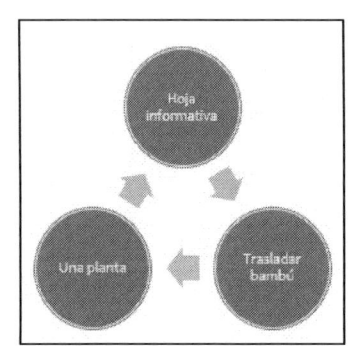

Sin cambios   *Con cambio a Brillante*

9. Guarde los cambios y luego cierre el documento.

Ejercicio 19

En este ejercicio usted aprenderá a insertar un encabezado y pie de página.

*Abrir el documento **EncabezadoPie.docx** de la carpeta Práctica6.*

1. Clic en la ficha **Insertar**, y en el grupo **Encabezado y pie de página**, clic en la galería **Encabezado**. Aparece una galería de estilos de encabezado.
2. Desplácese hacia abajo por la galería de encabezados y clic en *Faceta (Página impar)*. Aparece el encabezado en la parte superior de la página; además, aparece una nueva ficha contextual llamado *Herramientas para encabezado y pie de página* con su respectiva ficha *Diseño*.

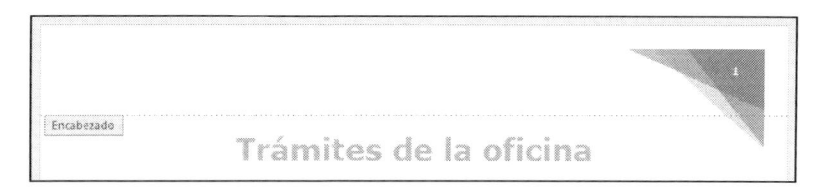

3. Con el punto de inserción a la izquierda, escriba: `ValentinBook`.
4. En la ficha contextual *Herramientas para encabezado y pie de página*, en la ficha *Diseño*, en el grupo *Navegación*, clic en **Ir al pie de página**. Ahora el punto de inserción aparece en la parte inferior de la página.
5. En el grupo Encabezado y pie de página, clic en la galería Pie de página.
6. Desplácese hacia abajo y clic en *Faceta (Pagina impar)*. Aparece el pie de página en la parte inferior de la página.

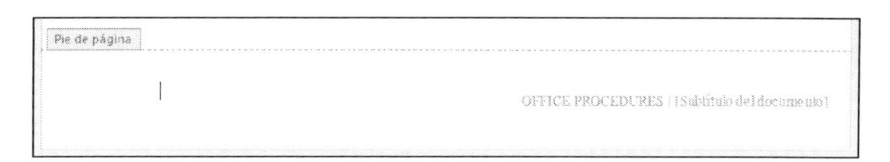

7. Con el punto de inserción al lado izquierdo, en el grupo Encabezado y pie de página, clic en **Número de página**, seleccione **Posición actual**, y clic en la galería *Número de pág. 1*. Un formato de número de página se inserta.

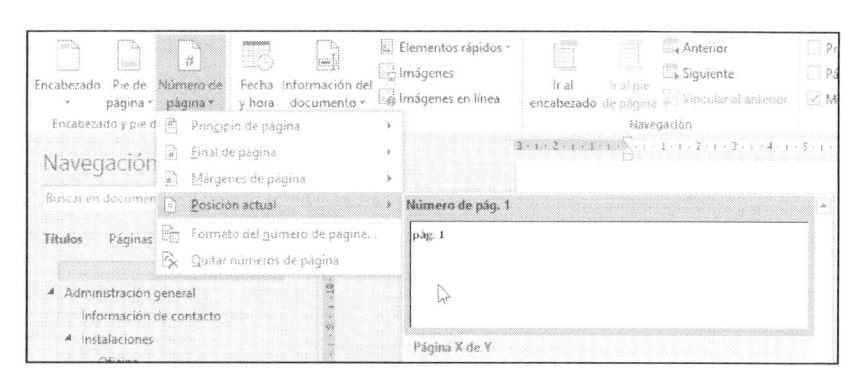

8. Cambie el texto *Office Procedures* por `Documento Oficial`.
9. Clic en *Subtítulo del documento* y escriba: `Trámites`.

10. Clic en **Cerrar encabezado y pie de página**.
11. Guarde los cambios y cierre el documento.

Ejercicio 20

En este ejercicio, usted aprenderá a aplicar un fondo a su documento. Primero, aplicará un fondo de un solo color, para luego seleccionar un degradado de dos colores para su página.

Abrir el documento Fondos.docx de la carpeta Práctica6.

1. Clic en la ficha Diseño y en el grupo Fondo de página, clic en el botón **Color de página**.
2. En la paleta de colores señale algunos colores y vea cómo va cambiando el documento.
3. Clic en el color *Verde oliva, énfasis 3, claro 60%*. Ahora el color de fondo queda aplicado dentro del documento.

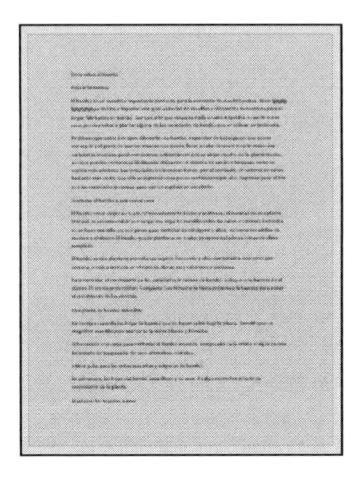

4. Clic nuevamente en el botón Color de página, luego clic en la opción **Efectos de relleno**. Aparece el cuadro de dialogo Efectos de relleno.
5. Verifique en el cuadro de dialogo Efectos de relleno que este activo la ficha **Degradado**.
6. En la sección *Colores*, active la opción **Dos colores**.
7. En el cuadro **Color 1**, elige el color *Azul oscuro, texto 2*.
8. En el cuadro **Color 2**, elige el color *Azul, énfasis 1, claro 80%*
9. En la sección **Estilo de sombreado**, seleccione la opción *Desde el centro*.
10. En la sección **Variantes**, elige la segunda variante.
11. Clic en Aceptar.

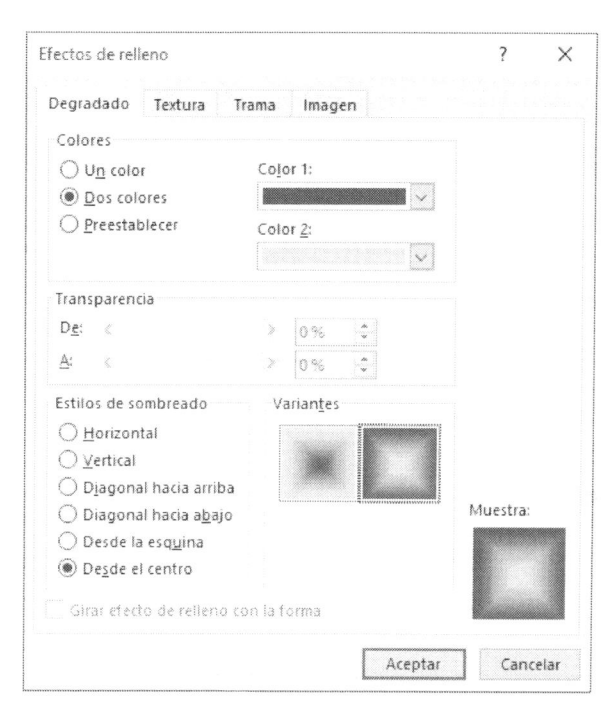

ALTO: No cierre su documento, lo usará en el próximo ejercicio.

Ejercicio 21

En este ejercicio, aplicará un fondo de textura de pergamino a su página.

1. En el grupo *Fondo de página*, clic en **Color de página**.
2. Clic en Efectos de relleno. Se abre el cuadro de dialogo Efectos de relleno.
3. Clic en la ficha **Textura**.

4. En la galería de texturas, desplácese hacia abajo hasta encontrar la textura *Pergamino*, y una vez encontrada, haga clic en él.
5. Clic en Aceptar. Observe el cambio en su documento.

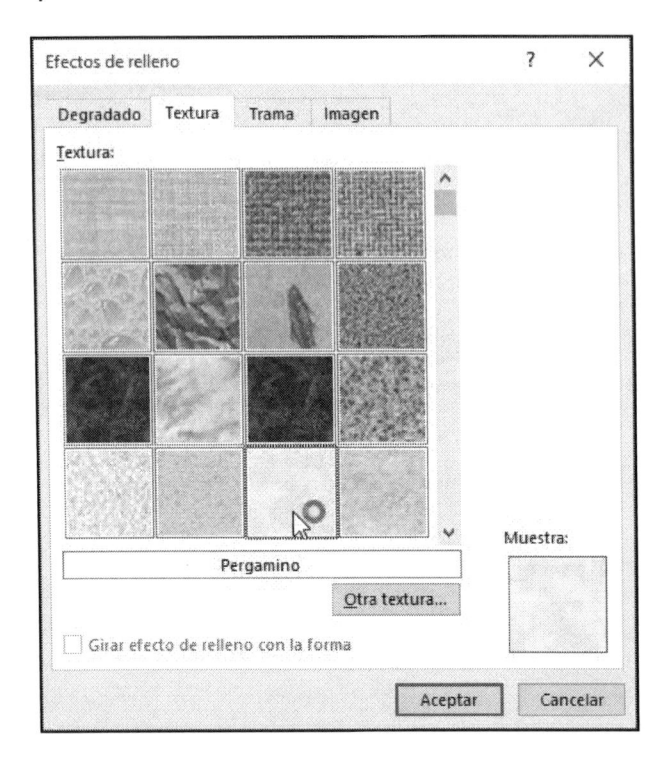

ALTO: No cierre su documento, lo usará en el próximo ejercicio.

Ejercicio 22

En este ejercicio, aprenderá a aplicar una marca de agua a su documento.

1. En la ficha Diseño, en el grupo Fondo de página, clic en **Marca de agua**.
2. Clic en *No copiar 1*. Observe como aparece un texto en diagonal **No copiar** en su documento.

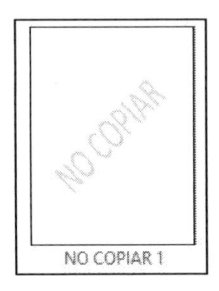

3. Clic nuevamente en la galería *Marca de agua* y clic en la opción *Marcas de agua personalizadas*. Aparece el cuadro de dialogo Marca de agua impresa.

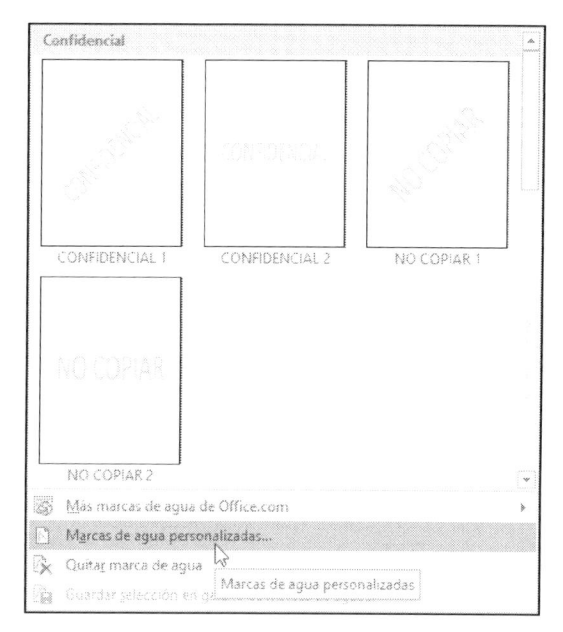

4. En el cuadro de dialogo **Marca de agua impresa** verifique que esté activo la opción **Marca de agua de texto**.
5. En el cuadro **Texto** escribe: `ValentinBook`.
6. En el cuadro fuente, elige *Cambria*.
7. Desactive la casilla *Semitransparente*. Esta desactivando esta opción solo para notar con mayor claridad la marca de agua insertada en el documento.

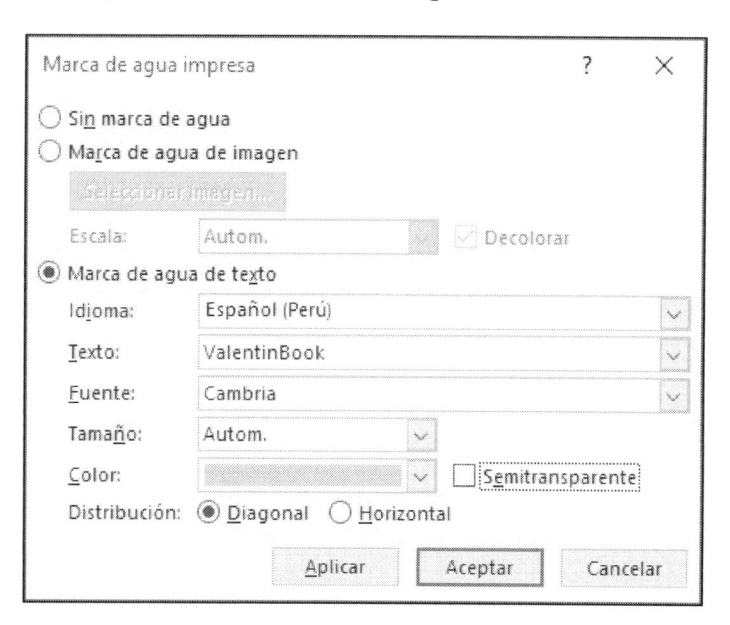

Capítulo 6: Modificar el Aspecto de un Documento

8. Clic en Aceptar. Observe como aparece el nombre ValentinBook como una marca de agua.

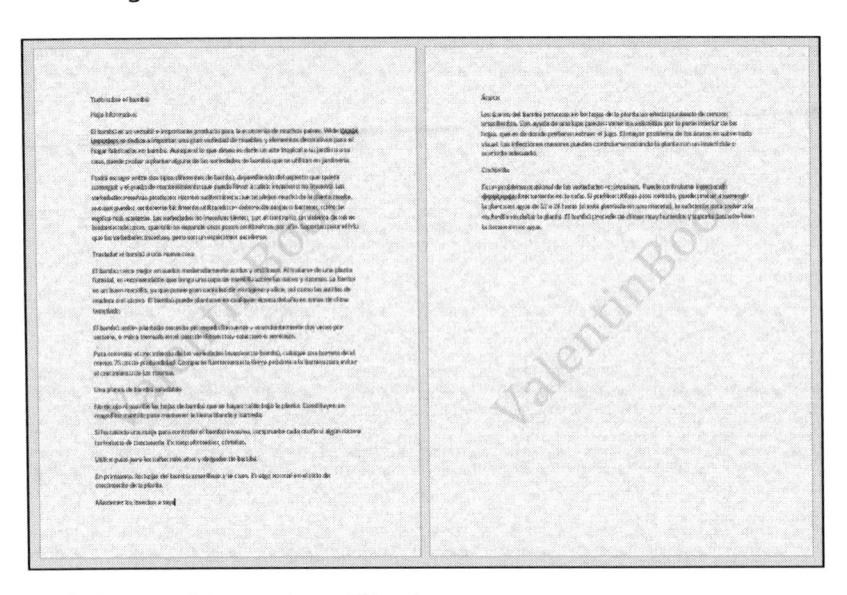

9. Guarde los cambios y cierre Word.

Capítulo 7: Insertar Objetos

En este capítulo usted aprenderá a:

- Insertar Autoformas
- Insertar y personalizar imágenes
- Trabajar con diagramas SmartArt
- Insertar gráficos de Excel
- Añadir y personalizar tablas

Insertar Formas

Las formas son imágenes vectorizadas que pueden ser personalizadas y hasta pueden albergar texto. Lo genial de trabajar con imágenes vectorizadas es que puede aumentar o disminuir su tamaño y su calidad no se verá afectada. Entre las formas que hay disponibles se incluyen líneas, figuras geométricas básicas, flechas, formas de ecuación, formas para diagramas de flujo, estrellas, cintas y llamadas.

Para insertar una forma siga estos pasos:

1. Seleccione *Insertar | Ilustraciones | Formas*.
2. En la galería de Formas, clic en la forma que usted necesita.

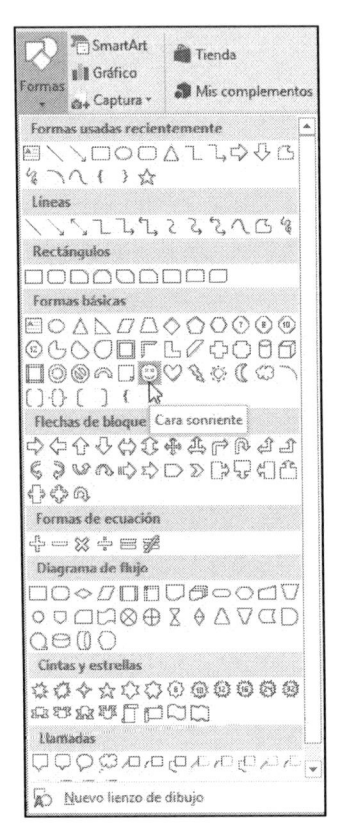

3. Dentro de la página, clic sin soltar y arrastre hacia algún lado para dibujar la forma.

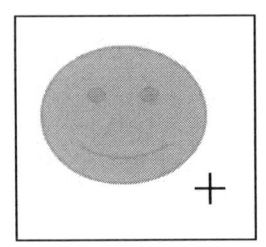

4. Suelte el mouse y su forma quedará insertada en la página. Además, se activa la ficha contextual Herramientas de dibujo, con su única ficha Formato.

Controladores de Forma

Al seleccionar una forma esta presentará ocho controladores para ajustar el tamaño. Lleve el puntero del mouse hacia cualquiera de los controladores y cambiará a un puntero de dos flechas. Cuando aparezca el puntero de dos flechas, usted puede hacer clic sin soltar y realizar un arrastre hacia el lado que el objeto se lo permita.

También encontrará un controlador de giro en la parte superior de la forma, que permitirá girar la forma a 360° si usted lo necesita. Sitúe el puntero sobre el controlador de giro y este cambiará a una flecha con un ícono de giro; si hace clic sin soltar, el puntero nuevamente cambiará, esta vez solo con el puntero de giro, y podrá realizar el giro realizando el arrastre correspondiente.

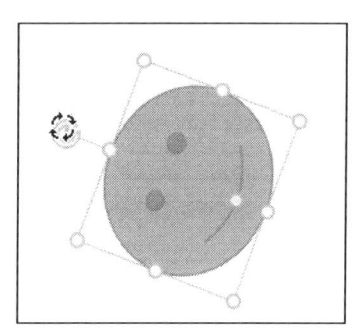

Algunas formas tienen un controlador extra que permite alterar ligeramente la forma. Clic sin soltar sobre el controlador de personalización (color amarillo), el puntero cambia por una flecha aerodinámica, y arrastre hacia el lado que lo permita la forma.

La forma insertada en el documento presenta controladores de ajuste de tamaño, estos se encuentran en los laterales y las esquinas. Además, presenta un controlador de giro y un controlador de personalización.

Personalizar el Diseño de la Forma

Cuando quiere personalizar una forma, la ficha *Formato*, de la ficha contextual *Herramientas de dibujo*, es el lugar apropiado para trabajar.

Use el grupo Estilos de Forma para cambiar el estilo que presenta una forma por defecto. La galería Estilos de forma presenta estilos predefinidos que puede aplicar solo con un simple clic. Si alguno de los estilos no le convence, entonces personalice a su propio gusto con los comandos: *Relleno de forma, Contorno de forma* y *Efectos de forma*.

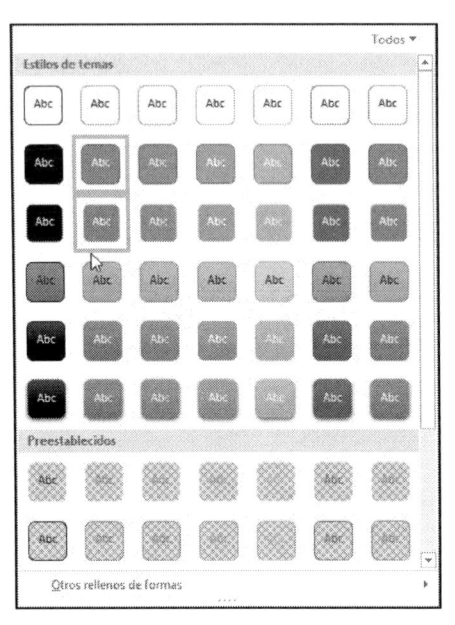

Añadir Texto

A excepción de las líneas, todas las demás formas permiten que se le añada texto por dentro. Inserte la forma y escriba lo que desea, el texto se añade dentro del área de la forma y puede aplicar formato como si fuera un texto normal.

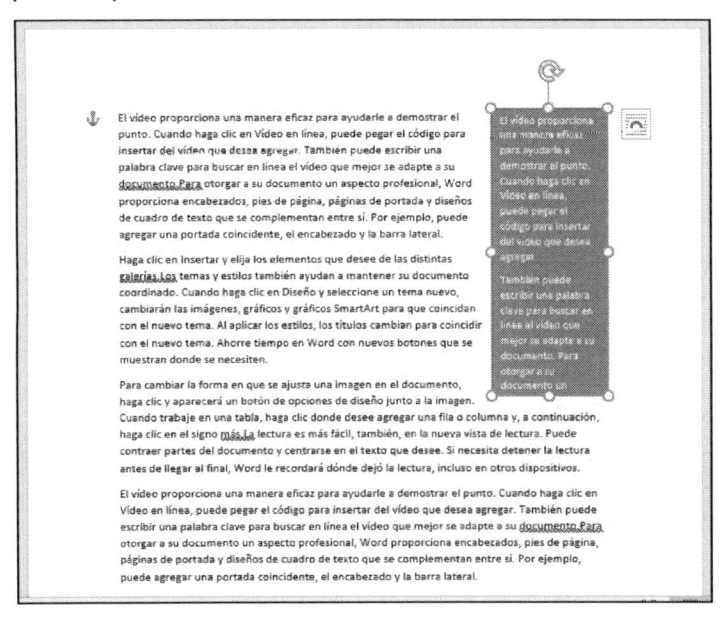

Ajustar la Posición de una forma

Cuando usted inserta una forma, este se posiciona por delante del texto, y le da la posibilidad de moverlo en cualquier otra posición dentro del documento. Dependiendo del diseño que quiera para su documento, es necesario tener el control del objeto y como este afecta al texto.

La manera más sencilla de posicionar una forma es desde el grupo *Organizar*, en la ficha *Formato*, y clic en la galería **Posición**. Desde la galería puede señalar cada opción para ver una vista previa en vivo de cómo quedará el objeto posicionado en el documento, cuando decida lo que necesita, clic en esa opción.

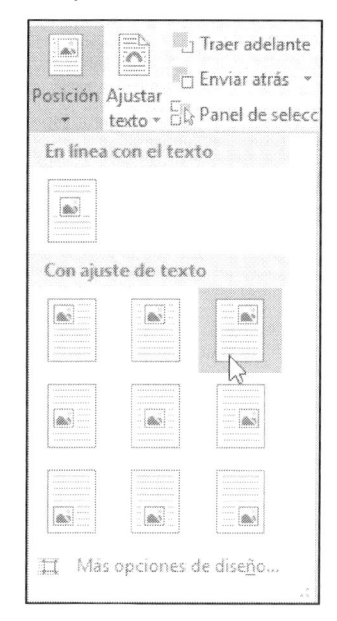

Sin embargo, la galería **Ajustar texto** se adapte mejor a lo que necesita. Desde esta galería encontrará opciones para que el objeto se pueda adaptar al texto que se encuentra en el documento. La siguiente lista describe alguna de las opciones.

- **En línea con el texto:** Mantiene la forma en línea con el texto de tal manera que el objeto se mueva a lo largo del párrafo actual.
- **Cuadro:** Ajusta el texto a la izquierda y derecha de la imagen.
- **Estrecho:** El texto fluye hasta el borde del objeto seleccionado sin dejar margen de espacio en blanco.
- **Transparente:** El Texto fluye hasta el borde del objeto, pero usted puede personalizar la fluidez usando Modificar puntos de ajuste.
- **Arriba y abajo:** Fluye el texto encima y por debajo, pero no a través, de la forma. El texto no aparece en los lados del objeto ya que esa área se queda en blanco.

- **Detrás de texto:** Fluye el texto sobre la imagen.
- **Delante del texto:** Muestra el texto detrás de la imagen.
- **Modificar puntos de ajuste:** Crea un nuevo delimitador de su forma que le permite a usted diseñar la manera en la que el texto se ajustará alrededor del objeto.

Las opciones de posición y ajuste del texto con el objeto, se aplica también a las imágenes, gráficos SmartArt, y gráficos de Excel insertados.

Insertar Imágenes

Word 2016 acepta casi todos los tipos de formatos de imagen, o al menor los más utilizados. En Word 2016 podrá insertar una imagen de dos destinos diferentes: Local y online.

Usted puede haber pasado a su disco duro sus imágenes que tiene en su cámara digital o que ha descargado desde internet. Mientras esté guardado en su disco duro usted puede insertar la imagen desde el botón **Imágenes**, en el grupo *Ilustraciones*, dentro de la ficha *Insertar*. El cuadro de diálogo Insertar imagen se abre.

Dentro del cuadro de diálogo **Insertar imagen** usted deberá seleccionar la imagen que quiere abrir y luego hacer clic en el botón **Insertar**.

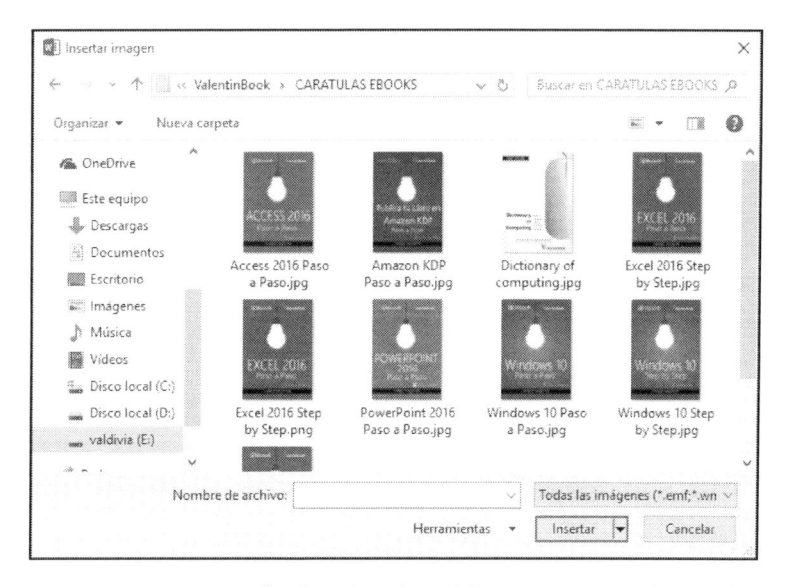

El botón Insertar presenta una flecha desplegable con tres opciones importantes:

- **Insertar:** Es la opción por defecto, inserta la imagen dentro del documento.
- **Vincular al archivo:** Permite enlazar la imagen con el documento. Si la imagen sufre algún cambio, estos se verán reflejados la próxima vez que abra el documento. Si la imagen se elimina del lugar de origen, esta también se eliminará del documento.
- **Insertar y vincular:** Permite insertar la imagen y vincularla al documento. Si hay algún cambio en la imagen estos se verán reflejados en el documento. Si la imagen es eliminada, se conservará intacta la imagen original, sin cambios, en el documento.

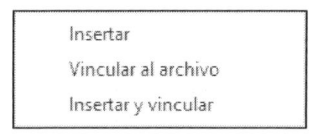

Cuando la imagen es insertada en el documento esta tiene el ajuste **En línea con el texto** (véase Ajustar la Posición de una forma anteriormente en este capítulo). Al igual que con una forma, las imágenes insertadas presentan su propia ficha contextual **Herramientas de imagen**, con su ficha **Formato**.

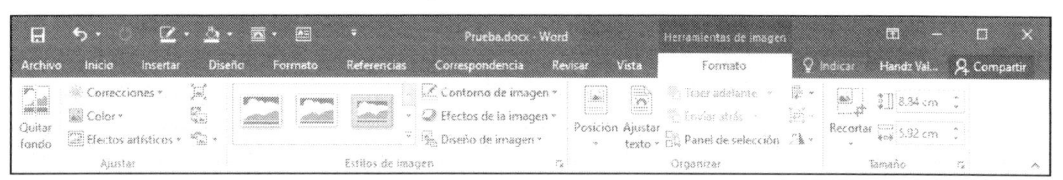

Debido a que internet se ha vuelto parte importante de nuestra vida, Word da la posibilidad de insertar imágenes de tres fuentes online: Bing, Facebook y OneDrive.

Capítulo 7: Insertar Objetos

Para insertar una imagen online seleccione Insertar | Ilustraciones | Imágenes en línea.

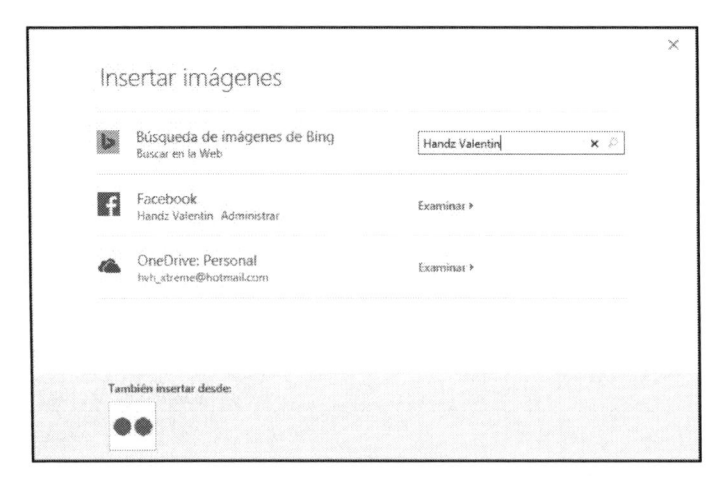

*El cuadro de diálogo Insertar imágenes también permite insertar imágenes desde Flickr. Clic en el ícono de Flickr en el apartado **También insertar desde**.*

De las tres opciones online, solo *Búsqueda de imágenes de Bing* tiene un cuadro búsqueda donde debe escribir las palabras claves para encontrar la imagen que necesita y pulsar `Enter` o clic en el ícono de la lupa para que Bing comience la búsqueda.

Dependiendo de la configuración que tenga, es posible que, al elegir buscar en Facebook o en OneDrive, se le pida iniciar sesión. Una vez hecho este paso importante, clic en *examinar* o *ver más* y podrá navegar por las imágenes que usted ha guardado o subido a estos servicios online.

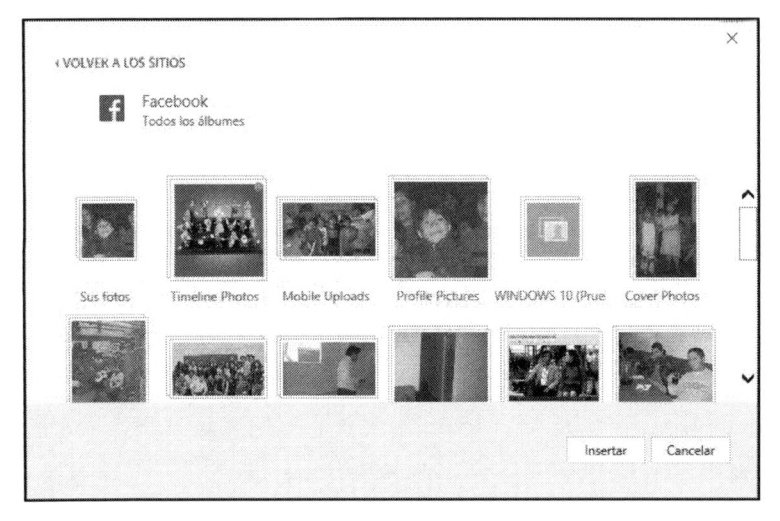

Seleccione la imagen y clic en Insertar. La imagen ahora aparecerá insertada en el documento.

Aplicar Estilos de Imagen

Los estilos de imagen trabajan similarmente a otros estilos rápidos que usted puede encontrar en Word, por ejemplo, los Estilos de Forma. Cuando usted selecciona una imagen en su documento, la ficha contextual Herramientas de imagen, aparece en la cinta de opciones. Los Estilos de imagen tienen su propio grupo en la ficha Formato, como lo muestra la siguiente imagen.

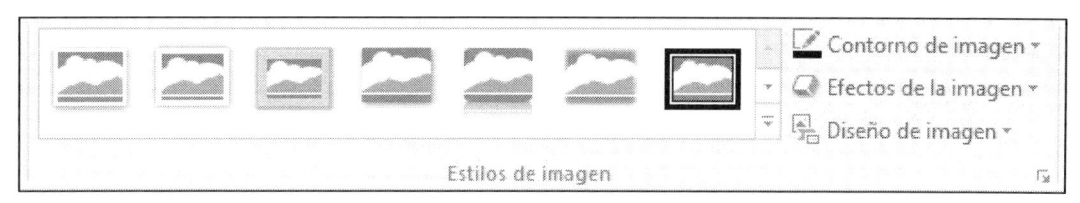

La galería Estilos de imagen muestran varios estilos que usted puede aplicar a la imagen seleccionada. Puede mostrar la selección completa de estilos haciendo clic en el botón Más en la esquina inferior derecha de la galería. Si posiciona el puntero del mouse sobre las opciones de la galería, verá una vista previa de cómo puede quedar la imagen; cuando haya encontrado lo que quiere, clic en el estilo para seleccionarlo.

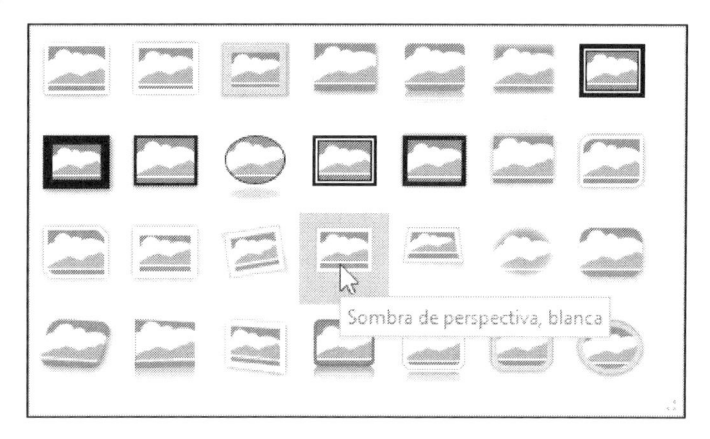

Quitar Fondo de Imagen

Después de encontrar la imagen adecuada para su documento, usted se da cuenta que el fondo de la imagen es un estorbo. Word 2016 le ayudará a que usted pueda fácilmente quitar el fondo de una imagen, dándole mayor flexibilidad en la creación de documentos que ayuden a enfocar la atención de los lectores en la imagen principal.

Para quitar el fondo de una imagen, siga estos pasos:

Capítulo 7: Insertar Objetos

1. Seleccione la imagen.
2. Clic en Formato | Ajustar | Quitar fondo. Se activa la ficha **Eliminación del fondo** y Word intenta reconocer el fondo de la imagen aplicando un color fosforescente. Todo lo que está con el color púrpura será eliminado.

3. Use los controladores para intentar que ciertas áreas se puedan eliminar o viceversa.
4. En el grupo Afinar, clic en **Marcar las áreas para mantener**.

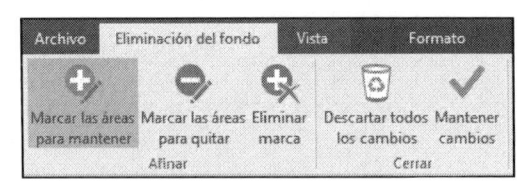

5. Clic en las áreas de la imagen para que no sean eliminadas.

6. Si es necesario, clic en **Marcar las áreas para quitar**, y úselo en la imagen para eliminar ciertas áreas.

7. Si todo está correcto, clic en **Mantener cambios**. El fondo de la imagen se ha eliminado y puede ajustarlo en el documento como mejor le parezca.

Capturar pantalla

Algunas veces usted habrá necesitado compartir una imagen de su pantalla, por ejemplo, cuando aparece un mensaje de error y necesita enviar esa imagen a su amigo para que pueda ayudarlo. La tecla `ImprPant` (`Print Screen`) es la primera opción para capturar su pantalla. Solo pulse la tecla **ImprPant** y luego use el comando Pegar en su documento. Notará que esta tecla ha capturado la pantalla completa. Si usted decide solo capturar la ventana o el cuadro de diálogo correspondiente, pulse **Alt+ImprPant** y use Pegar.

Si necesita algo más personalizado, es decir, una captura de un área determinada de la ventana, Word 2016 ayudará a que su trabajo no sea difícil. En la ficha *Insertar*, en el grupo *Ilustraciones*, clic en **Captura**. Si existen ventanas abiertas, la galería de capturas mostrará las ventanas disponibles para capturar la pantalla. Clic en alguna de las miniaturas de la ventana para que esta se inserte en el documento.

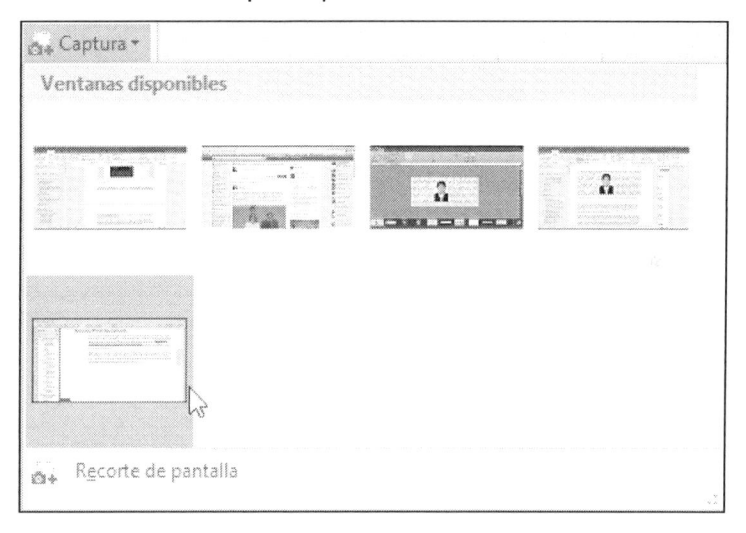

Si solo quiere capturar un área de la pantalla; use la opción Recorte de pantalla y el puntero cambia por una cruz, luego deberá seleccionar mediante un arrastre el área de captura.

Insertar Diagramas SmartArt

El nombre SmartArt dice mucho sobre la funcionalidad de esta característica; apareció por primera vez en Word 2007 reemplazando a *Insertar diagrama* e *Insertar organigrama* en Word 2003 y versiones anteriores.

SmartArt le permite diagramar sus ideas fácilmente, con una amplia variedad de formas, y mejorar estos diagramas añadiendo efectos especiales, como sombras, efectos 3D, estilos, esquemas de color, y más.

Con SmartArt usted podrá seleccionar diagramas para ilustrar procesos, relaciones, jerarquías organizacionales, y muchos más, solo con unos cuantos clics del mouse. Para insertar un gráfico SmartArt siga estos pasos:

1. Clic en algún lugar de su documento donde desea que aparezca su gráfico SmartArt.
2. Seleccione *Insertar | Ilustraciones | **SmartArt***.
3. En el cuadro de diálogo **Elegir un gráfico SmartArt**, seleccione el tipo de gráfico que quiera insertar.

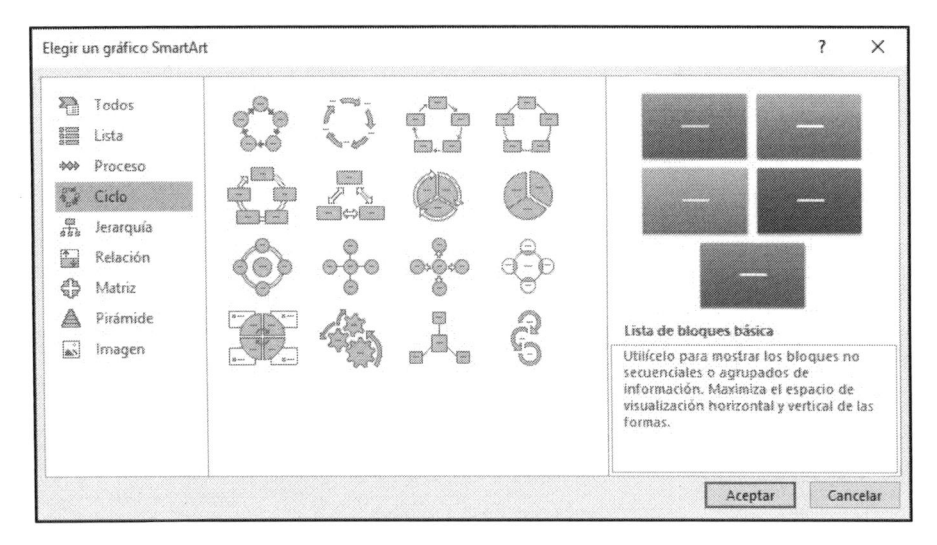

La siguiente lista describe los tipos de diagramas que están en el cuadro de diálogo *Elegir un gráfico SmartArt*.

- **Todos:** Muestra todos los tipos de diagramas disponibles en Word 2016.
- **Lista:** Un diagrama de lista muestra una serie no secuencial de ítems. Podría usar un diagrama de lista para introducir una serie de nuevos productos para su catálogo de verano.
- **Proceso:** Un diagrama de proceso puede mostrar un proceso paso a paso. Por ejemplo, podría usar un diagrama de proceso para mostrar a un nuevo empleado como iniciar sesión en el sistema.
- **Ciclo:** Un diagrama de ciclo puede mostrar el flujo de trabajo de una operación en particular, generalmente algo que se repite en un proceso cíclico.

- **Jerarquía:** Un diagrama de jerarquía muestra niveles, usado para diagramas organizacionales (organigramas).
- **Relación:** Un diagrama de relación muestra cómo varios ítems se relacionan unos con otros. Podría usar un diagrama de relación, por ejemplo, para mostrar como los diferentes roles de un grupo de trabajo se complementan entre sí para proporcionar servicios específicos a la organización.
- **Matriz:** Un diagrama matriz es útil cuando quiere comparar cuatro ítems en un formato que es fácil de comprender para los lectores. Podría usar un diagrama de matriz para explicar el enfoque de la investigación para cada trimestre del siguiente año fiscal.
- **Pirámide:** Un diagrama de pirámide muestra ítems en relación que normalmente se construyen de abajo hacia arriba. Un buen ejemplo de un diagrama de pirámide es un gráfico de recaudación de fondos (fundraising) en el cuál el nivel inferior representa el número más grande de donadores iniciantes quiénes contribuyen a la organización, y el nivel superior representa el porcentaje más pequeño de donadores principales.
- **Imagen:** Un diagrama de imagen le permite crear un diagrama dónde las fotos son el principal atractivo. Podría usar un diagrama de imagen, por ejemplo, para mostrar un rango de productos, y a su vez, mostrar quiénes administran las distintas divisiones de la línea de productos.

4. Una vez elegido el tipo de diagrama, seleccione el diagrama, desde el área del medio, que quiera insertar en el documento. A la derecha podrá ver una vista previa y una descripción del diagrama a insertar.
5. Clic en Aceptar. El diagrama se inserta en el documento.

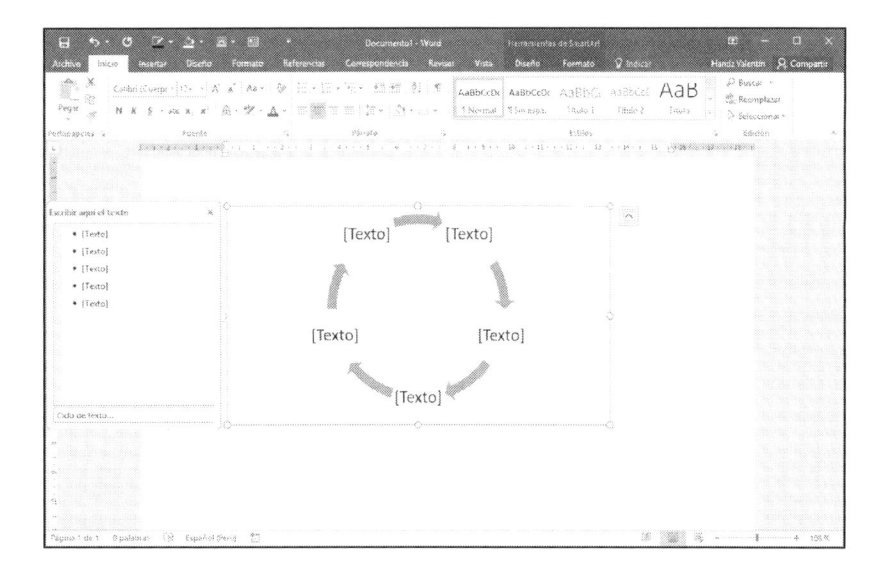

Añadir Texto al Diagrama

Al insertar el diagrama SmartArt también se activa la ficha contextual Herramientas de SmartArt, con dos fichas: Diseño y Formato. Además de ello, a la izquierda del diagrama, aparece un panel de texto donde podrá añadir el contenido de su diagrama. Si el panel no se muestra, seleccione **Diseño | Crear gráfico | Panel de texto**.

El Panel de texto mostrará la etiqueta [Texto] indicando que usted puede añadir texto en esa posición. Clic en la etiqueta y escriba el texto que desea, note que el gráfico comienza a cobrar vida. Cuando termina de escribir el primer texto, use clic nuevamente sobre otra etiqueta para añadir otro texto; si pulsa Enter, se añadirá una nueva viñeta y el gráfico se ajustará para aceptar la nueva entrada. Si desea quitar una viñeta, solo elimínela con Suprimir o Retroceso. Las viñetas en el panel de texto funcionan igual que las viñetas en el documento; si desea crear un nivel por debajo de una viñeta, use la tecla Tab. La siguiente imagen muestra el panel de texto con cinco entradas y una entrada por debajo de Precipitación.

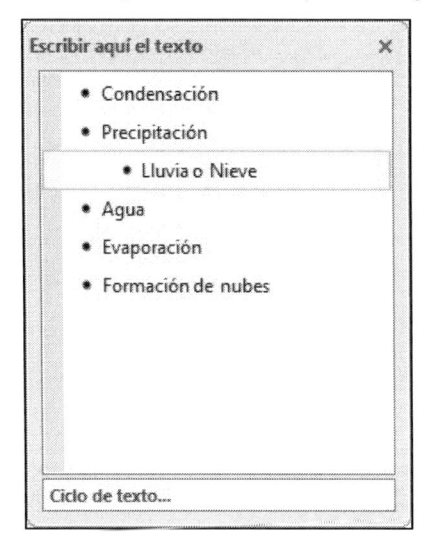

El que usted pueda añadir o quitar viñetas, dependerá del tipo de gráfico elegido.

El Panel de texto solo ayuda a añadir contenido al gráfico, es decir, no es un objeto imprimible; si desea cerrar el panel de texto, solo use clic en la **X**, o mejor aún, clic en un lugar fuera del gráfico y el panel de texto se ocultará, dando más espacio al gráfico para que usted pueda ajustar el tamaño si es necesario.

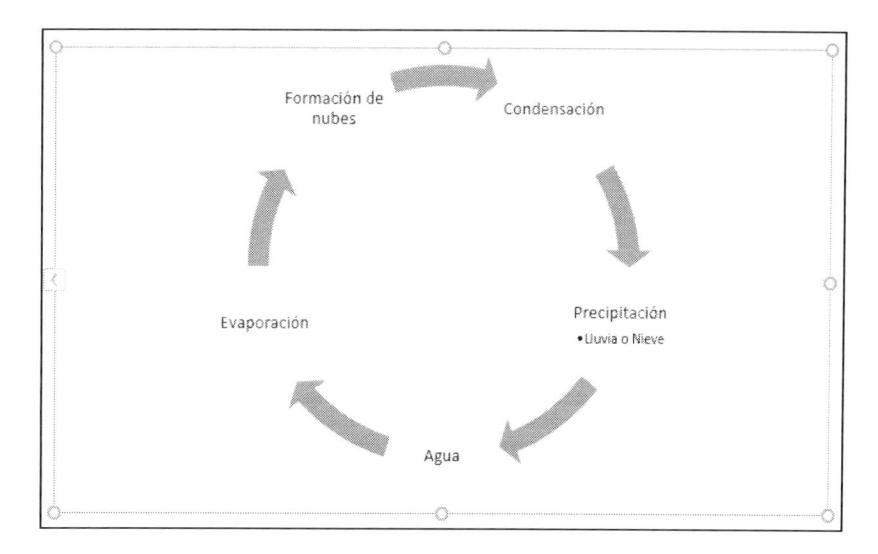

Cambiar el Diseño y el Estilo del Diagrama

Si ha insertado algún tipo de diagrama y cree que el diseño no es el correcto, no necesita eliminar el gráfico e iniciar el proceso de inserción nuevamente. La ficha contextual Herramientas de SmartArt presenta la ficha Diseño, y en el grupo Diseños, se encuentra la galería de diseños del tipo de gráfico elegido; clic en el botón más para acceder a la galería completa y elegir el diseño de gráfico adecuado.

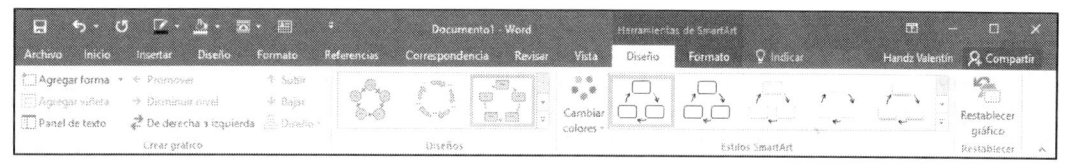

Si aun así cree que el diseño no es el problema, sino el tipo, clic en **Más diseños**. Se abrirá nuevamente el cuadro de diálogo Elegir un gráfico SmartArt y podrá cambiar el tipo de gráfico.

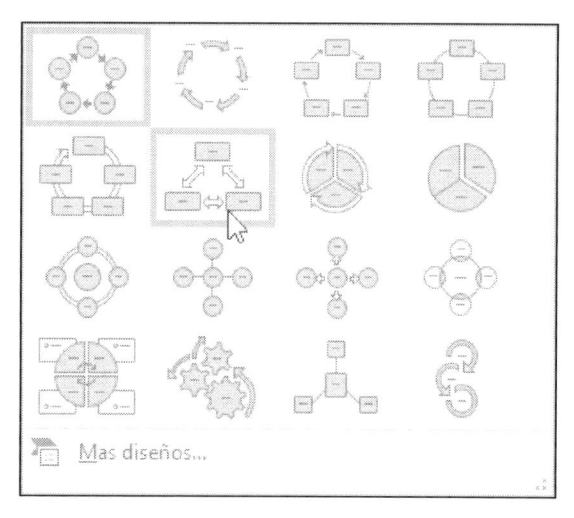

Para dar mayor presencia a su gráfico, usted puede aplicar colores y estilos. En el grupo Estilos de SmartArt, clic en Colores y seleccione la combinación de colores que más le agrade.

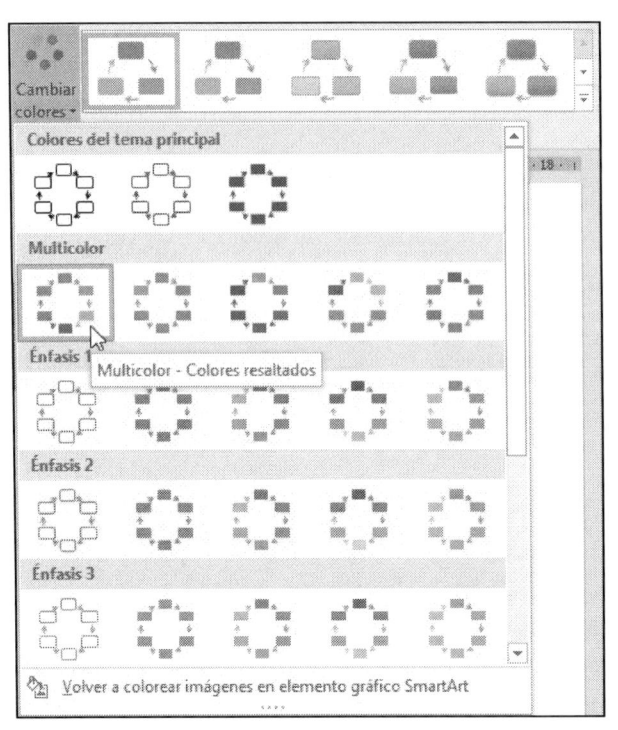

Una vez aplicado el color adecuado, use la galería de estilos de SmartArt y elija la opción que más se ajuste a sus necesidades. Estas opciones incluyen formatos predefinidos, como rellenos, contornos y efectos de forma.

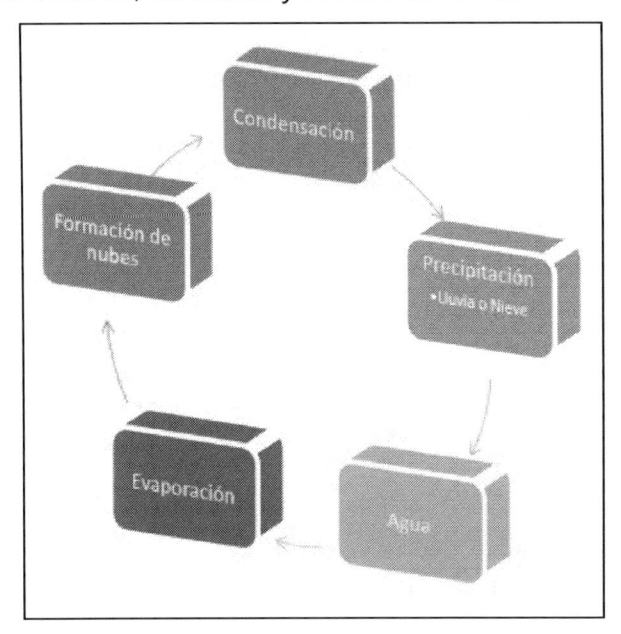

Insertar un Gráfico de Excel

Use gráficos para transmitir datos numéricos o estadísticos. Un gráfico puede mostrarle a un lector en un vistazo general que porcentajes de ventas tiene un producto en particular. Un gráfico de barra muestra rápidamente qué división está vendiendo más que las otras. Un gráfico de área puede mostrar los resultados de seguimiento a través del tiempo. Los gráficos que incluya en su documento le dan una forma de mostrar sus datos importantes para que otras personas puedan comprender fácilmente. Puede usar un gráfico para:

- Anunciar a sus vendedores sobre sus ventas en el último mes.
- Mostrar el crecimiento de la empresa durante los últimos 5 años.
- Mostrar las áreas de la empresa que consumen mayores recursos.

El proceso de crear un gráfico en Word es muy sencillo siguiendo estos pasos:

1. Clic en algún lugar de su documento donde desea que aparezca su gráfico.
2. Seleccione *Insertar | Ilustraciones |* **Gráfico**.
3. En el cuadro de diálogo **Insertar gráfico**, seleccione el tipo de gráfico que quiera insertar.

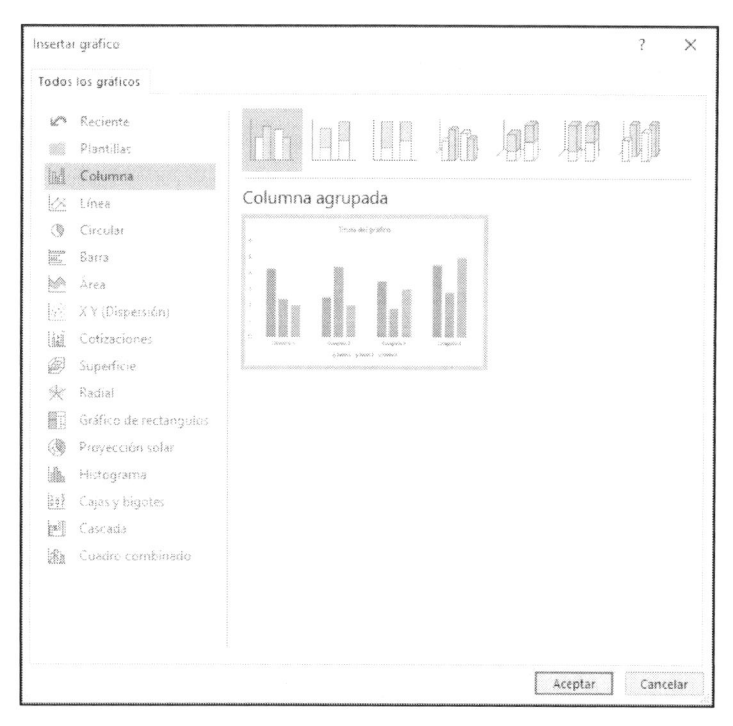

4. Una vez elegido el tipo de gráfico, seleccione un gráfico que quiera insertar. Estas opciones de gráficos aparecen en miniaturas, y debajo una vista previa.
5. Clic en Aceptar. El gráfico se inserta y una pequeña ventana de Excel se abre.

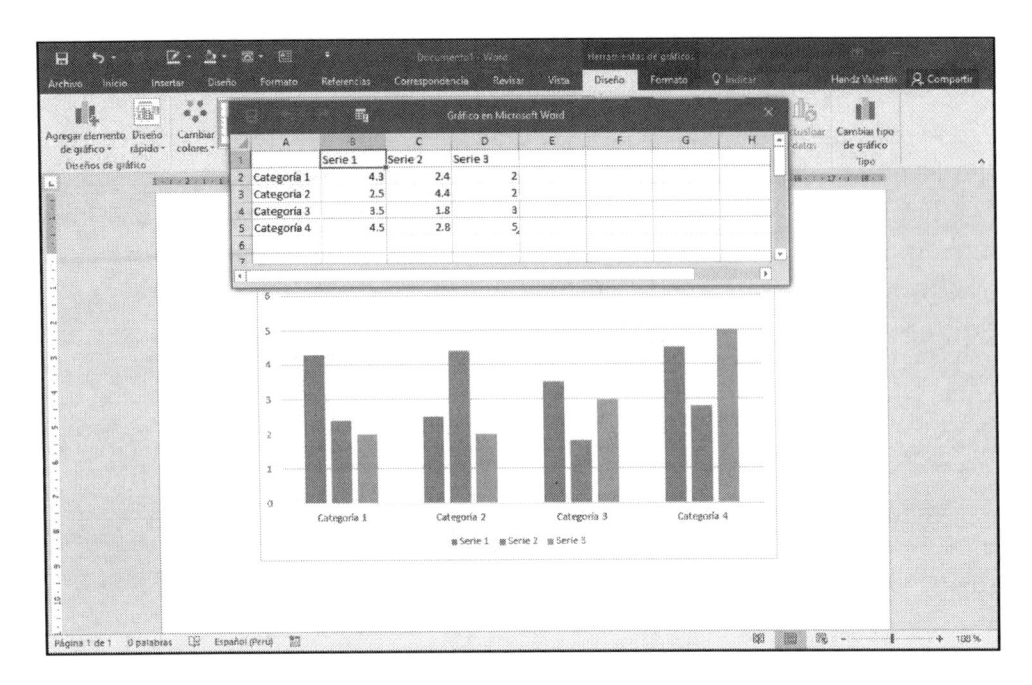

Añadir Contenido al Gráfico

La pequeña ventana de Excel es el lugar donde añadirá los datos necesarios para su gráfico. Observe que los datos en las celdas de Excel se reflejan en el gráfico insertado en Word. Clic en la celda correspondiente y escriba el dato que quiere introducir, luego pulse Enter para que el dato quede almacenado en la celda.

Para mayor información sobre cómo introducir datos y gráficos en Excel, puede leer el libro Excel 2016 paso a Paso, de la editorial ValentinBook.

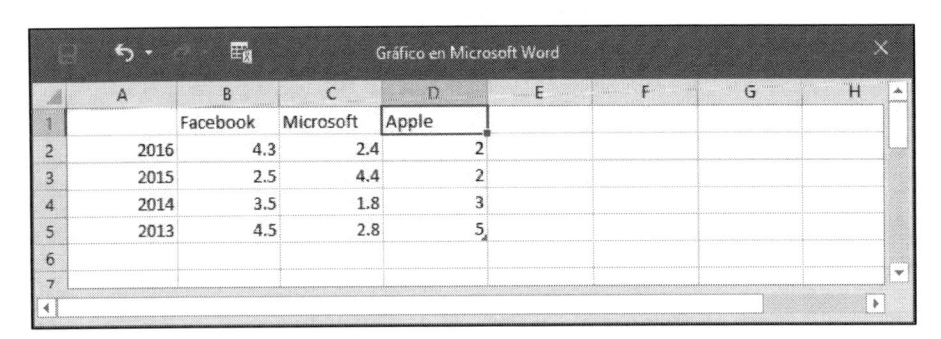

En la última celda de la tabla de datos, se encuentra una pequeña etiqueta azul; si apunta con el mouse sobre esa etiqueta, el puntero cambiará por dos flechas. Esto indica que, al arrastrar la etiqueta, usted puede expandir o contraer la cantidad de datos que quiere mostrar en el gráfico de Word.

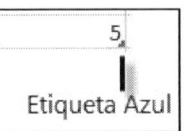

Insertar Tablas

Una Tabla en Word es un recuadro rectangular visible, o quizá invisible, que permite que se le inserte dentro de ella texto, otras tablas, celdas, imágenes, y más. Las tablas permiten organizar mejor los contenidos en un documento.

Puede insertar una tabla desde la ficha **Insertar**, grupos **Tablas,** y clic en **Tabla**. Cuando hace clic en *Tabla*, se muestra una serie de pequeños cuadros el cuál le indica la dimensión que tendrá el objeto. Señale los pequeños cuadrados y la vista previa en vivo le mostrará cómo se irá insertando la tabla en el documento. La siguiente imagen muestra una vista previa en vivo de una tabla de 3 columnas x 3 filas en el documento.

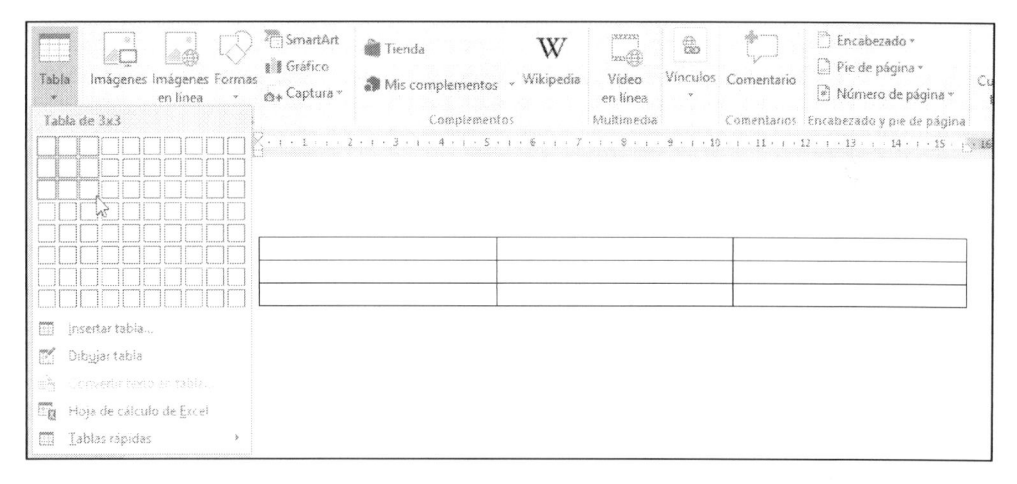

Cuando inserta una tabla podrá agregarle texto e imágenes o quizá una tabla más dentro de la misma. Al seleccionar alguna celda, aparece la ficha contextual, **Herramientas de Tabla** y desde ahí podrá cambiar su formato y la forma de presentación de las tablas.

El punto de inserción indica que puede comenzar a escribir en una tabla; si desea pasar a la siguiente celda, basta con pulsar la tecla TAB. Cuando llega al final de la celda, al pulsar nuevamente TAB, regresará a la primera celda de la siguiente fila. Aunque no parezca, una tabla tiene la misma estructura que las celdas de Excel, es decir, las columnas están organizadas por letras y las filas por números tal como lo muestra la siguiente imagen.

	A	B	C	D
1	A1	B1	C1	D1
2	A2	B2	C2	D2
3	A3	B3	C3	D3
4	A4	B4	C4	D4

Insertar y Eliminar Filas o Columnas

No siempre podemos saber cuántas filas o columnas tendrá una tabla, es posible que usted quiera aumentar o quitar filas o columnas y existen diversas maneras de hacerlo. En la ficha contextual *Herramientas de tabla*, en la ficha *Presentación*, grupo *Filas y Columnas*, encontrará los diversos botones para agregar filas y columnas. Por ejemplo, puede insertar arriba o abajo una fila, o a la derecha o izquierda una columna.

También puede insertar filas al final de la tabla si pulsa Enter mientras el punto de inserción se encuentre fuera de la tabla y a la derecha de la misma. Otra manera es usando los botones **Agregar (+)** que aparecen cada vez que señala el borde de una fila o columna.

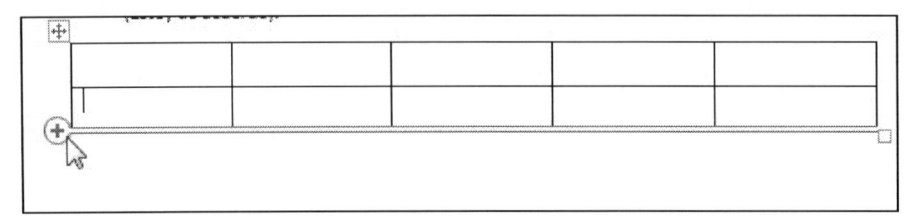

Cambiar el Estilo de una tabla

Puede cambiar el estilo de una tabla si lo desea. Generalmente, las tablas poseen un estilo simple, sin color, pero puede agregarle colores y otras características con un par de clics.

En la ficha **Diseño** de *Herramientas para tabla*, se encuentra el grupo **Diseño de tabla**, dentro de este grupo se encuentra la galería de diseños, al pulsar clic en **Más**, podrá ver todos los diseños para aplicar a las tablas.

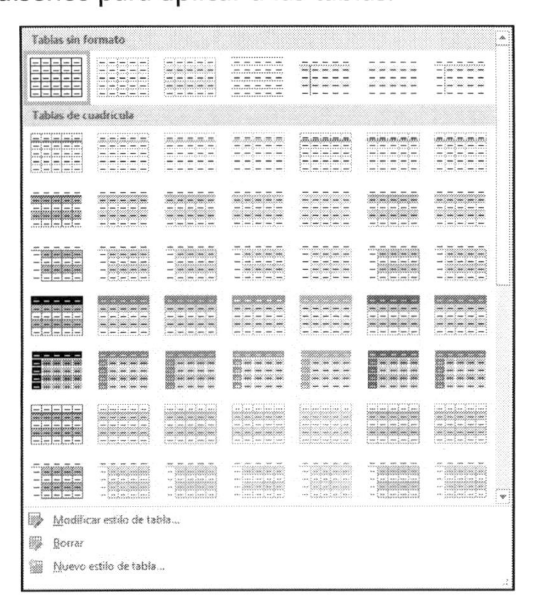

Ejercicio 23

En este ejercicio usted aprenderá a insertar un cuadro de texto a su documento, luego aplicará formato al mismo para darle un toque personalizado.

---

*Abrir el documento **Cuadros de texto.docx** de la carpeta Práctica7.*

---

1. Clic al inicio de la página 2 y, desde la ficha Insertar, en el grupo *Texto*, clic en *Cuadro de texto*.
2. En la galería de cuadros de texto, seleccione la opción **Dibujar cuadro de texto**.

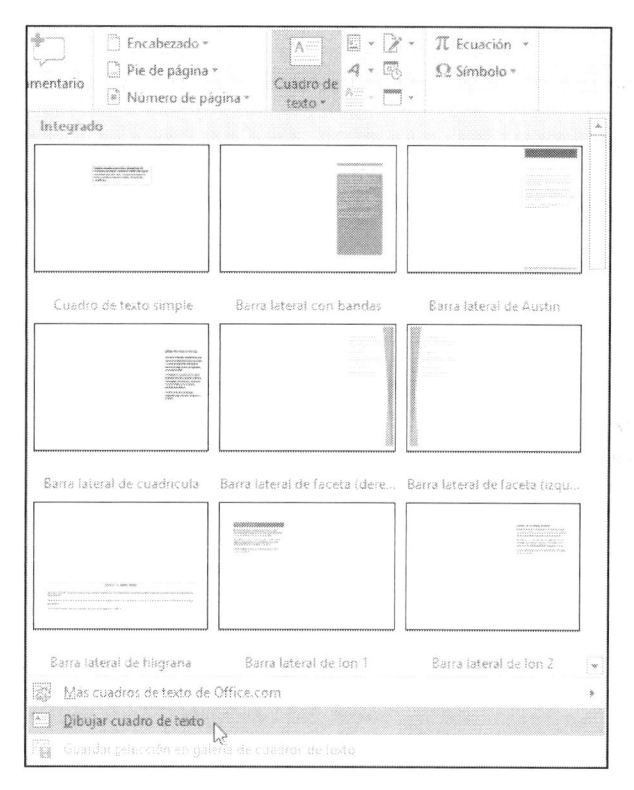

3. Dibuje un cuadro de texto rectangular a la izquierda de la página, tal como lo muestra la siguiente imagen.

Un cuadro de texto también es considerado una forma. Puede hacer clic en Insertar | Ilustraciones | Formas, y en la sección Formas básicas, encontrará Cuadro de texto.

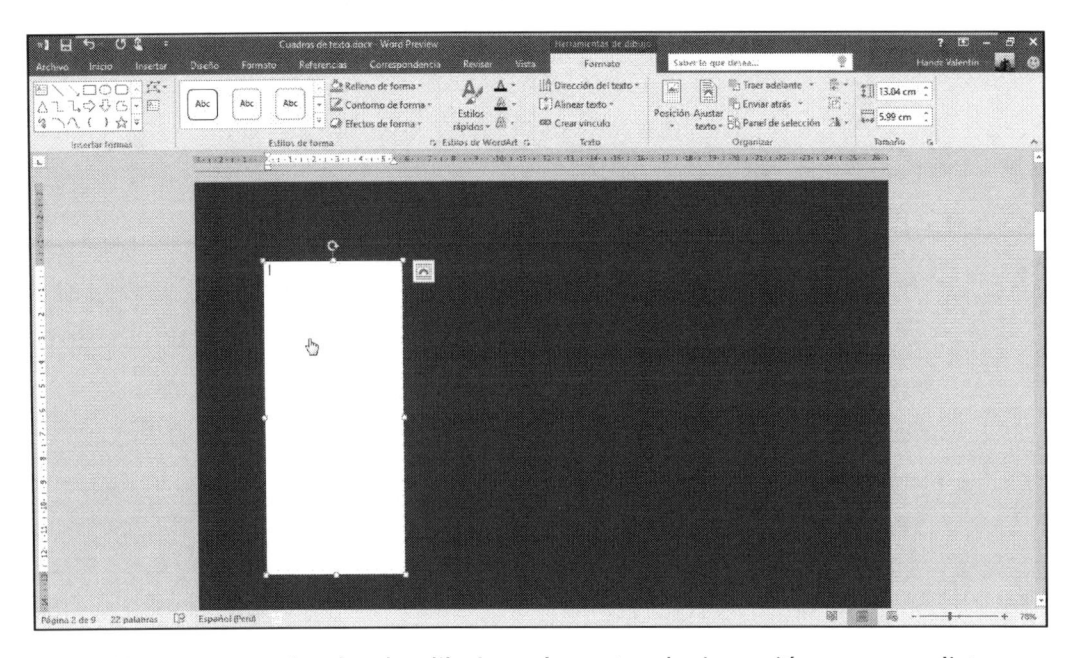

4. Una vez terminado de dibujar, el punto de inserción aparece listo para agregar algún texto. Escriba: `Antes, Internet incluía mensajes de correo electrónico y salones de chat.`
5. Seleccione todo el texto, y desde la ficha Inicio, en el grupo Fuente, aplique un tamaño de texto de `28`.
6. Usando los controladores de tamaño, aumente el tamaño del cuadro de texto para que pueda aplicar un tamaño de texto de `36`. Vea la siguiente imagen como referencia.

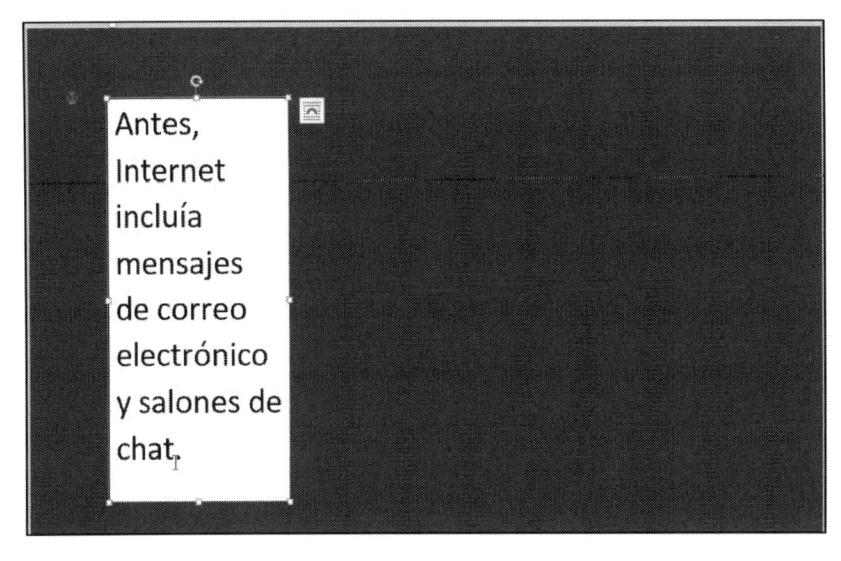

7. Cambie la fuente a `Courier New`.

8. Seleccione el texto a partir de: mensajes de correo electrónico...
9. Aplique un color de texto **Anaranjado, énfasis 2**.
10. Seleccione el resto del texto y aplique **Blanco, Fondo 1** como color de texto.
11. Agrande un poco más el cuadro de texto de ser necesario.

13. Con el cuadro de texto aún seleccionado, en **Herramientas de Dibujo**, active la ficha **Formato**.
14. En el grupo **Estilos de forma**, clic en la flecha **Relleno de forma** y seleccione **Sin relleno**.

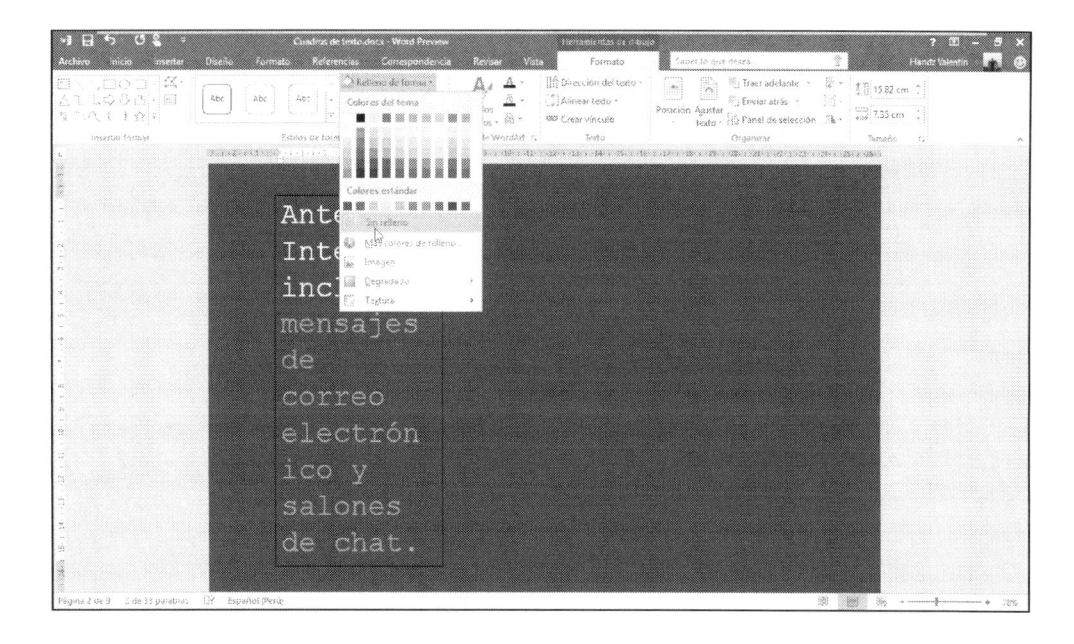

Capítulo 7: Insertar Objetos

15. Como el borde del cuadro de texto aún se mantiene, clic en la flecha de **Contorno de forma** y seleccione **Sin contorno**. Dé clic en un espacio libre de la página y observe como ha quedado su diseño.
16. Guarde los cambios y cierre el documento.

Ejercicio 24

En este ejercicio, usted aprenderá a insertar una imagen y luego aplicará formato.

---

*Abrir el documento **Insertar Imagen.docx** de la carpeta Práctica7. También usará la imagen **SocialMedia.png**.*

---

1. Clic en algún lugar de la página 2. Procure que el cuadro de texto no sea seleccionado.
2. Clic en la ficha *Insertar*, y en el grupo *Ilustraciones*, clic en el comando **Imágenes**.
3. Seleccione la imagen **SocialMedia.png** y luego clic en Insertar.

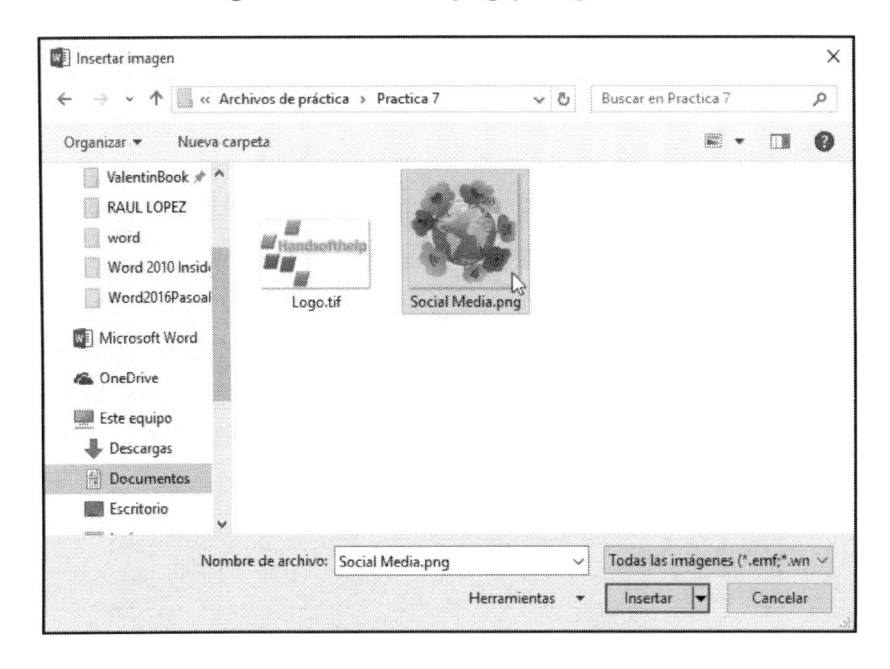

Si la imagen pasa a la siguiente página, no se preocupe, lo moverá en unos instantes.

---

4. Con la imagen seleccionada, active la ficha *Formato*, y en el grupo *Organizar*, clic en **Ajustar texto** y seleccione la opción **Cuadrado**.
5. Revise su página 2 y ahí debe estar su imagen insertada, solo que esta vez, interrumpe al cuadro de texto.

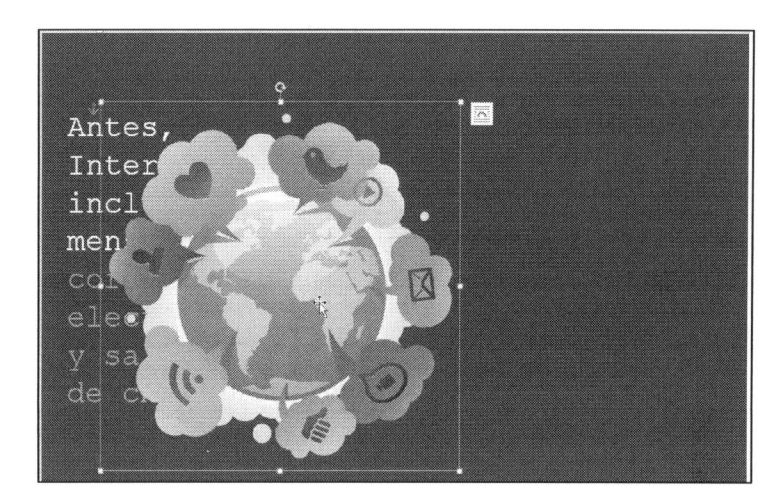

6. Clic sin soltar sobre la imagen y arrástrelo a la derecha de la página. Si es necesario, ajuste un poco su tamaño.

7. Con la imagen aún seleccionada, en la ficha *Formato*, dentro del grupo *Estilos de imagen*, clic en el botón **Más** de la galería.
8. Dentro de la galería, seleccione la opción **Girado, blanco**.

9. En el grupo *Estilos de imagen* de la ficha *Formato*, clic en **Efectos de la imagen**, seleccione **Reflexión** y luego clic en **Reflejo total, desplazamiento de 8 ptos**.

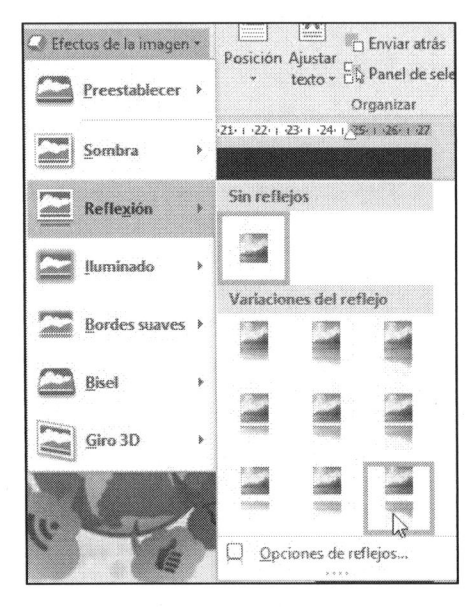

Observe como ha quedado su documento.

Word 2016 Paso a Paso **185**

10. Guarde los cambios y cierre el documento.

Ejercicio 25

En el siguiente ejercicio usted aprenderá a aplicar efectos artísticos a un grupo de imágenes, luego quitará el fondo de otra imagen.

*Abrir el documento **EfectosArtisticos.docx** de la carpeta Práctica7.*

1. Dirígete a la página 8.
2. Seleccione el logo de `YouTube`.
3. En la ficha Formato, en el grupo **Ajustar**, clic en **Efectos artísticos**.
4. En la galería de efectos, seleccione **Escala de grises con lápiz**.

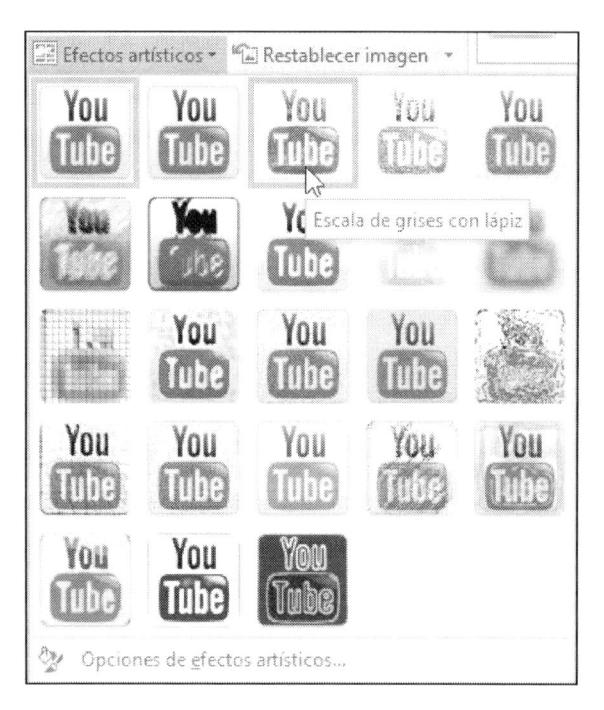

5. Aplique el mismo efecto a los logos de *Blogger*, *Facebook* y *Google +*.
6. Seleccione la imagen de la página 9.
7. En la ficha *Formato*, en el grupo *Ajustar*, clic en **Quitar fondo**.
8. Recuerde que toda la parte púrpura es la que se va a eliminar; en la nueva ficha **Eliminación del fondo**, en el grupo **Afinar**, clic en **Marcar las áreas para mantener**.

9. Ahora que el cursor acaba de cambiar por un lápiz, clic en las secciones necesarias para que la laptop quede completa sin ninguna parte eliminada. Vea la siguiente imagen para tener una mejor referencia.

10. En el grupo **Cerrar** de la ficha *Eliminación del fondo*, clic en **Mantener cambios**. Observe que ahora su imagen ya no presenta un fondo.
11. Guarde los cambios y cierre el documento.

Ejercicio 26

En el siguiente ejercicio aprenderá a usar un gráfico SmartArt, agregará texto y por último aplicará un formato.

*Abrir el archivo **SmartArt.docx** de la carpeta Práctica7.*

1. Clic al comienzo de la página 4.
2. En la ficha Insertar, en el grupo Ilustraciones, clic en SmartArt. Se abre el cuadro de diálogo Elegir un gráfico SmartArt.
3. En el cuadro de diálogo **Elegir un gráfico SmartArt**, seleccione *Lista*.
4. Dentro de las opciones de **Lista**, clic en **Lista agrupada** y luego clic en **Aceptar**.

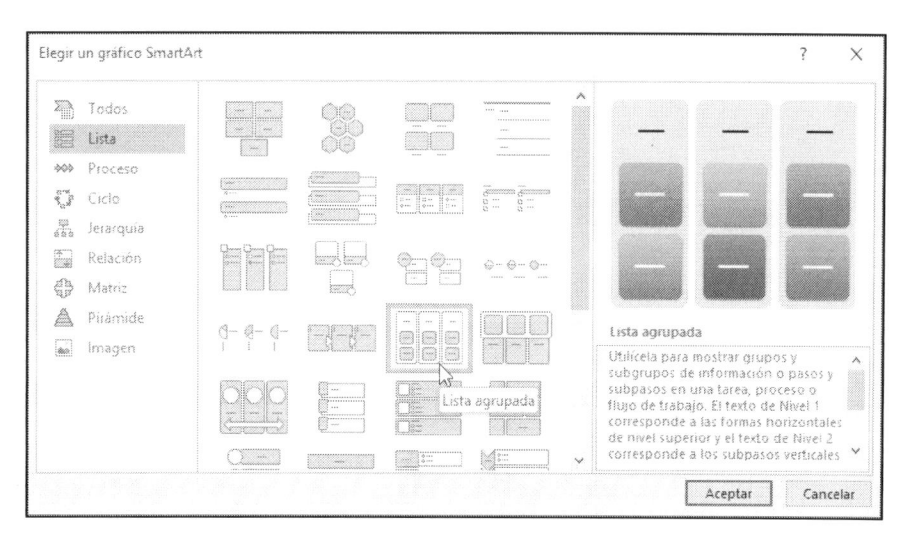

5. En la ficha *Diseño* de *Herramientas de SmartArt*, en el grupo **Crear gráfico**, verifique que esté activo Panel de texto.
6. En la primera viñeta superior, agregue el texto: Los que pagan.
7. En la segunda viñeta superior, agregue el texto: Los que ganan.
8. En la última viñeta superior, agregue el texto: Los que tienen.

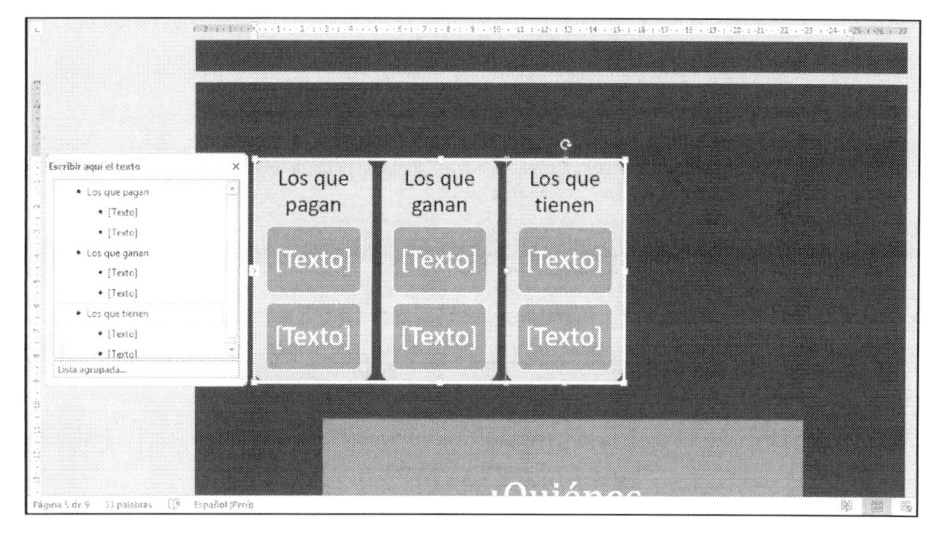

9. Clic en la viñeta justo debajo del texto *Los que pagan* y agregue: Publicidad en Internet.
10. Clic en la siguiente viñeta y agregue: Pago por clic.
11. Pulse Enter y se agregará una nueva viñeta, escriba: Publicidad móvil.
12. Agregue dos viñetas más con los textos: Anunciantes y Aplicaciones de pago.

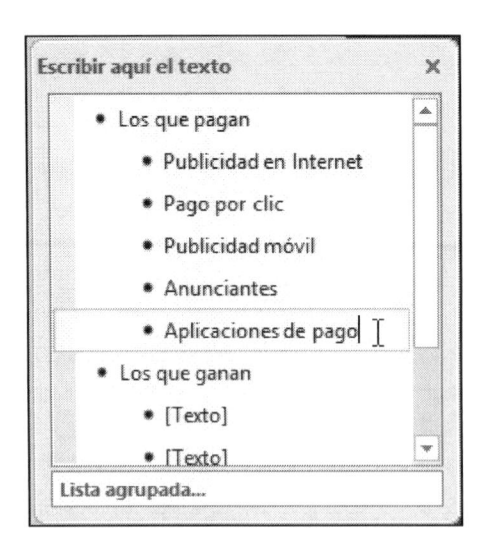

13. Debajo de *Los que ganan*, agregue uno debajo de otro: `Redes Sociales, Boca a boca, Foros de usuarios, Noticias, Relaciones entre usuarios`.
14. Debajo de *Los que tienen*, añada: `Sitios Web de marcas y productos, Marcas móviles y productos en Sitios Web, Aplicaciones Móviles de terceros, Servicio al cliente, Propiedad del contenido digital, Administradores de blog`.
15. Al igual que una forma o una imagen, ajuste el tamaño del gráfico para que ocupe gran parte de la página.

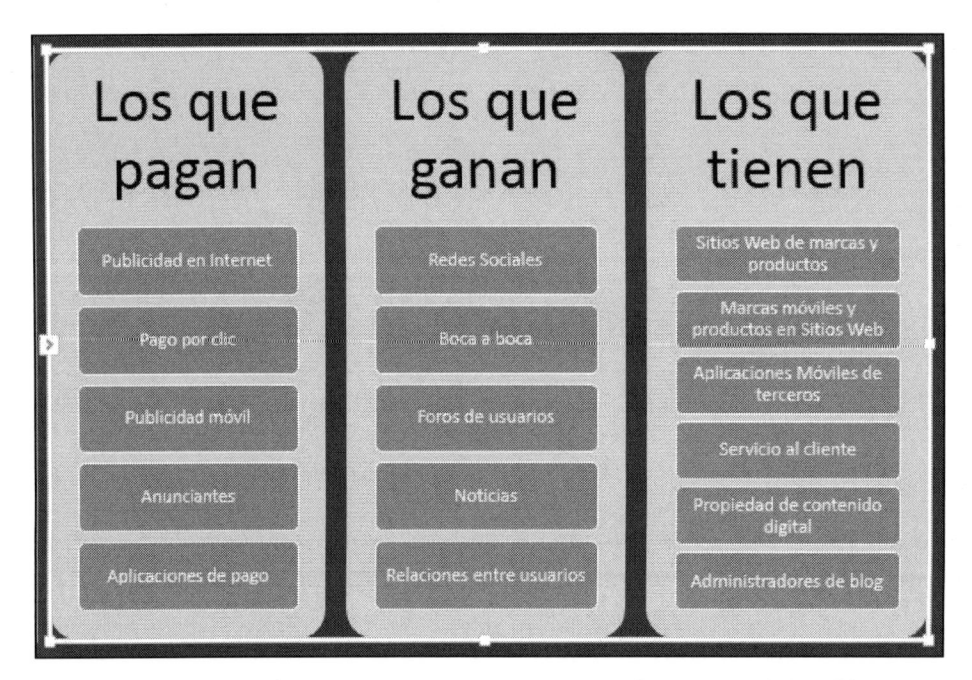

16. Con el gráfico aún seleccionado, en la ficha *Diseño* de *Herramientas de SmartArt*, en el grupo *Estilos SmartArt*, clic en *Cambiar colores*.
17. Seleccione la opción *Intervalo multicolor – Colores de énfasis 5 a 6*.

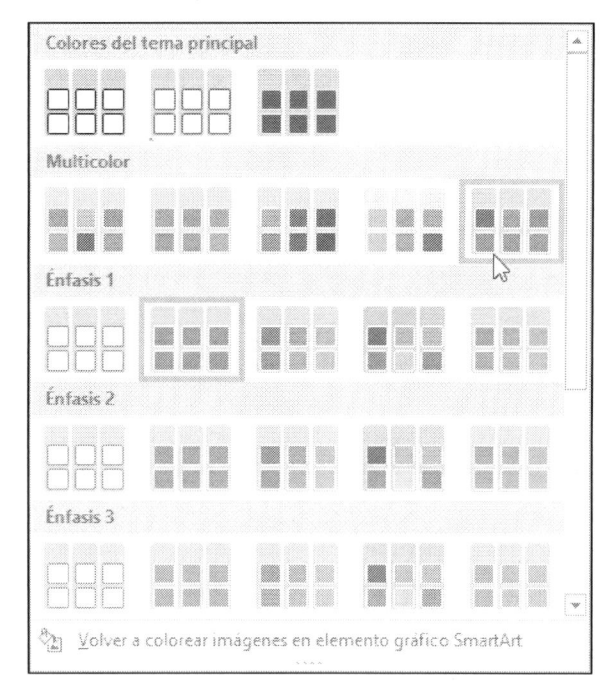

18. Clic en el borde de la forma *Los que pagan* para seleccionarlo.
19. En la ficha Formato, en el grupo Estilos de forma, clic en la flecha *Relleno de forma* y seleccione **Sin relleno**.
20. Clic en la flecha *Contorno de forma* y seleccione **Anaranjado, énfasis 2**.

21. Aplique un color **Blanco, Fondo1** al texto *Los que pagan*.

22. Complete su gráfico aplicando el mismo formato a las otras secciones como sin color de relleno y color de contorno anaranjado.

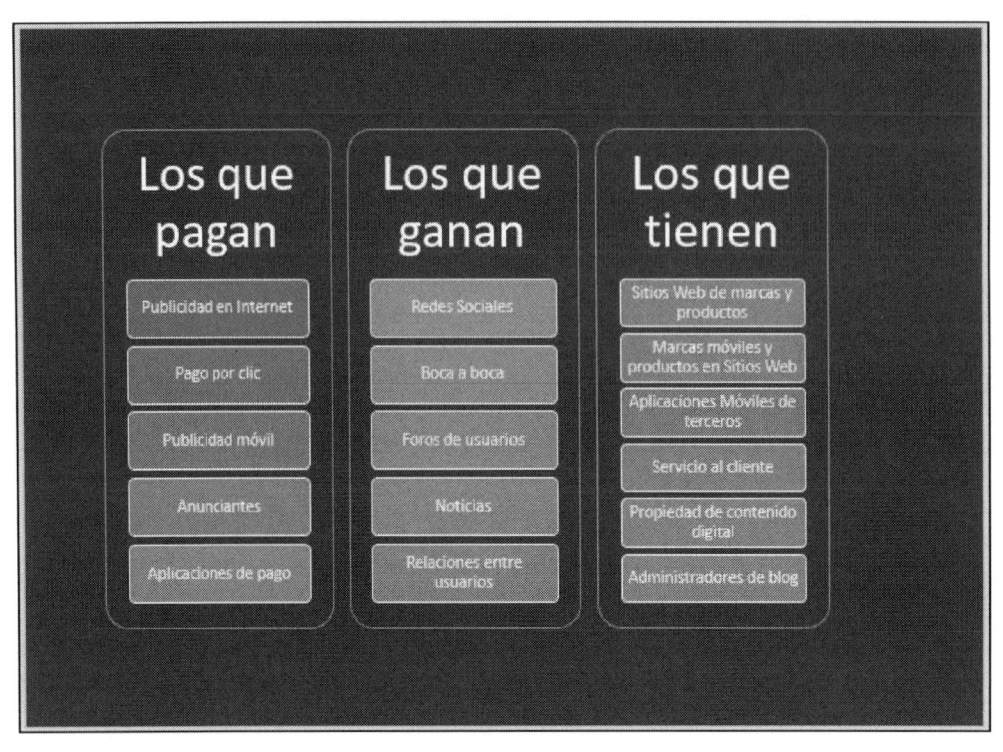

23. Guarde los cambios y cierre el documento.

Ejercicio 27

En este ejercicio, usted aprenderá a insertar un gráfico de Excel.

*Abrir el documento **GraficoExcel.docx** de la carpeta Práctica7.*

1. Clic al comienzo de la página 6.
2. En la ficha Insertar, en el grupo Ilustraciones, clic en Gráfico. Se abre el cuadro de diálogo Insertar gráfico.
3. En el cuadro de diálogo **Insertar gráfico**, clic en el tipo de gráfico **Línea**.
4. De los tipos de gráficos de líneas, seleccione el que diga **Líneas** y clic en Aceptar.

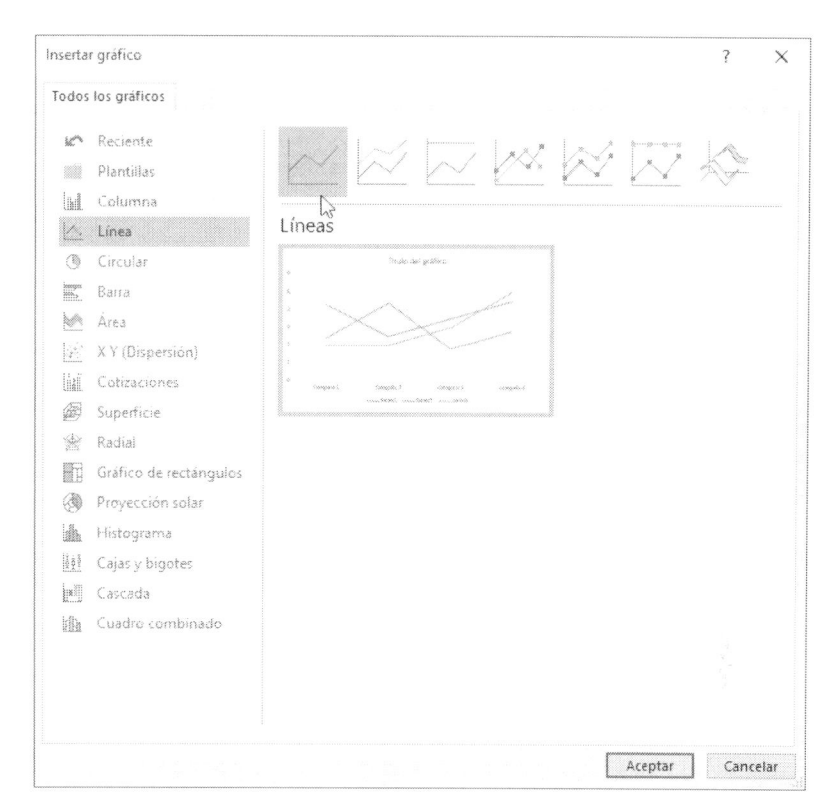

5. Una vez insertado el gráfico, se abre una pequeña hoja de Excel. Clic en *Categoría 1* y escriba 2009. Luego pulse Enter para seleccionar el siguiente dato.
6. Añada 2010 y pulse Enter. Continúe agregando más datos hasta el 2016.
7. Seleccione la celda B2 y cambie 4.3 por 45000000.
8. Complete los datos tal como lo muestra el siguiente gráfico. No olvide colocar el texto Facebook en la celda B1.

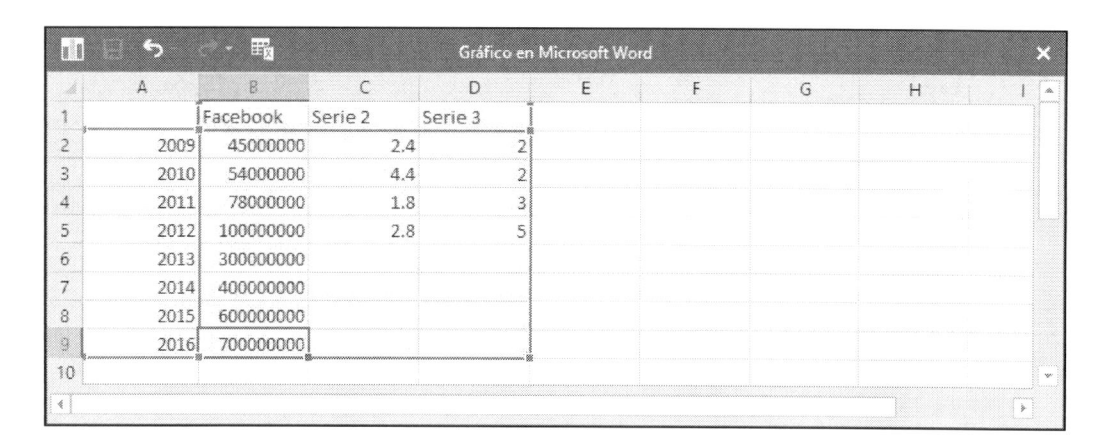

9. Si revisa su gráfico, notará que aún se muestran los valores de la *Serie 2* y *Serie 3*. Al extremo inferior derecho, clic en el pequeño cuadrado azul y arrastre a la izquierda justo al terminar la columna B.

Comience arrastrando desde aquí

Termine aquí para evitar que los otros datos aparezcan en el gráfico

10. Cierre la ventana de la hoja de Excel. Ahora, podrá ver su gráfico insertado.

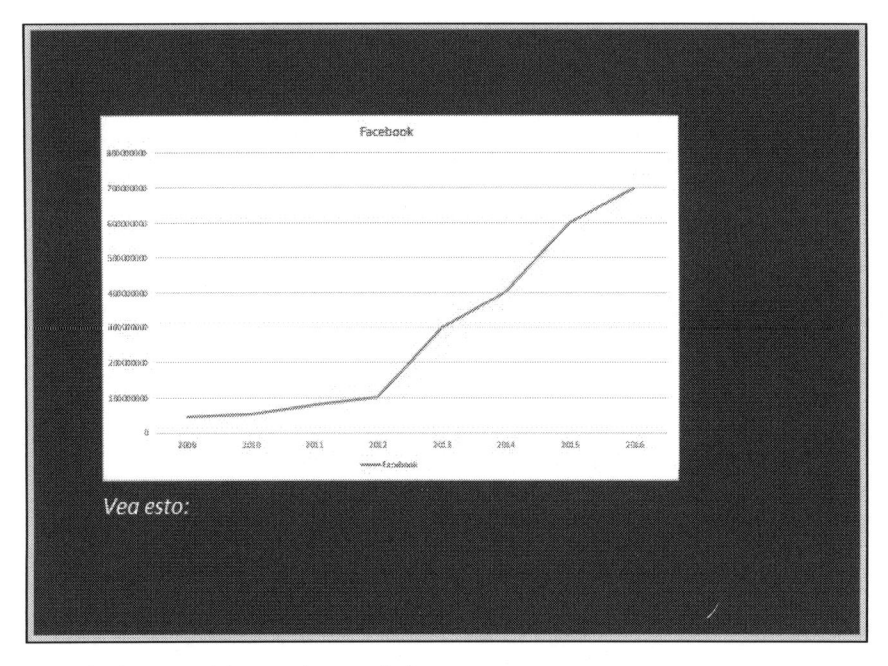

Vea esto:

11. Guarde los cambios y cierre el documento.

Ejercicio 28

En este ejercicio, usted aprenderá a insertar Tablas en su documento, luego aplicará estilos a su tabla para que resalte mejor en el documento.

Antes de comenzar, abrir un nuevo documento en blanco.

---

1. Clic en la ficha Insertar, y en el grupo Tablas, clic en **Tabla**. Aparece un menú de pequeños cuadrados.
2. Señale el primer cuadrado y observe que aparece el texto *Tabla de 1 x 1*.

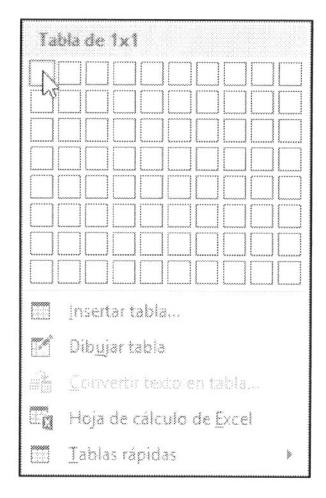

3. Señale los cuadros hasta que indique *Tabla de 3 x 4*, luego clic sobre esa opción. Aparece una tabla de 3 columnas por 4 filas.

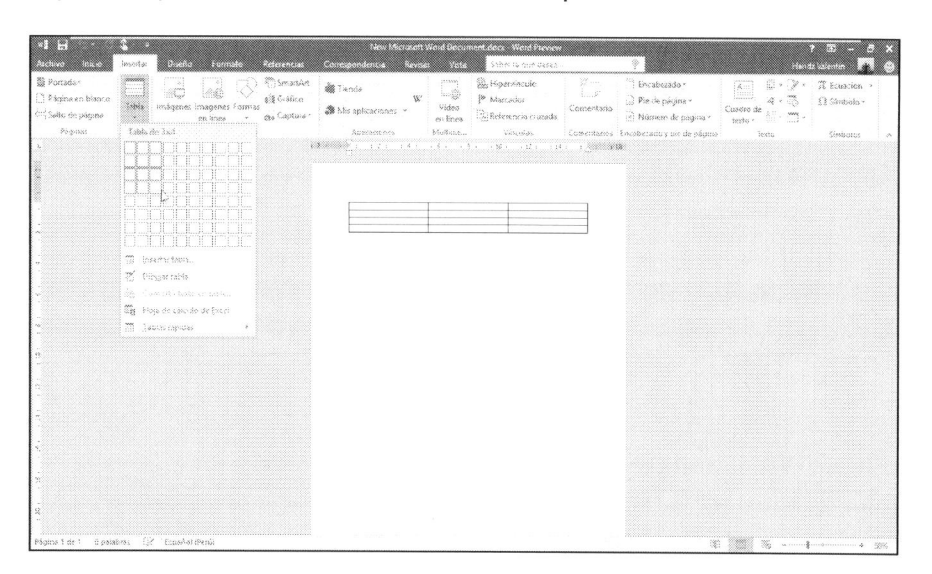

4. En la primera celda escribe: Comando. Pulse la tecla Tab; ahora el punto de inserción se muestra en la siguiente celda a la derecha.
5. Escribe: Comando en la cinta. Pulse Tab.
6. Escribe: Método abreviado del teclado. Pulse Tab, observe que el punto de inserción se encuentra en la primera celda de la segunda fila.
7. Escribe Seleccionar Tabla. Pulse la tecla Tab.
8. Escribe: Herramienta de tabla; Presentación > Seleccionar> Seleccionar tabla. Pulse la tecla Tab.
9. Escribe: **ALT+5**.

Comando	Comando en la cinta	Método abreviado del teclado
Seleccionar Tabla	Herramienta de tabla; Presentación > Seleccionar> Seleccionar tabla	Alt + 5

10. Guarde su archivo con el nombre: Mis tablas.

A partir de esta sección usted aplicará un estilo diferente a su tabla.

---

11. Clic en alguna celda de la tabla. Observe que aparece la ficha contextual *Herramientas de tabla* con sus respectivas fichas *Diseño* y *Presentación*. La siguiente imagen muestra la ficha *Presentación*.

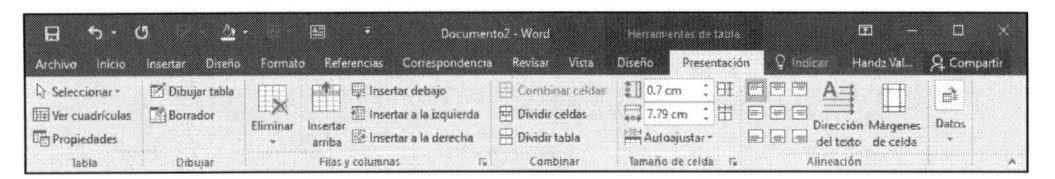

12. En la ficha Diseño, en el grupo *Estilos de tabla*, señale cada una de las miniaturas que aparece en la galería de estilos de tabla.

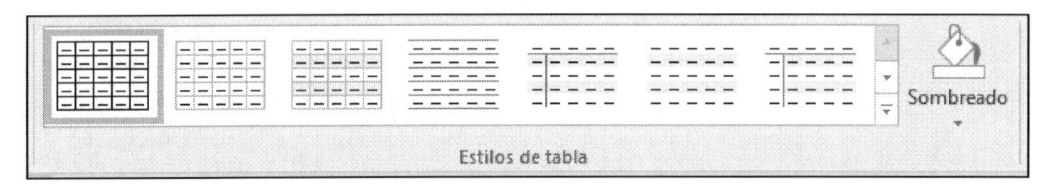

13. Clic en el botón Más. Aparece la galería de estilos de tabla.
14. En la galería de estilos de tabla, clic en el estilo **Tabla de cuadrícula 4**.

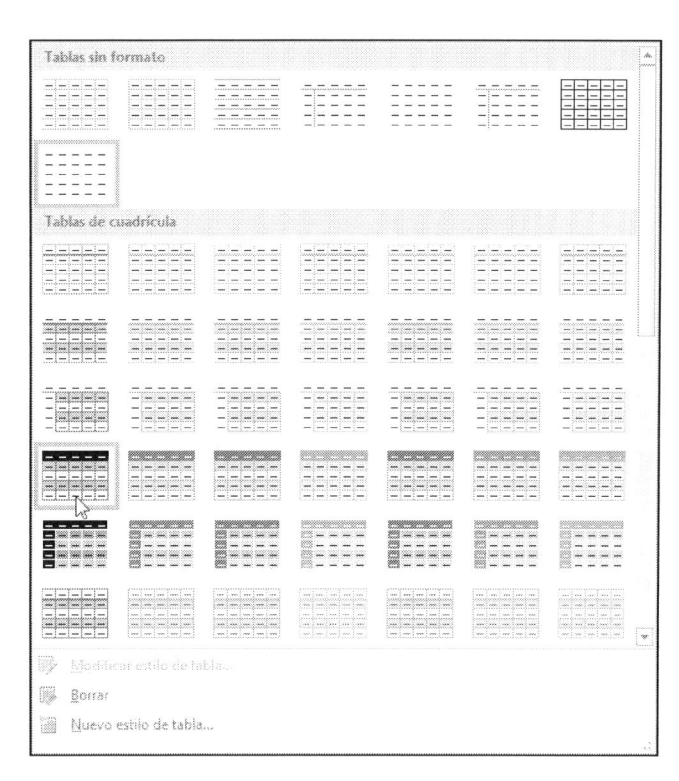

15. Clic en la palabra *Comando*.
16. En el grupo **Filas y columnas**, clic en **Insertar arriba**. Aparece una nueva fila en la parte superior de la Tabla. 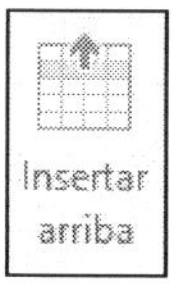
17. Tome atención en la nueva fila insertada y en la ficha Presentación, grupo Tabla, clic en **Ver cuadriculas**. Use varias veces el clic en Ver cuadrícula para que note la diferencia. Observe que aparece una línea discontinua entre las columnas de la tabla, esto indica que las líneas que separan a las columnas no están invisibles, pero si activa Ver cuadrículas, podrá ver la separación entre las celdas. 
18. Clic en la primera celda de la nueva primera fila.
19. Escribe: Todo sobre Tablas.
20. Seleccione toda la primera fila y luego, en el grupo **Combinar**, clic en el botón **Combinar celdas**. Todas las celdas se vuelven una sola.

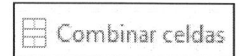

21. Centre el texto.

Todo sobre tablas		
Comando	Comando en la cinta	Método abreviado del teclado
Seleccionar Tabla	Herramienta de tabla; Presentación > Seleccionar> Seleccionar tabla	Alt + 5

22. Guarde los cambios y cierre el documento.

Capítulo 8: Trabajar con Documentos Extensos

En este capítulo usted aprenderá a:

- Trabajar con los Bloques de creación
- Insertar una tabla de contenido
- Colaborar con documentos
- Trabajar con opciones de impresión

Usar Elementos Rápidos y Bloques de Creación

Tanto los Elementos rápidos y los Bloques de creación le permiten a usted insertar texto con formato dentro del documento con un solo comando. Por ejemplo, mientras trabaja, usted puede ver y seleccionar, mediante las galerías, encabezados, pies de página, números de página, cuadros de texto, tablas rápidas, y mucho más. Todos estos ítems en aquellas galerías son realmente bloques de creación.

Usted puede fácilmente usar bloques de creación existentes para añadir contenido a su documento y personalizar el contenido para ajustarlo a sus necesidades. También puede crear ítems que puede usar regularmente, personalizarlo como usted quiera, para luego guardarlo en una galería del bloque de creación, de modo que pueda usarlo más tarde. por ejemplo, puede crear un bloque de creación que incluya la misión o visión de su compañía y usarlo en el momento que quiera.

Para dar un vistazo a los bloques de creación, seleccione: *Insertar | Texto | Explorar elementos rápidos | **Organizador de bloques de creación***. El cuadro de diálogo Organizador de bloques de creación se abre, mostrando todos los elementos que están guardados en él.

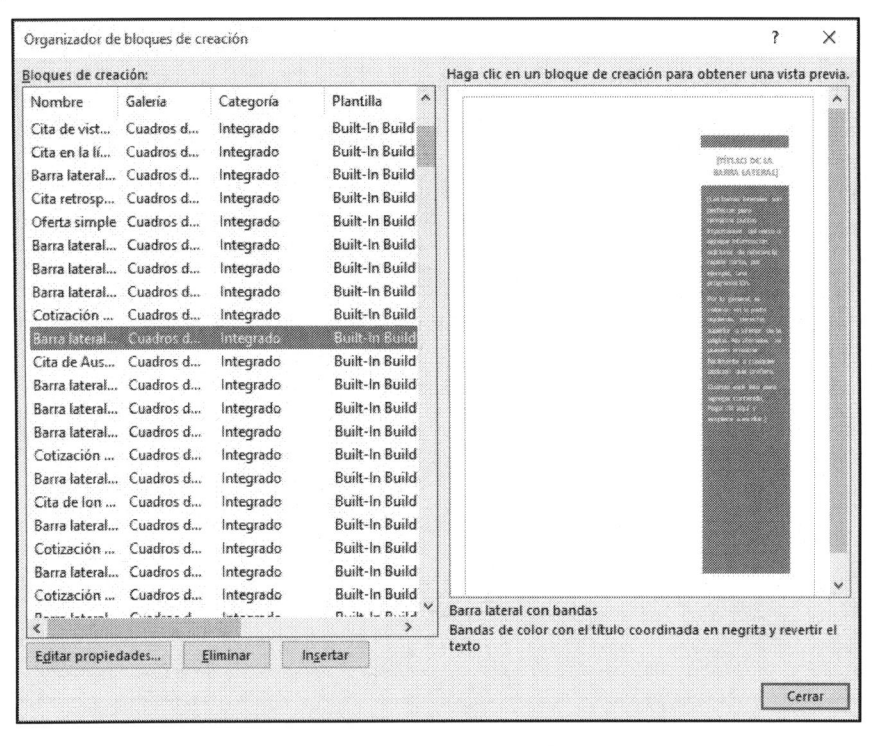

Por otro lado, los **Elementos rápidos** son un subconjunto especial de los bloques de creación. Si algún elemento de los bloques de creación pertenece a la galería Elementos rápidos, aparecerá un menú para elegir tal elemento. Para ver el menú solo debe seleccionar Insertar | Texto | **Explorar elementos rápidos**.

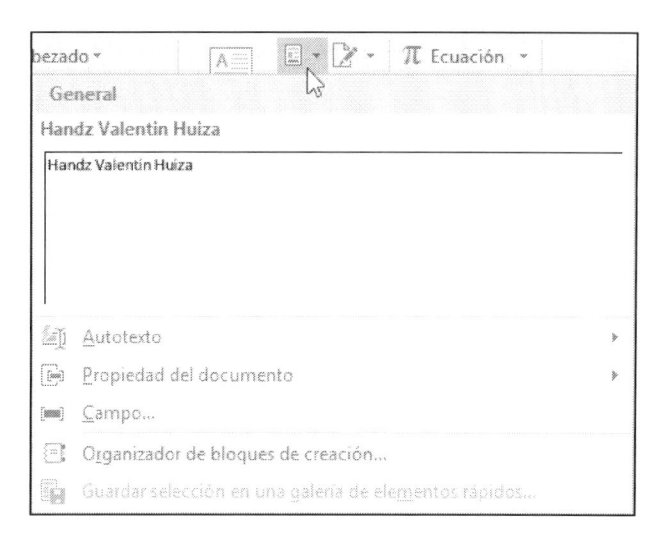

Los bloques de creación incorporados en Word 2016 están almacenados en una plantilla en la carpeta de Windows, Application Data. Esta plantilla está cargada como una plantilla global la primera vez que usted accede a la galería o activa el Organizador de bloques de creación en su sesión actual de Word, por lo tanto, no es de sorprenderse que encuentre un pequeño retraso mientras se cargan los bloques de creación.

Insertar un Bloque de Creación Existente

Usted puede insertar algún elemento del bloque de creación simplemente con un clic en cualquiera de las galerías. Por ejemplo, en *Insertar | Texto |* **Cuadro de texto**.

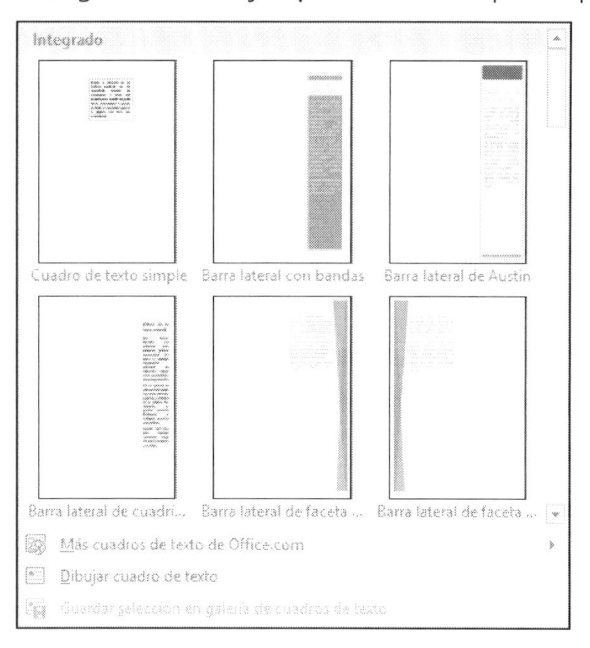

Algunas galerías de los bloques de creación, como *Portada*, *Tabla de contenido*, y *Tablas rápidas*, le dan opciones adicionales. Por ejemplo, si usted da clic derecho en un bloque de creación de la galería Portada, podrá ver las siguientes opciones:

- Insertar al comienzo del documento
- Insertar en la posición del documento actual
- Insertar al comienzo de la sección
- Insertar al final de la sección
- Insertar al final del documento

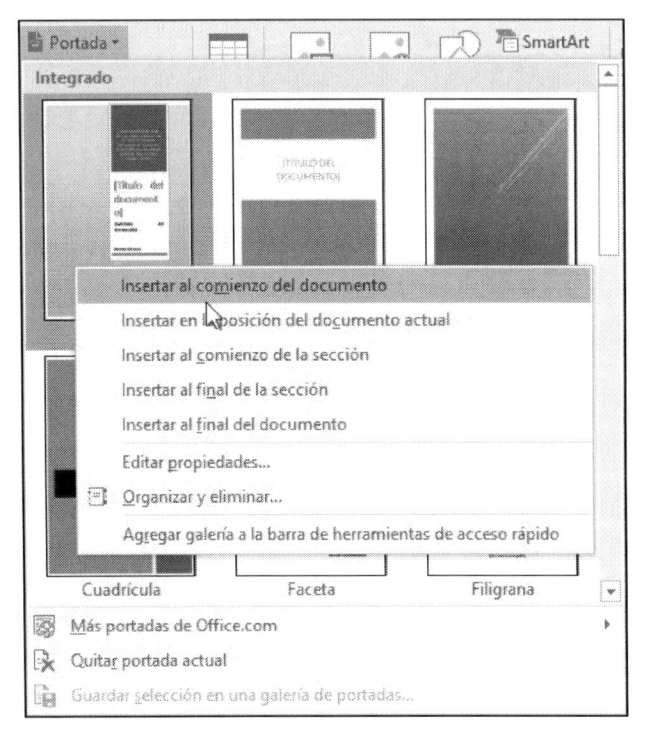

También puede insertar un elemento desde el Organizador de bloques de creación, para hacerlo, siga estos pasos:

1. Seleccione Insertar | Texto | Explorar elementos rápidos | **Organizador de bloques de creación**.
2. Dentro del cuadro de diálogo Organizador de bloques de creación, navegue por los diversos elementos que se encuentran almacenados. Clic sobre algún elemento para ver una vista previa a la derecha del cuadro de diálogo.
3. Seleccione el elemento que necesita y clic en Insertar. El elemento se inserta en el documento.

Usar Autotexto

Word 2003 y versiones anteriores incluían una característica de Autocompletar que hacía fácil guardar y reinsertar entradas de textos usados frecuentemente. Usted podía empezar escribiendo la entrada, y pulsar Enter o F3 para que se inserte el texto completo. El Autotexto fue una de las características más pasadas por alto en Word, y por ello en la versión de Word 2007 decidieron que no iba más. "Uno nunca sabe lo que tiene hasta que lo pierde" y es por ello que regresó en Word 2010, añadido al menú de los Elementos rápidos.

*En Word 2007 el Autotexto como tal no aparecería dentro de la galería de elementos rápidos, pero sí podías usarlo pulsando **F3**. Una solución era insertar el comando desplegable Autotexto en la Barra de herramientas de acceso rápido.*

Para guardar una entrada como Autotexto siga estos pasos:

1. Escriba el texto que usted quiere guardar como AutoTexto. Por ejemplo, escriba: Eschirchtius gibbosus.

Eschirchtius gibbosus es el nombre científico que se le da a la Ballena Gris.

2. Seleccione el texto y pulse **Alt+F3**. Se abre el cuadro de diálogo *Crear nuevo bloque de creación*.
3. En el cuadro de diálogo **Crear nuevo bloque de creación**, agregue un nombre para su Autotexto en el campo Nombre. Por ejemplo: eschi.
4. En el cuadro Galería, seleccione **Autotexto**.
5. En el cuadro Categoría mantenga la opción **General**.
6. En Descripción, agregue un texto que describa la entrada de Autotexto, por ejemplo: Nombre científico de la ballena gris.
7. En el cuadro Guardar en, mantenga la opción **Normal.dotm**.
8. En Opciones, seleccione *Insertar solo contenido*.
9. Clic en **Aceptar**.

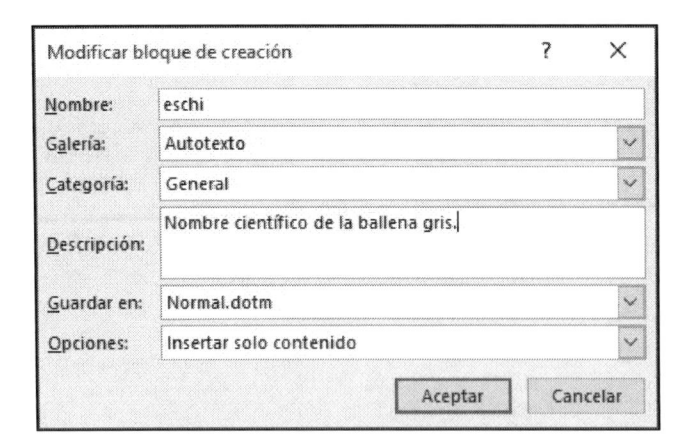

10. En algún lugar de su documento escriba: `eschi` y pulse F3. Observe que la entrada completa del Autotexto se agrega al documento.
11. También puede insertar el Autotexto desde Insertar | Texto | Explorar elementos rápidos | Autotexto.

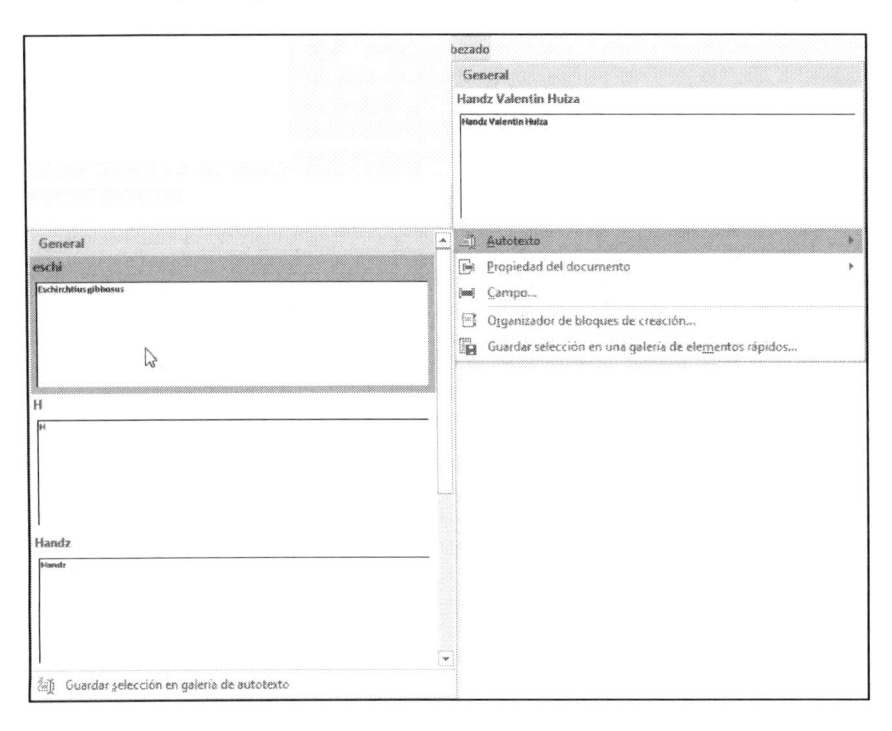

Insertar una Tabla de Contenido

Para facilitar la navegación de los lectores a través del documento, lo más razonable es que usted incluya una Tabla de Contenido. El secreto de las tablas de contenido son los estilos que usted aplica a los temas, como son *Título1*, *Título2* y *Título3*. Usted ya pudo trabajar con estilos en el tema *Aplicar* Estilos en el Capítulo 5: Aplicar Formato.

Algunos usuarios confunden el índice con una tabla de contenido. Un índice enlista y/o enumera temas, términos o palabras que contiene un documento, también indica en qué páginas se pueden encontrar. La tabla de contenido solo enlista los títulos de un documento y su referencia a la página donde se puede encontrar.

Si usted ha configurado correctamente su documento, es decir, si ha agregado los estilos correctos, Word reconocerá cada entrada para la creación de la tabla de contenido. Insertar una tabla es lo más sencillo que pueda hacer:

1. Clic en la posición donde desea que aparezca su tabla de contenido.
2. Seleccione *Referencias | Tabla de contenido |* **Tabla de contenido**.
3. Clic en la tabla de contenido que necesite. La tabla de contenido se inserta en la posición que eligió en el paso 1.

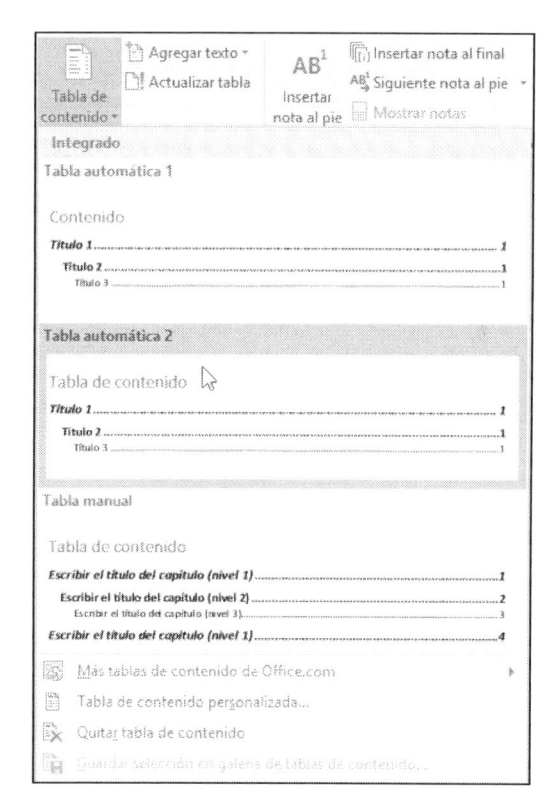

También podrá personalizar la inserción de los elementos de la tabla de contenido. Por ejemplo, en la galería Tabla de contenido, el diseño de la tabla de contenido presenta los títulos con estilos *Título1, Título2* y *Título3*, pero es posible que usted solo quiera que aparezcan los títulos con el estilo *Título1*. Para hacerlo, desde la galería desplegable, debe seleccionar **Tabla de contenido personalizada**.

Dentro del cuadro de diálogo Tabla de contenido, puede configurar las opciones disponibles y hacer clic en Aceptar. A continuación, se describe brevemente las opciones del cuadro de diálogo Tabla de contenido:

- **Formatos:** Permite elegir un formato de tabla de contenido. Esto incluye formatos, estilos, números de página y posiciones de los textos en la tabla de contenido.
- **Mostrar niveles:** Permite seleccionar el nivel de estilo que aparecerá en la tabla de contenido.
- **Carácter de relleno:** Selecciona el estilo de relleno que separa al título del número de página.
- **Mostrar números de página:** Activa o desactiva los números de página que aparecerán en la tabla de contenido.
- **Alinear números de página a la derecha:** Posiciona los números de página al borde del margen derecho de la página. Si está desactivado, los números aparecerán pegados a la derecha del texto.
- **Usar hipervínculos en lugar de números de página:** Si su documento será guardado como una página web, los números de página son quitados y solo se mostrarán los hipervínculos. Esta opción necesita estar activa si usa Word para escribir libros para Amazon Kindle.

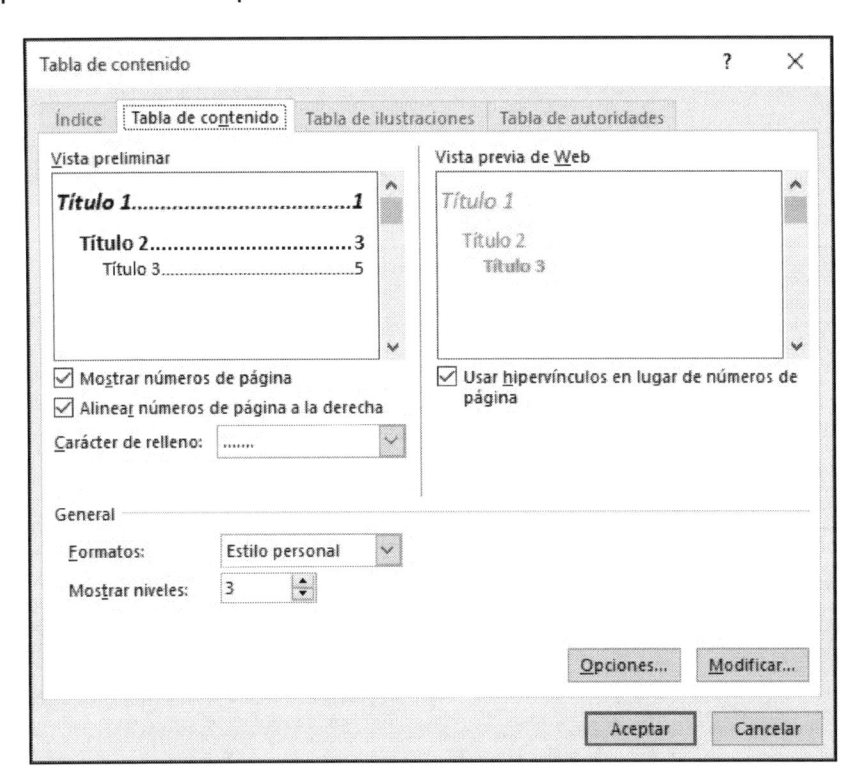

Si quiere aprender a cómo escribir y configurar un libro para el servicio Amazon Kindle, puede adquirir el libro "Publica tu libro en Amazon KDP Paso a Paso", de la editorial ValentinBook.

Si una tabla de contenido insertada en su documento no le agrada, puede deshacerse de ella desde *Referencias | Tabla de contenido | Tabla de contenido |* **Quitar tabla de contenido**.

Colaborar en los Documentos

Si está trabajando para una organización o un pequeño negocio, usted podría necesitar colaborar con otras personas para el desarrollo del contenido en un documento. Mayormente los usuarios hacen copias del archivo y cada uno de ellos, involucrados en el documento, realiza los cambios necesarios para luego volverlos a unir en un solo archivo. Si usted almacena un documento en una ubicación compartida como una biblioteca de documentos en SharePoint o una carpeta de OneDrive, varias personas pueden editar el documento simultáneamente.

Después de guardar un documento en una ubicación compartida, puede abrir y editar el documento que está guardado en el sitio, tan igual como si estuviese guardado en su disco duro local. Otra persona también puede abrir y editar el documento desde un navegador o desde una invitación que usted enviará. Esto facilita la eficiente colaboración entre personas independientemente de su ubicación, o su zona horaria.

En Word 2016 el botón Compartir, ubicado al extremo derecho de la cinta de opciones, es donde debe hacer clic para comenzar a trabajar. El panel Compartir se abre y le pedirá que guarde su documento en la nube. Clic en el botón Guardar en la nube.

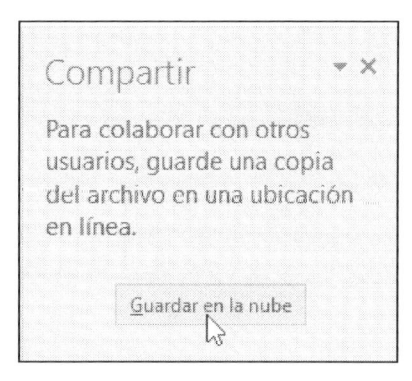

Realice los pasos necesarios para guardar su documento en SharePoint o en OneDrive. Recuerde que en este libro se ha usado OneDrive como el servicio de almacenamiento en nube de Microsoft (véase Guardar en OneDrive en el Capítulo 1: Comprender lo básico de Word 2016). Una vez que el documento ha sido guardado en la nube, el panel Compartir cobra vida mostrando al propietario del documento, el editor, y un cuadro para agregar un correo electrónico e invitar a alguien a colaborar con el documento.

Cuando el usuario a quién ha enviado la invitación a colaborar con el documento, abre el mensaje de correo electrónico, y abre el documento, este aparecerá en el panel Compartir. Además, un mensaje le indicará que hay otra persona editando el documento.

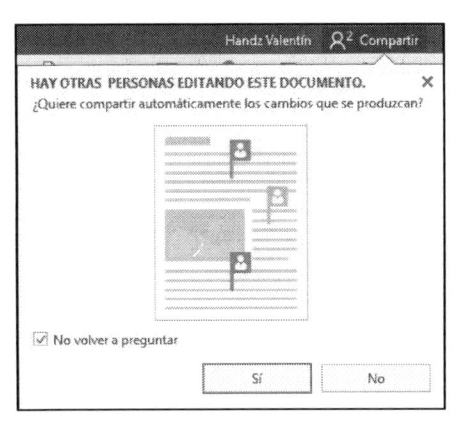

Cuando realice algún cambio, solo debe guardar el documento y la otra persona recibirá un aviso indicando que existen actualizaciones disponibles en el documento.

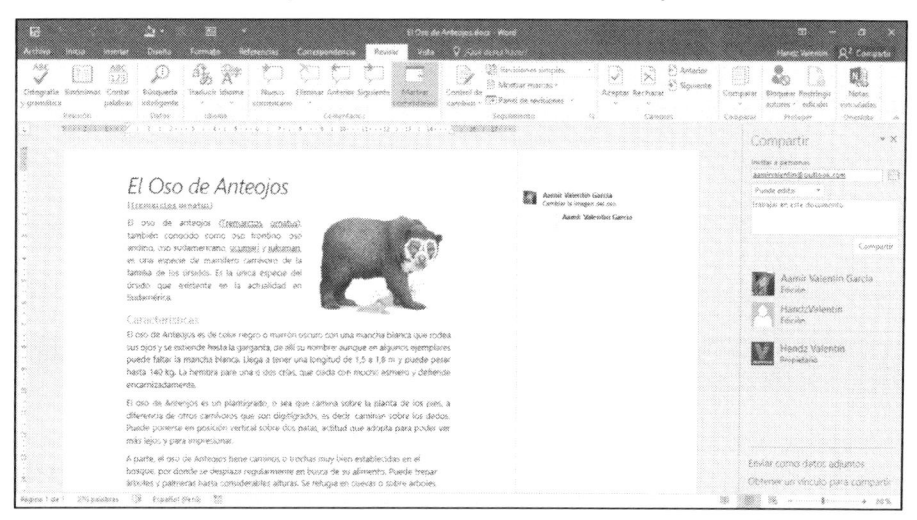

Imprimir un Documento

En este libro se ha dejado como último tema la impresión de un documento. Desde hace algunos años, el mundo está cambiando su forma de pensar, y el concepto del *"cuidado del medio ambiente"* se ha vuelto muy fuerte. Hoy, nos preocupamos más por el costo de nuestras impresiones. El papel que consumimos, los cartuchos de tinta que usamos, y la electricidad que se requiere, todos estos recursos tenemos que usarlo con conciencia. Cuando usted trabaja en Word 2016, tiene muchas posibilidades para que la impresión sea el último recurso. Antes de imprimir tenga en cuenta los siguientes consejos:

- Una vez terminado el documento, use las herramientas de revisión de Word (véase Corregir la Ortografía y Gramática en el Capítulo 4: Añadir Contenido y Corregirlo) y solo imprima la versión final.
- Guarde el documento como un archivo PDF, compártalo con sus compañeros, y solo imprima cuando sea necesario.
- A la hora de imprimir, use ambas caras de la hoja, o imprima varias páginas por hoja de ser necesario.
- Diseñe contenido que pueda trabajar de forma impresa, online y electrónica. Un ejemplo de ello es este libro, puede comprar el libro en papel u online, y puede leerlo en varios formatos electrónicos disponibles sin necesidad de conexión a internet.

Capítulo 8: Trabajar con Documentos Extensos

Tener un documento que trabaje de modo online o electrónicamente tiene muchas ventajas. Puede usar colores de página, y todas las imágenes del documento pueden estar a color, puede navegar fácilmente por el contenido de las páginas con un solo clic, puede aumentar o disminuir el tamaño de texto, o realizar un zoom de ser necesario.

Cuando usted haya tomado los consejos necesarios, y esté listo para imprimir, Word 2016 brinda herramientas sencillas para hacerlo. Una de ellas es el comando *Impresión rápida*. El comando Impresión rápida imprime el documento con las configuraciones por defecto; use este comando solo si ha configurado las opciones de impresión en Word. Para tener a la mano el comando Impresión rápida, clic en Personalizar barra de herramientas de acceso rápido y seleccionar Impresión rápida.

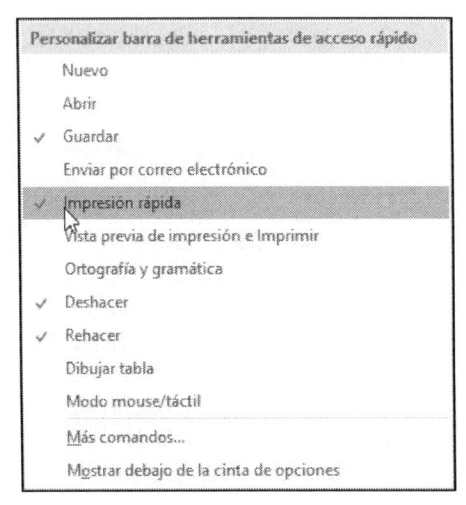

La manera profesional de imprimir un documento es desde **Archivo | Imprimir**. Desde esta vista usted podrá configurar cosas como: la impresora que va a utilizar, las páginas que va a imprimir, la orientación, y mucho más.

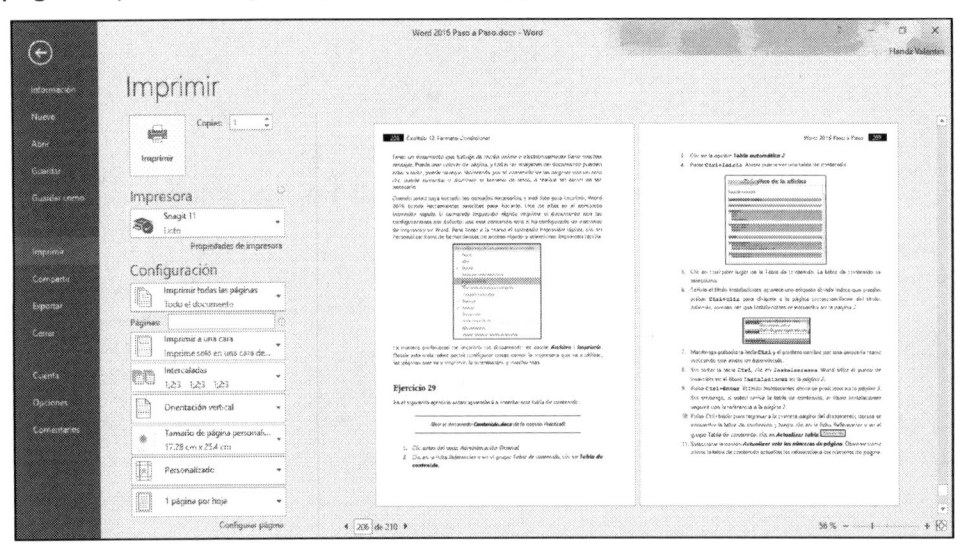

Elegir la impresora

Elegir la impresora que va a utilizar lo es todo. Si usted quiere seleccionar un tamaño de página y este no se encuentra en la galería, lo más seguro es que la impresora predeterminada no soporte ese tamaño de papel. Word utiliza la impresora predeterminada configurada en Windows; si usted tiene otra impresora con la cual va a imprimir, puede cambiarlo desde la sección *Impresora*, en la vista Imprimir de la ficha **Archivo**.

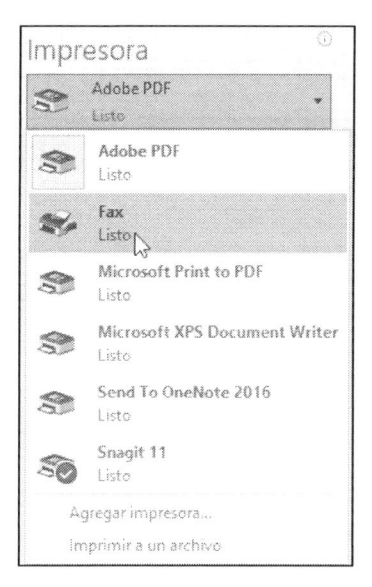

Para configurar una impresora como predeterminada, siga estos pasos:

1. Desde Windows, ingrese al Panel de Control | Hardware y Sonido | Dispositivos e impresoras.

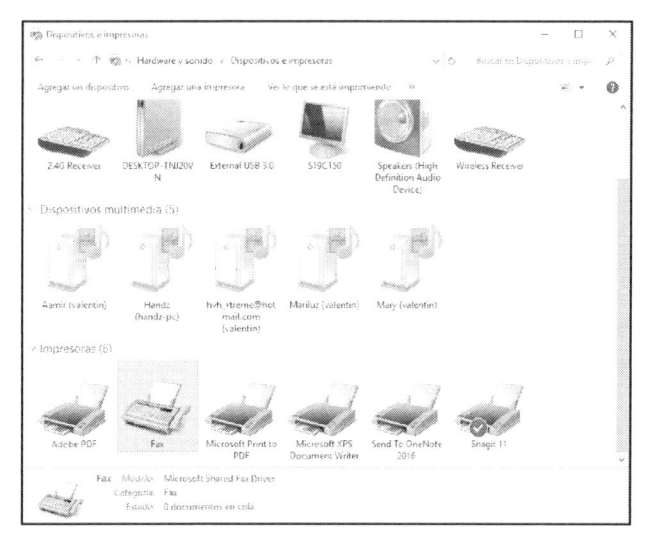

2. Clic derecho en la impresora que usará como predeterminada.

3. Clic en ***Establecer como impresora predeterminada***.

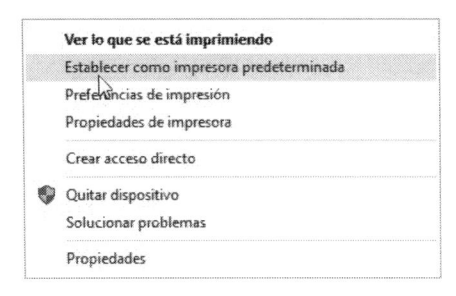

4. Un check aparece en la impresora que ahora es predeterminada, luego cierre el Panel de control.

Propiedades de la Impresora

Toda impresora instalada en el equipo tiene sus propiedades. Las propiedades incluyen el tamaño de papel, la orientación, marcas de recorte, impresión a color o escala de grises, entre otras. Para acceder a las propiedades de la impresora, clic en ***Propiedades de impresora***.

Dependiendo de la impresora instalada, usted podrá encontrar diversas configuraciones. En la siguiente imagen, se muestra la configuración para imprimir a Blanco y negro.

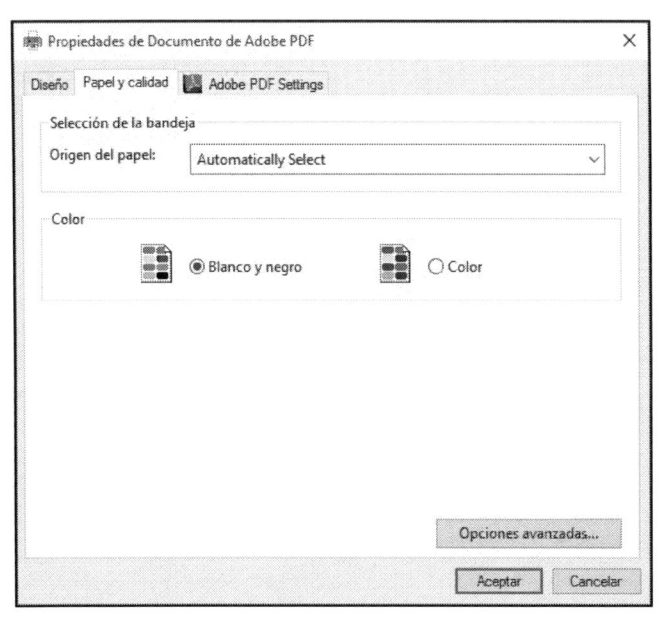

Ejercicio 29

En el siguiente ejercicio usted aprenderá a insertar una tabla de contenido.

*Abrir el documento **Contenido.docx** de la carpeta Práctica8.*

1. Clic antes del texto *Administración General*.
2. Clic en la ficha *Referencias* y en el grupo *Tabla de contenido*, clic en **Tabla de contenido**.
3. Clic en la opción **Tabla automática 2**.
4. Pulse `Ctrl+Inicio`. Ahora puede ver una tabla de contenido.

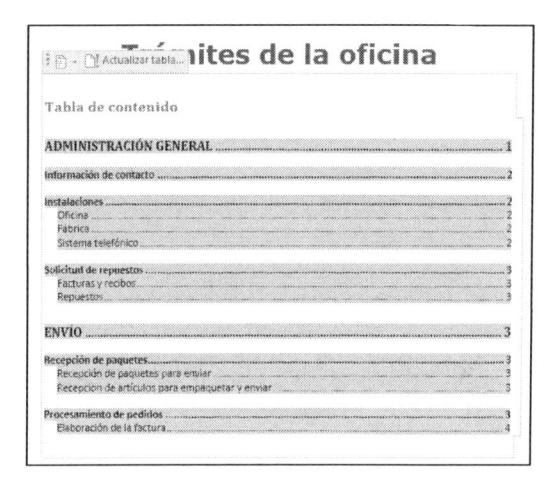

5. Clic en cualquier lugar de la Tabla de contenido. La tabla de contenido se selecciona.
6. Señale el título Instalaciones, aparece una etiqueta donde indica que puedes pulsar `Ctrl+clic` para dirigirte a la página correspondiente del título. Además, puedes ver que Instalaciones se encuentra en la página 2.

7. Mantenga pulsado la tecla `Ctrl` y el puntero cambia por una pequeña mano indicando que existe un *hipervínculo*.
8. Sin soltar la tecla `Ctrl`, clic en `Instalaciones`. Word sitúa el punto de inserción en el titulo `Instalaciones` en la *página 2*.

9. Pulse **Ctrl+Enter**. El título *Instalaciones* ahora se posiciona en la *página 3*. Sin embargo, si usted revisa la tabla de contenido, el título Instalaciones seguirá con la referencia a la página 2.
10. Pulse Ctrl+Inicio para regresar a la primera página del documento, donde se encuentra la tabla de contenido y luego, clic en la ficha Referencias y en el grupo Tabla de contenido, clic en **Actualizar tabla**.
11. Seleccione la opción **Actualizar solo los números de página**. Observe como ahora la tabla de contenido actualiza las referencias a los números de página.

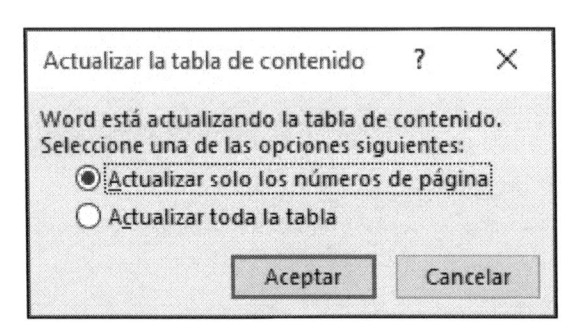

12. En el grupo Tabla de contenido, clic en Tabla de contenido y clic en **Quitar tabla de contenido**. La tabla de contenido desaparece del documento.
13. Ahora creará una tabla de contenido personalizada. Clic en Tabla de contenido y seleccione **Tabla de contenido personalizada**.
14. En el cuadro de diálogo Tabla de contenido, en *Formatos*, seleccione **Sofisticado** y luego clic en Aceptar.

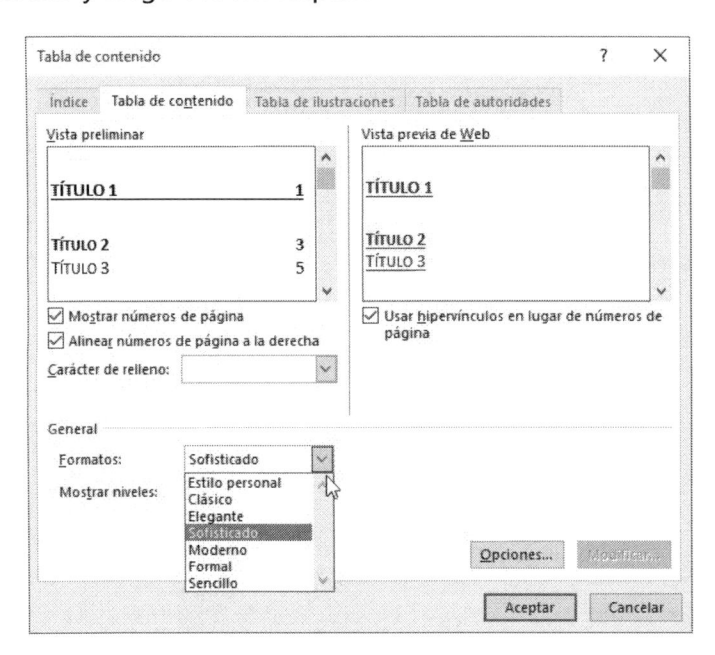

15. Guarde los cambios y cierre su documento.

Ejercicio 30

En este ejercicio usted aprenderá a imprimir un documento.

> *Abrir el documento **Imprimir.docx** de la carpeta Práctica8. Tenga instalado una impresora y coloque tres hojas en blanco o recicladas para realizar la práctica, procure imprimir el documento una sola vez.*

1. Clic en *Archivo | **Imprimir***. Note la vista previa del documento a la derecha de la vista Imprimir.

2. En la sección Impresora, verifique que esté seleccionado la impresora con la cual va a imprimir. Si no lo está, procure seleccionarla.

> *Si tiene instalado una impresora a color, use Propiedades de impresora para activar la impresión a escala de grises o blanco y negro. Si ya tiene una impresora a grises instalada, no realice ninguna acción.*

3. En la parte inferior de la vista previa, use el deslizador de zoom si es necesario, para mostrar las dos páginas del documento.

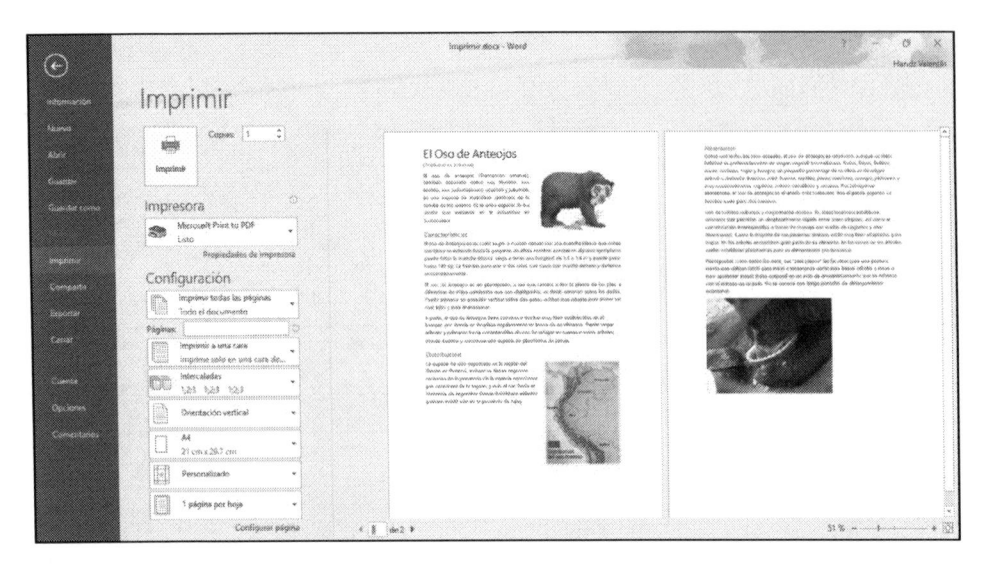

4. En la sección Configuración, clic en el cuadro Páginas, y escriba: 2.
5. Clic en el botón **Imprimir**. Se imprime solo la página 2 del documento.
6. Nuevamente en Páginas, escriba: 1.
7. En la parte superior de la vista Imprimir, en Copias, cambie a 2.
8. Clic en **Imprimir**. Se acaba de imprimir dos copias de la página 1.
9. Cierre el documento sin guardar los cambios.

Descargar Archivos de Práctica

Usted puede descargar los archivos de práctica a través del siguiente enlace:

https://goo.gl/DbfjMK

Made in the USA
Lexington, KY
21 July 2016